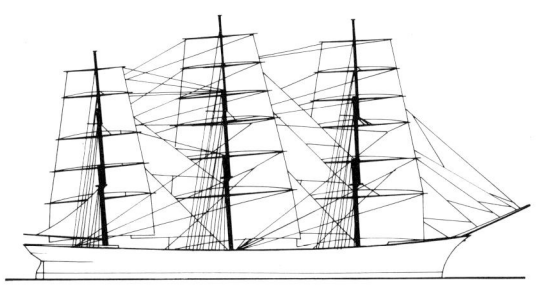

BURMESTER + JARCHOW + KRESSE
GROSSEGLER RICKMER RICKMERS

Heinz Burmester
Uwe Jarchow
Walter Kresse

Großsegler Rickmer Rickmers

Seine wechselvolle Geschichte

Ernst Kabel Verlag
Hamburger Abendblatt

© 1986, Ernst Kabel Verlag GmbH, Hamburg
Gestaltung und Layout: Uwe Jarchow, Hamburg
Satz und Repro: Satzzentrum Oldenburg GmbH, Oldenburg (Oldb)
Farblithographie: OKA-Repro, Osnabrück
Druck und Bindung: Hermann F. R. Stumme, Hamburg
ISBN 3-8225-0019-4

Zum Geleit

Dieses Buch handelt von einem Großsegelschiff, das 1896-1924 in der Frachtfahrt eingesetzt war, 1927-1961 als Schulschiff fuhr und 1983 als Denkmal der Segelschiffzeit wieder nach Hamburg kam.

Das Wasser ist von den Menschen schon sehr frühzeitig als Verkehrsweg erkannt worden, den die Natur bildet, der ohne viel menschliches Zutun Transporte von schweren Gütern und über weite Strecken ermöglicht. Benötigt wurde allerdings ein schwimmendes Verkehrsmittel, zu dem ein im Wasser treibender Baumstamm die Anregung gegeben haben könnte. So mögen Einbäume und Flöße entstanden sein. Die Nutzung der Windkraft zur Fortbewegung dieser Wasserfahrzeuge war ein wichtiger Fortschritt. Auch er ergab sich in vorgeschichtlicher Zeit. Das waren die Anfänge.

Die (vorläufige) Endzeit der Segelschiffahrt zu Wirtschaftszwecken sind die hundert Jahre zwischen 1850 und 1950. Es kamen die maschinengetriebenen Schiffe auf; sie waren vom Wind recht unabhängig, erforderten allerdings kostspielige Antriebseinrichtungen und Kraftstoff, der mitgeführt werden mußte, einen Teil des Laderaumes beanspruchte und Geld kostete. So konnten Segelschiffe noch über zwei, drei Generationen ihren Platz gerade im Verkehr mit fernen Weltgegenden behaupten. Diese Segelschiffe des ausgehenden 19. Jahrhunderts waren nun ebenfalls aus Stahl und viel größer, hatten schlankere Rumpfformen und eine Bemastung und Takelung, die auch Starkwinde nutzen konnte.

Das Seemannsdasein auf solchen Schiffen war nicht leicht. Die Enge an Bord, die lange Dauer der Reisen und die Arbeit an den Segeln erforderten Kraft, Können und Selbstbeherrschung.

So sind es nicht nur die Sehnsucht nach fernen Häfen und die Freude beim Anblick eines großen Schiffes unter Vollzeug, die in den alten Seehäfen den Wunsch wecken, solch einen Zeugen der Segelschiffzeit zu erhalten, sondern ebensosehr der Respekt vor den Männern auf diesen Schiffen.

Spät ist nun auch Hamburg in den Besitz eines solchen Veteranen gekommen. Der Verfasser dieser Zeilen war sehr glücklich, als ihm 1978 auf einer Studienreise in New York von einem portugiesischem Museumskollegen die alte RICKMER RICKMERS für Hamburg angeboten wurde. Dem Geschick Fiete Schmidts ist es zu danken, daß daraus Wirklichkeit wurde. Und dem Hamburger Reeder Heinrich Martin Gehrckens gebührt das Verdienst, daß die Restaurierung inzwischen so weit gediehen ist.

Als am 27. April 1983 der Erwerb der Bark bekannt wurde, schlug der Graphiker Uwe Jarchow, Illustrator der Kalenderserie »Schiffbau der Jahrhunderte«, vor, in einem Buch die Geschichte der RICKMER RICKMERS zu erzählen; er hat die Bilder und Zeichnungen zu diesem Buch geschaffen.

Den Text eines solchen Buches sollte - so dachte ich - ein Seemann schreiben, der Kap Horn unter Segeln erlebt hatte. Herausragende Bücher dieser Art hatte in den letzten Jahren Kapitän Heinz Burmester veröffentlicht; deshalb fragte ich bei ihm an und bekam nach einigem Zögern eine Zusage. Ihm sei für sein Werk herzlich gedankt.

Dem Leser wünschen wir Freude bei der Betrachtung der Bilder und bei der Lektüre.

Dr. Walter Kresse
Museum für Hamburgische Geschichte

Schiffbau, Reederei und Reismühlen

Aufbau der Rickmers-Betriebe im 19. Jahrhundert

Die Familie Rickmers ist friesischer Abstammung; der Firmengründer Rickmer Clasen Rickmers wurde am 6. Januar 1807 auf der Insel Helgoland geboren, die damals unter der Herrschaft des dänischen Königs stand. Der Name Rickmer war auf der Insel seit altersher ein beliebter Name; man sagt, er sei altgermanischen Ursprungs und bedeute »der durch Macht oder Reichtum Berühmte«. Der Familienname Rickmers, mit dem »s« am Ende, verdankt seine Entstehung der alten nordischen Sitte, die Herkunft eines Menschen durch einen Zunamen zu kennzeichnen, der aus dem Namen des Vaters durch Anhängen einer Endung gebildet wurde.

In dem Jahr, in dem Rickmer Clasen Rickmers geboren wurde, begann auf Helgoland eine turbulente Zeit. Napoleon hatte Europa mit Krieg überzogen; große Teile des Kontinents standen unter seiner Herrschaft und wurden durch seine »Kontinentalsperre« von der freien Welt getrennt. Die Sperre richtete sich gegen die Wirtschaft Großbritanniens, das einen zähen Krieg gegen Napoleon führte. Da sich die Briten auf Dänemark nicht verlassen konnten, besetzten sie Helgoland im September 1807 und heißten ihre Flagge auf der Insel. Der britische Gouverneur hatte nichts dagegen, daß Kaufleute auf die Insel kamen und Helgoland zu einem großen Stapelplatz für Schmuggelwaren machten, die von den Helgoländern auf das Festland gebracht wurden. Für den britischen Geheimdienst wurde Helgoland ebenfalls ein wertvoller Stützpunkt.

Die Helgoländer, die zuvor als Seeleute und Fischer ein ziemlich karges Leben geführt hatten, konnten nun reich werden, sofern sie sich nicht der großen Verschwendungs- und Trunksucht hingaben, von der die Chronik zu berichten weiß. Die Eltern des Rickmer Clasen Rickmers hatten das Geld, ihren 8jährigen Sohn auf das Festland zu bringen und ihn im Oldenburgischen eine gute Schule besuchen zu lassen, allerdings nur für ein Jahr. Denn mit dem Ende der napoleonischen Herrschaft versiegten die üppigen Einnahmen der Helgoländer; die fremden Geschäftsleute verließen die Insel. Nur der britische Gouverneur blieb, und die britische Flagge wehte noch bis 1890 auf dem roten Felsen, der für die Deutschen allmählich eine besondere Anziehungskraft gewann.

Rickmer Clasen Rickmers, den seine Eltern 1816 auf die Insel zurückholten, absolvierte die heimatliche Elementarschule und wurde anschließend noch zwei Jahre von dem Helgoländer Pastor unterrichtet. 1823 kam er bei einem Bootsbauer in die Lehre, nach deren Abschluß er 1827 als Schiffszimmermann zur See ging. Rund vier Jahre blieb er bei der Seefahrt; er machte Reisen über den Atlantik und lernte auch die große Küstenfahrt kennen, die sich zwischen Cadiz und Archangelsk abspielte. Zwischendurch arbeitete er einen Winter lang als Zimmermann auf einer Hamburger Schiffswerft und fand 1828 auch Zeit, sich auf Helgoland mit Fräulein Etha Reimers zu verloben. 1831 beschloß Rickmer Clasen, an Land zu bleiben und zu heiraten. Jedoch sein zukünftiger Schwiegervater, der auf Helgoland hohe Ämter innehatte, verweigerte seine Zustimmung. Infolgedessen war auch der Helgoländer Pastor nicht bereit, das Brautpaar zu trauen, obgleich beide 24 Jahre alt und nach Recht und Sitte mündig waren.

Aber die Friesen sind hartnäckig und zielstrebig; die Brautleute schipperten mit einem kleinen Boot über die Nordsee nach Ostfriesland und ließen sich in der Kirche von Esens am 14. August 1831 trauen. Anschließend kehrte das junge Ehepaar auf die heimatliche Insel zurück. Doch zeigte es sich bald, daß Rickmer Clasen dort für seine Bootsbauerei nicht genug Aufträge bekam.

Besser waren die Bedingungen in Bremerhaven, das am Beginn seiner Entwicklung zu einem wichtigen Hafenplatz stand. Rickmer beschloß, mit seiner Frau nach Bremerhaven überzusiedeln. Im Juni 1832 setzten sie ihren Entschluß in die Tat um; Rickmer fand eine Anstellung als Werkmeister bei dem Schiffbauer Cornelius, der ihnen auf dem Werftgelände auch eine kleine Wohnung zur Verfügung stellte. Frau Etha verdiente mit, indem sie für die Zimmerleute Zeugwäsche machte.

Wenn die Arbeit auf der Werft Rickmer Clasen Zeit ließ, kam es gelegentlich vor, daß er Lotsdienste von der Weser nach der Elbe übernahm oder sich an Bergungsarbeiten beteiligte. Das junge Ehepaar arbeitete hart und sparte das verdiente Geld; infolgedessen konnte sich R. C. Rickmers bereits nach zwei Jahren selbständig machen. In der Geeststraße ließ er sich, auf eigenem Grund, ein kleines Haus bauen, dessen hinteren Teil er als Werkstatt für den Bootsbau einrichtete. Am 15. Juni 1834 hat er das Haus mit seiner Frau Etha bezogen und dort den Bootsbau auf eigene Rechnung aufgenommen, so daß dieser Tag als Gründungsdatum der Firma Rickmers gilt, die noch heute in der deutschen Schiffahrt eine beachtliche Rolle spielt und kürzlich ihr 150jähriges Jubiläum feiern konnte.

1835 erhielt R. C. Rickmers das bremische Bürgerrecht und im selben Jahr kam sein erster Sohn zur Welt, der Andreas getauft wurde. 1836 gelang es ihm, ein Grundstück unmittelbar am Geesteufer zu pachten, wo er größere Fahrzeuge bauen konnte. Noch im selben Jahr entstand dort ein 12 m langer Kahn namens CATHARINA, die Baunummer »1« der Rickmers-Werft. In den 1840er Jahren lieferte die Werft schon Barken und Vollschiffe, deren gute Qualität zu Aufträgen auch von Hamburger Reedern führte.

Als Schiffseigner trat Rickmers erstmalig mit einer Brigg in Erscheinung, die 1848 mit 90 Auswanderern nach Amerika segelte. Das auf der eigenen Werft erbaute Schiff hatte beim Stapellauf den Namen BASSERMANN erhalten, nach einem liberalen Politiker, der in jener unruhigen Zeit ein gesamtdeutsches Parlament gefordert hatte. Die Brigg soll auf ihrer ersten Reise eine Durchschnittsfahrt von 9,75 sm/h erreicht haben. So steht es in der Chronik, ist aber kaum zu glauben; wahrscheinlich war's die Durchschnittsfahrt eines einzigen Tages, an dem der Wind es mit BASSERMANN besonders gut gemeint hatte.

Zu Beginn der 1850er Jahre gehörte die Rickmers-Werft bereits zu den bekanntesten Werften Deutschlands. Sie beschäftigte rund 300 Zimmerleute und brauchte mehr Platz, um alle Aufträge ausführen zu können. Weil die Stadt Bremen der Werft keine weiteren Grundflächen überlassen konnte oder wollte, nahm R. C. Rickmers Verbindung zur königlichen Administration in Hannover auf und konnte 1856 vom hannoverschen Fiskus ein geeignetes Gelände erwerben. Es lag am rechten Geesteufer auf der sogenannten Geesthelle, wo der Werftbetrieb 1857 aufgenommen wurde. Im Jahr darauf lieferte Rickmers an den hannoverschen König eine schonergetakelte Lustyacht, die den Namen KÖNIGIN MARIA erhielt.

Der neue Werftplatz konnte durch Zukauf von Land aus Privatbesitz schließlich auf eine Größe von 65 000 m² aufgerundet werden. Für seine Handwerker ließ R. C. Rickmers auf der Geesthelle eine Reihe von Wohnhäusern errichten. Der ganze Komplex wurde später als Ortsteil Geesthelle dem hannoverschen Hafenplatz Geestemünde angegliedert, der erst zwischen den beiden Weltkriegen mit Bremerhaven vereinigt wurde.

Die vergrößerte Kapazität der Werft ermöglichte R. C. Rickmers den Ausbau der eigenen Reederei. 1865 bestand die Rickmers-Flotte aus zehn Schiffen mit einer Tragfähigkeit von insgesamt 7500 t, die zumeist in der großen Fahrt beschäftigt waren. Als Hausflagge zeigten sie im Großtopp die Helgoländer Farben Grün, Rot, Weiß mit einem weißen »R« in den beiden oberen Streifen. Von den Neubauten, die Rickmers an ausländische Auftraggeber geliefert hatte, waren einige durch ihre hervorragenden Segeleigenschaften zu international bekannten Schiffen geworden, wie zum Beispiel die Vollschiffe IDA ZIEGLER und AUGUSTUS WATTENBACH, die einer Schweizer Firma gehörten und in London registriert waren. Beide Schiffe werden in der Liste der von Rickmers gebauten Segler mit der ehrenvollen Bezeichnung »Klipper« aufgeführt.

Zur Erklärung sei hier eingefügt, daß sowohl Barken wie Vollschiffe dreimastige Rahsegler sind. Vollschiffe tragen Rahen an allen drei Masten, Barken führen keine Rahsegel am letzten Mast. Die Vollschiffe wurden in der ersten Hälfte des 19. Jahrhunderts »Fregattschiffe« genannt und unterschieden sich damals nicht nur durch die Takelung von der Bark, sondern hatten in der Regel auch eine schärfere Form des Unterwasserschiffes; sie waren im mittleren Teil des Rumpfes stärker »aufgekimmt« als die Barken, deren Boden mittschiffs nur eine sehr geringe Steigung nach den Seiten hin aufwies. In der zweiten Hälfte des vorigen Jahrhunderts verschwand dieser grundsätzliche Unterschied der Rumpfform zwischen Vollschiff und Bark, die Aufkimmung betrug bei den letzten Rahseglern der Kauffahrtei zwischen 5 und 7°. Mehr an Aufkimmung erhielten letztlich nur noch die Schoner, weil eine stärkere Aufkimmung des Bodens die Segeleigenschaften »am Wind« verbesserte, und man damit der speziellen Segeleigenschaft der Schonertakelung entgegenkam.

Die Rickmers-eigenen Schiffe waren in den 1860er Jahren in vielen Fahrtgebieten der Erde zu sehen. Nicht selten besuchten sie damals schon Hinterindien oder Indochina, um eine Ladung Reis nach Europa zu bringen. Reisladungen wurden in Zeiten flauer Frachtenmärkte gern von finanzstarken Reedern gekauft und auf eigene Rechnung transportiert, um sie am Ende der langen Reise einem Importeur zu verkaufen, möglichst mit Gewinn natürlich. Rickmers, der Schiffbauer und Reeder, gewann auf diese Weise Einblick in das Reisgeschäft und erkannte, daß in den westeuropäischen Ländern wesentlich mehr Reis gegessen wurde als bei uns. Der von ihm erwartete und geförderte Nachholbedarf ließ nicht lange auf sich warten; auch in Deutschland wurde der Reis allmählich zu einem Volksnahrungsmittel.

R. C. Rickmers war viel im Ausland gewesen und hatte dort mit seiner kritischen Intelligenz manches gesehen und gelernt. Darum sorgte er dafür, daß auch seine Söhne Erfahrungen im Ausland sammeln konnten, nachdem sie die familieneigenen Betriebe kennengelernt hatten. Sein zweiter Sohn Peter, in Deutschland als Schiffbauer und Kaufmann ausgebildet, ging 1862 studienhalber nach England und Schottland. Im folgenden Jahr war er in Frankreich, wo er seine zukünftige Frau kennenlernte. Sie stammte aus einer alten und einflußreichen Familie Südfrankreichs, hieß Sophie Bouraud, und ihre Schwester Heléne heiratete Peters Bruder Andreas. Diese familiären Beziehungen führten später auch zu geschäftlichen Verbindungen des Hauses Rickmers zu französischen Firmen.

Neben dem Schiffbau und der Reederei wurde der Reishandel immer wichtiger für die Firma Rickmers, die sich 1872 in die Bremer Reismühle Ichon & Co. einkaufte. Unter dem Firmennamen »Ichon & Rickmers« wurde der Betrieb in den folgenden Jahren modernisiert und erweitert. Schließlich übernahm R. C. Rickmers die leistungsfähige Reismühle allein und beteiligte sich auch anderwärts an der Verarbeitung und dem Vertrieb von Reis. Es war Andreas Rickmers, der älteste Sohn, der sich intensiv um das Reisgeschäft bemühte, während sein Bruder Peter allmählich in die Leitung der Reederei und der Werft hineinwuchs, wenngleich sein Vater, der alte »Baas«, auf der Werft die Zügel so lange wie möglich selber in der Hand behielt.

Rickmer Clasen Rickmers, der »alte Herr«, war eine willensstarke Persönlichkeit von konservativem Zuschnitt. Jahrzehntelang hatte er mit seinen Handwerkern hölzerne Segelschiffe von guter Qualität gebaut; die rasche industrielle Entwicklung nach der Einigung Deutschlands war nicht nach seinem Geschmack. Als die Hamburger Stülckenwerft um 1860 und zwei Bremer Werften um 1875 zum Eisenschiffbau übergingen, weigerte er sich hartnäckig, ein Gleiches zu tun, wie eindringlich ihm auch sein Sohn Peter zuredete. Ebensowenig war der alte Herr bereit, seine Flotte, die 1880 aus zehn hölzernen Seglern mit 16 400 t Tragfähigkeit bestand, durch eiserne Segelschiffe oder gar durch kohlefressende Dampfer zu modernisieren. Seine Ablehnung eiserner Schiffe wurde bestärkt durch das damals noch weitverbreitete Vorurteil, daß man Reis wegen seines großen Feuchtigkeitsgehaltes nur in hölzernen Schiffen transportieren dürfe, andernfalls würde er auf den langen Reisen verfaulen.

Der hartnäckige Friese, der die grundsätzlichen Entscheidungen in seinem Unternehmen bis zuletzt alleine traf, starb nach längerem Leiden am 27. November 1886 im 80. Lebensjahr. Die Hamburger Schiffahrtszeitschrift »Hansa« widmete ihm damals einen ehrenvollen Nachruf.

Erst nach dem Tod des Seniorchefs konnte sein Sohn Peter beginnen, die Werft auf der Geesthelle für den Bau von Schiffen aus Stahl umzurüsten. Aber das ging nicht von heut auf morgen; er wollte und er konnte nicht 300 Schiffszimmerleute kurzfristig durch eine entsprechende Anzahl von Schmieden, Schlossern, Nietenkloppern und Nietenwärmern ersetzen. Deshalb wurden von 1887 bis 1889 noch zwei hölzerne Vollschiffe gebaut,

Der Hafen von Geestemünde 1888 mit hölzernen Rickmers-Seglern. (Sammlung Claus Rickmers)

die zu Ehren der Eltern die Namen R. C. RICKMERS und ETHA RICKMERS erhielten. Das letztere, mit der Baunummer 79, war mit seiner Tragfähigkeit von 2900 t das größte hölzerne Segelschiff, das in Deutschland gebaut worden ist; laut Meßbrief betrug der Brutto-Raumgehalt 1841 RT, die Länge 72,50 m und die Breite 11,88 m.

Da es der Firma an Geld nicht mangelte, konnte sie in den Jahren 1887/89 fünf neue Schiffe aus Eisen oder Stahl in Schottland erwerben; es handelte sich um drei viermastige Segler und zwei Dampfer, welch letztere eine Tragfähigkeit von je 4500 t hatten. Die gleiche Tragfähigkeit hatte auch das viermastige Vollschiff PETER RICKMERS, das lange Zeit als Flaggschiff der Rickmersschen Seglerflotte galt. 1889 auf der Werft von Russell &

Co. in Glasgow gebaut, zeichnete es sich durch hervorragende Segeleigenschaften und eine Schönheit aus, die das Resultat harmonischer Linien und Maße war.

Der Tod des Firmengründers hatte zur Umwandlung der offenen Handelsgesellschaft R. C. Rickmers in eine Aktiengesellschaft geführt, die 1889 unter dem Namen »Rickmers Reismühlen, Rhederei und Schiffbau A. G.« in das Bremer Handelsregister eingetragen wurde.

Andreas Rickmers, nunmehr der Familienälteste, gab im Vorstand der Aktiengesellschaft den Ton an und leitete weiterhin das florierende Reisgeschäft. Peter Rickmers übernahm den Vorsitz im Aufsichtsrat und leitete nach wie vor die Werft und die Reederei; er hatte große Pläne für beide

Bereiche. Einen Sitz im Aufsichtsrat der Aktiengesellschaft erhielt auch Dr. Wiegand, der langjährige juristische Berater der Rickmers-Familie. Bemerkenswert ist, daß Dr. Wiegand einige Jahre später Generaldirektor des Norddeutschen Lloyd wurde, der größten Bremer Reederei, die die aufstrebende Rickmers-Reederei als lästigen Konkurrenten betrachtete, als diese kurz vor der Jahrhundertwende in der Lage war, Dampfer nach Ostasien zu expedieren. Interessenkonflikte wurden dadurch unvermeidlich.

Für die Umstellung des Werftbetriebes vom Holz- zum Stahlschiffbau hatte Peter Rickmers einen britischen Schiffbauer namens Geo Dykes als technischen Leiter gewonnen. Nach Erfüllung seiner Aufgabe wurde er 1893 in Hamburg »Surveyor« des Lloyd's Registers, eine Position, die ihm in der Schiffbauindustrie keine Tätigkeit mehr gestattete. Die Rickmers-Werft hatte im Jahre 1890 ihr erstes Schiff aus Stahl fertiggestellt, einen Leichter von 1100 t Tragfähigkeit, der für den Reistransport von Bremerhaven/Geestemünde nach Bremen bestimmt war. In den folgenden Jahren wurden eine ganze Serie solcher Leichter und zwei Schleppdampfer gebaut, denen 1895 die ersten Fischdampfer folgten. Für das erste große Segelschiff legte man 1893 den Kiel; es wurde eine Viermastbark, deren Bauzeichnungen im Maßstab 1:48 noch den britischen Einfluß erkennen lassen. Als Geo Dykes 1893 nach Hamburg ging, übernahm der Schiffbauingenieur Carl Hahn die technische Leitung auf der Rickmers-Werft und behielt sie bis 1904.

Im Jahre 1890 herrschte Hochstimmung in der Familie und in der Firma Rickmers, weil man hoffnungsvoll in die Zukunft sah. Ein großes »Haus-Fest«, das im August auf dem im Heimathafen liegenden Flaggschiff PETER RICKMERS gefeiert wurde, gab dieser optimistischen Stimmung Ausdruck. In Deutschland regierte der junge Kaiser, der versprochen hatte, die Schiffahrtsinteressen des Vaterlandes zu fördern, und der dafür gesorgt hatte, daß Helgoland, die Heimatinsel der Familie R. C. Rickmers, im August 1890 in das Hoheitsgebiet des Deutschen Reiches eingegliedert werden konnte, im Austausch gegen ein Stück Kolonialbesitz in Afrika, an dem die Briten interessiert waren. Zum Optimismus des Jahres 1890

mag auch beigetragen haben, daß die Rickmers-Flotte, die zu Beginn des Jahres aus 12 Seglern und 2 Dampfern bestand, seit mehr als einem Jahr keine ernsten Havarien hatte und daß die Werft im Begriff war, wieder Anschluß an die Konkurrenz in Bremen und Hamburg zu finden, wo man schon seit Jahren Segler und Dampfer aus Stahl baute. Auf dem Viermast-Vollschiff PETER RICKMERS, das mit seinen hohen Masten alle Gebäude und Schiffe in Bremerhaven/Geestemünde überragte, sang man anläßlich des Festes im August 1890 zum ersten Mal das »Rickmers-Lied«, nach der Melodie »Es braust ein Ruf wie Donnerhall«.

Das Rickmers-Lied

Ein Felsen liegt im deutschen Meer,
Die Wogen rauschen um ihn her,
Das ist die Insel Helgoland,
Schon längst dem Deutschen wohlbekannt!
Grün ist das Land, und roth die Kant',
Weiß glänzt der helle Dünensand –
Das sind die Farben wohl von Helgoland,
Von dem jetzt deutschen, deutschen Helgoland!

Und diese Farben grün-roth-weiß
Sie weh'n auf manchem Schiff voll Reis
In jedem Hafen, jedem Land
Ist diese Flagge wohlbekannt!
Ein großes R inmitten drein,
Wer kündet mir, was das mag sein,
Sind das die Farben wohl von Helgoland,
Von dem jetzt deutschen, deutschen Helgoland?

Ja wohl von dorten stamm'n sie her
Die Leute mit dem großen R,
Dort auf dem kleinen Helgoland
War's, wo des Vaters Wiege stand;
Doch lenkte bald er seine Schritt'
Nach Deutschland, und nur nahm er mit,
Das grün-roth-weiß von seinem heim'schen Strand,
Von dem jetzt deutschen, deutschen Helgoland.

Und manches Schiff gar groß und stolz
Baut' er aus deutschem Eichenholz,
Ob jedem weht auf sein Geheiß
Das R inmitten grün-roth-weiß!
Und Jedermann ward bald es klar,
Daß R ein echter Deutscher war.
Wenn auch die Flagge zeigte allbekannt
Farben von damals englisch Helgoland!

D'rum sind wir froh versammelt heut',
Wir wissen, was das R bedeut't,
Ein neues Schiff nach neuer Weis',
Doch immer unter grün-roth-weiß!
D'rum klingt und singt und stoßet an:
Es gilt dem Schiff, es gilt dem Mann!
Deutsch ist das R und jetzt auch deutsch das Band,
Was uns die Farben zeigt von Helgoland!

Erfolge und Rückschläge

Die euphorische Stimmung, die bei den Rickmers im Jahre 1890 herrschte, mag dazu beigetragen haben, daß Peter Rickmers in diesem Jahr bei seinem schottischen Schiffbauer Russell & Co. nicht einen weiteren Viermaster, sondern einen fünfmastigen Großsegler bestellte, einen Typ, den es dazumal noch gar nicht gab. Allerdings hatte die französische Reederei A. D. Bordes & Fils im Jahr zuvor für ihre Salpeterfahrt eine Fünfmastbark bestellt, die im September 1890 vom Stapel laufen sollte. Da wollte Peter Rickmers nicht zurückstehen; denn er hatte sich ausgerechnet, daß auch für den Reistransport eine Fünfmastbark von annähernd 4000 BRT sehr nützlich sein könnte.

Da die Segelschiffe in den fernöstlichen Seegebieten oft unter Windmangel litten, erhielt der schlanke Neubau nicht nur eine sehr hohe Takelage, sondern als Hilfsantrieb auch eine Dampfmaschine von 650 PS. Erwähnenswert ist schließlich, daß das Schiff – als eines der ersten Segelschiffe – für Fahrten ohne Ladung 1 250 t Wasserballast nehmen konnte, und zwar 700 t im Doppelboden und 550 t in einem 8 m langen Hochtank, der mittschiffs stand. Das große Schiff wurde auf den Namen Maria Rickmers getauft und ging Mitte März 1892 auf seine erste Reise. Mit einer Kohlenladung von Cardiff nach Singapore bestimmt, brauchte die Fünfmastbark 82 Tage, wobei 371 t Bunkerkohle verfeuert wurden. Für den Kapitän Gennerich scheint es eine anstrengende Reise gewesen zu sein; denn er starb in Singapore an Herzversagen. Der Obersteuermann Wiethoff, der eine vierjährige Praxis als Erster Steuermann hatte, übernahm die Führung des großen Schiffes, brachte es in wenigen Tagen von Singapore nach Saigon und bekam dort die übliche Reisladung. Am 15. Juli 1892 trat die Maria Rickmers die Heimreise an, beladen mit 5 000 t Reis und 600 t Bunkerkohlen. Unter Ausnutzung der Dampfmaschine erreichte sie die Sundastraße zwischen Java und Sumatra in nur 9 Tagen und wurde am 24. Juli von der Signalstelle bei Anjer gemeldet. Danach hat man von dem großen Segler und seiner 39köpfigen Besatzung nichts mehr gesehen und gehört. Es war ein schwerer Schicksalsschlag für alle Beteiligten, der an der Weser als Tragödie empfunden wurde und auch in der internationalen Schiffahrtswelt viel Aufsehen erregte.

Die Verhandlung des Seeamts in Bremerhaven fand im Juni 1893 statt, als es keine Hoffnung mehr gab. Das Seeamt konnte nur Vermutungen über die Ursache äußern, da es keine Anhaltspunkte für den Ort und die Art des Untergangs gab. Den Vorwurf, daß die Besatzung des Schiffes zu klein gewesen wäre, versuchte der Reeder durch die Feststellung zu entkräften, daß die sieben Mann Maschinenpersonal auch seemännisch ausgebildet waren und für Segelmanöver zur Verfügung gestanden hätten.

Auffallend ist, daß der amtlich gedruckte Bericht über die Seeamtsverhandlung zwar die Bemerkung enthält, das Seeamt könne nicht ausschließen, daß die Bark bei böigen Winden gekentert sei; aber nichts über die Stabilitätsverhältnisse des Schiffes aussagt. Die neuartigen Ballasttanks, mit denen die Schiffsleitung noch keine Erfahrung hatte, und die Veränderung der Stabilitätsverhältnisse durch den Verbrauch von Kohle werden in der Begründung des Seeamtsspruches nicht erwähnt; es handelte sich um Neuland, auch für das Seeamt.

Interessant in den Ausführungen des Seeamts ist der Satz: »Man hatte erwartet, daß sich mit der Dampfmaschine eine größere Fahrgeschwindigkeit werde erreichen lassen.« Auf der Ausreise hatte nämlich die Fünfmastbark, bei windschwachem Wetter nur mit der Maschine fahrend, nicht mehr als ungefähr 5 sm/h erreicht. Die Schriftleitung des angesehenen »Nautical Magazine«, das seit 1834 in Glasgow erscheint, zeigte viel Interesse für die Maria Rickmers und hat mehrfach über das Schiff berichtet, vor und nach dem Untergang. Man stand dem »Experiment« von Anfang an skeptisch gegenüber und meinte, der Reeder würde wohl bald einsehen, daß es am besten sei, die Dampfmaschine wieder auszubauen, um Kosten zu sparen und 600 bis 700 t mehr Ladung nehmen zu können. In dem Bericht wurde zutreffend vorhergesagt, es sei unwahrscheinlich, daß das Schiff bei voller Beladung mehr als 5 sm/h machen werde. Über die Besatzungsstärke schrieb das Magazin: »The crew is ridiculous small«; bei einem so schwer zu bedienenden Schiff hielt man etwa 60 Mann für angemessen, das wären je ein

Mann für je 60 BRT. Auf Rahseglern von normaler Größe rechnete man damals einen Mann für je 85–90 BRT.

Das Seeamt in Bremerhaven beendete seine schriftlichen Ausführungen mit dem Satz: »*Der Rhederei, welche weder Kosten noch Mühen gescheut hat, dieses Experiment durchzuführen, spricht das Seeamt an dieser Stelle seine volle Anerkennung aus.*« Das Nautical Magazine beendete seinen Kommentar nach dem Verlust der MARIA RICKMERS mit der Bemerkung, daß der Verlust des Schiffes hoffentlich zu der Einsicht führen werde, keine weiteren solcher »*unhandigen Todesfallen*« zu bauen.

Interessant sind auch folgende Ausführungen im Nautical Magazine, das sich ja etwas freimütiger äußern konnte als unser Seeamt. Die Schriftleitung des Magazins sprach die Vermutung aus, daß die MARIA RICKMERS rank gewesen sei; sie habe das Kap der Guten Hoffnung in der stürmischsten Zeit des Jahres runden müssen und sei wahrscheinlich gekentert. Weiter hieß es in dem Kommentar, ein solches Schiff zu führen, erfordere die ganze Sorgfalt, Klugheit und Voraussicht eines Seemannes von höchster Qualität, und es wird bezweifelt, ob der Steuermann, der erst 28 Jahre alt war, diese Qualifikationen schon besessen habe.

Über die 80tägige Ausreise des Schiffes vom Bristolkanal nach Singapore berichtet das britische Magazin, daß Kapitän Gennrich in Singapore einem Kapitänskollegen erzählt habe, daß er zwei- oder dreimal die Kontrolle über das Schiff verloren hätte und es platt vor dem Wind laufen lassen mußte, bis es der Mannschaft gelungen sei, die große Segelfläche genügend zu reduzieren. Über den Tod Kapitän Gennrichs in Singapore stand im Nautical Magazine, er sei tot umgefallen, nachdem er einen Brief seines Reeders erhalten habe, der ihn wegen der unerwartet langen Reisedauer tadelte. Die Darstellung über Kapitän Gennrichs Tod ist durch den »Küstenklatsch« möglicherweise entstellt oder übertrieben worden; denn der Berichterstatter des Nautical Magazine war sicherlich nicht selber zugegen, als der Kapitän starb.

Wie schon erwähnt, hatte die Rickmers-Werft 1893 begonnen, ihren ersten Segler aus Stahl zu bauen. Beim Stapellauf im Oktober 1894 erhielt

diese Viermastbark den Namen ALBERT RICKMERS. Sie hatte eine Tragfähigkeit von rund 3500 t und ähnelte in ihren Abmessungen den Viermastbarken RENÉE RICKMERS, ROBERT RICKMERS und WILLY RICKMERS, die von britischen Werften stammten. Doch hatte der Rickmerssche Neubau, entsprechend der Tradition des Hauses, eine sehr hohe Takelage, um die Flautengebiete in den fernöstlichen Gewässern besser durchsegeln zu können.

Die Viermastbark ALBERT RICKMERS machte nur vier Rundreisen für die Rickmers-Reederei; 1899 wurde sie an den Norddeutschen Lloyd verkauft, der sie zum Frachtschulschiff umbaute und ihr den Namen HERZOGIN SOPHIE CHARLOTTE gab. Erst in dieser Rolle konnte das Schiff seine guten Segeleigenschaften voll zur Geltung bringen. Vorher, als ALBERT RICKMERS, war es 1896/97 in schlechten Ruf geraten, als es für eine Reise nach Japan die überlange Zeit von 204 Tagen gebraucht hatte. Der verärgerte Kapitän hatte damals im Journal vermerkt, daß die lange Reisedauer auf einen ungewöhnlich starken Bewuchs des Rumpfes mit Muscheln und Algen zurückzuführen sei.

Als HERZOGIN SOPHIE CHARLOTTE hat die Viermastbark später bewiesen, daß der Rickmers-Werft mit ihrem ersten Segler aus Stahl ein guter Wurf gelungen war. Bedauerlicherweise hat die Werft keine weiteren Schiffe dieses Typs gebaut, sondern produzierte anschließend eine Serie von großen Vollschiffen, die später zu dreimastigen Barken umgetakelt wurden. Die verringerte Segelfläche erlaubte eine Reduzierung der Besatzung um drei Mann; aber vielleicht ging dieser Rationalisierungsgewinn durch längere Reisen wieder verloren?

Im Jahre 1894 baute die Rickmers-Werft ihren ersten Dampfer, ein kleines Tankschiff von 1000 t Tragfähigkeit, das für die chinesische Küstenfahrt bestimmt war. Es dauerte aber noch ein paar Jahre, bis die Werft in der Lage war, auch große Frachtdampfer für die Linienfahrt zu bauen.

Die Erweiterung des Reisgeschäftes wie auch Peter Rickmers' Pläne für eine Dampferlinie nach Ostasien erforderten viel Geld, deshalb nahm die Gesellschaft 1895 eine Anleihe auf und erhöhte ihr Aktienkapital. Ein beträchtlicher Teil der vereinnahmten Mittel wurde benutzt, um von englischen

Werften fünf Dampfer mit einer Gesamttragfähigkeit von 33 000 t zu erwerben. Damit konnte die Rickmers-Reederei 1896 endlich den Liniendienst nach Ostasien einrichten, von dem sich Peter Rickmers so viel versprach.

Weil das Ladungsangebot in Hamburg am größten war, plante Peter, für den Liniendienst eine Hamburger Filiale zu gründen, die von seinem 23jährigen Sohn Paul geleitet werden sollte. Aber es kam nicht mehr dazu; denn der Norddeutsche Lloyd, der eine Postdampferlinie nach Ostasien betrieb, drängte die Rickmers-Reederei, ihre Ostasien-Linie wieder aufzugeben. Andreas Rickmers, mehr am Reis als an den Schiffen interessiert, gab dem Druck nach, und sein Bruder Peter mußte sich fügen. Man unterzeichnete einen Vertrag, in dem vereinbart wurde, daß die Rickmerssche Dampferflotte je zur Hälfte für die Dauer von drei Jahren an den Norddeutschen Lloyd und die Hapag zu verchartern sei. Zusätzlich sicherten sich die beiden Großreedereien ein Optionsrecht für den Kauf der Dampfer nach Ablauf der Charter. Wie zu erwarten, machten sie auch Gebrauch davon, so daß im Jahre 1900 je drei der modernen Rickmers-Dampfer in den Besitz von Hapag und Lloyd übergingen. Peter Rickmers' Traum vom Einstieg in die zukunftsreiche Linienfahrt war zerstört.

Von 1900–1904 baute die Rickmers-Werft 10 kleine Dampfer von je 2 500 t Tragfähigkeit für die chinesische Küstenfahrt, die allesamt nach mehr oder weniger kurzer Zeit in den Besitz des Norddeutschen Lloyd übergingen, ebenso wie zwei Dampfer gleicher Größe, die Rickmers in Shanghai für die Yangtsefahrt hatte bauen lassen.

1897 hatte die Flotte der Rickmers-Reederei aus 21 Schiffen mit einer Gesamttragfähigkeit von 83 000 t bestanden, und mehr als die Hälfte dieser Tragfähigkeit entfiel auf die modernen Dampfer. Drei Jahre später waren es nur noch 13 Schiffe mit 41 000 t Tragfähigkeit, und 75% dieser geschrumpften Flotte waren Segelschiffe, an denen der Norddeutsche Lloyd und die Hapag kein Interesse hatten.

Dieser Rückschlag hat Peter Rickmers schwer getroffen. Er war ein vielseitig interessierter Mann, war auch politisch tätig gewesen, hatte aber die Hauptaufgabe seines Lebens in der Förderung der deutschen Schiffahrt und im Ausbau der Reederei Rickmers gesehen. Im Verhältnis zu seinen großen Plänen war es nur ein kleiner Trost für ihn, daß er 1894 die eigene Werft beauftragen konnte, einen dreimastigen Segler von 3 000 t Tragfähigkeit zu konstruieren, dessen Bau im folgenden Jahr begonnen wurde und dem noch zwei Schwesterschiffe folgen sollten. Das erste Vollschiff dieser Serie erhielt den Namen RICKMER RICKMERS; von ihm soll in den folgenden Abschnitten die Rede sein.

Um Mißverständnissen vorzubeugen, muß hier gesagt werden, daß der Neubau RICKMER RICKMERS nicht als ein Spitzenschiff der deutschen Seglerflotte geplant war, sondern als ein Schiff des Mittelmaßes, das mit kleiner Besatzung verhältnismäßig große Ladungen transportieren sollte. Von diesem Typ der Dreimaster mit 2 500–3 000 t Ladefähigkeit segelten Hunderte auf den Weltmeeren, und die deutschen Schiffswerften hatten vor 1895 bereits 35 solcher Segler aus Eisen oder Stahl erbaut.

Diese Segelschiffsbauten waren keineswegs kennzeichnend für den Leistungsstand des deutschen Schiffbaus in den 1890er Jahren. Zur gleichen Zeit, als die Rickmers-Werft mit dem Bau der RICKMER RICKMERS begann, wurde auf der Vulcanwerft in Stettin der Kiel gelegt für den Schnelldampfer KAISER WILHELM DER GROSSE, der für den New-York-Dienst des Norddeutschen Lloyds bestimmt war. Als der »Vierschornsteiner« 1897 seine erste Reise antrat, war er mit 14 500 BRT das größte und mit einer Durchschnittsfahrt von 22 sm/h auch das schnellste Schiff der Welthandelsflotte. 1898 gewann KAISER WILHELM DER GROSSE das berühmte »Blaue Band« für die schnellste Atlantik-Überquerung von Ost nach West, eine imaginäre Trophäe, die bis dahin nur britische Schiffe gewonnen hatten.

Das Vollschiff RICKMER RICKMERS war also alles andere als ein Symbol des Fortschritts, sondern verkörperte – in zeitgemäßer Form – die uralte Tradition des Windschiffes, das zu seiner Fortbewegung keiner Maschine bedurfte. Das Interesse am Lebenslauf unserer RICKMER RICKMERS beruht darauf, daß die Bark eines der letzten Segelschiffe der Kauffahrtei gewesen ist.

Bau des Vollschiffs Rickmer Rickmers

Segelschiffbau um die Jahrhundertwende

In den 1890er Jahren, als die RICKMER RICKMERS gebaut wurde, ging es mit der kommerziellen Segelschiffahrt bereits bergab. Die Dampfschiffe hatten die Personenbeförderung über See restlos übernommen und waren erfolgreich bemüht, ihren Anteil an der Güterbeförderung ständig zu steigern. Um 1890 hatte die Dampfertonnage in der deutschen Handelsflotte die der Segler bereits überflügelt, und dazu muß bemerkt werden, daß damals schon ein Dampfer eine wesentlich größere Transportleistung erbrachte als ein Segelschiff von gleicher Größe. Während die deutsche Dampferflotte bis zum Ersten Weltkrieg ständig weiter wuchs, nahm die Seglertonnage allmählich ab. RICKMER RICKMERS war eines der letzten drei Vollschiffe, die von deutschen Werften für die Kauffahrtei gebaut worden sind.

In Großbritannien, dem damals führenden Schiffbauland, erlebte der Bau großer Rahsegler einen letzten großen Aufschwung um 1890, nachdem der Stahl das Eisen als Schiffbaumaterial verdrängt hatte. Die bessere Formbarkeit und die größere Festigkeit des Stahls erlaubten den Bau billiger Schiffe mit großer Tragfähigkeit, die beim Transport von Massengütern auf langen Strecken noch gewinnbringend zu beschäftigen waren, solange das Ladungsangebot und damit die Frachtraten ausreichend waren.

Allerdings hielt die Konjunktur im Bau von Segelschiffen aus Stahl nicht lange an. In Großbritannien verringerte sich die Zahl der Stapelläufe großer Segler nach 1892 in drastischer Weise; waren 1892 noch 124 Rahsegler von mehr als 1 000 BRT ihrem Element übergeben worden, so zählte man drei Jahre später nur noch 22 Stapelläufe solcher Schiffe. Anders lagen die Verhältnisse lediglich in Frankreich, wo man die Schrumpfung der Seglerflotte durch Subventionen noch bis zum Jahre 1903 hinauszögern konnte. Die staatlichen Prämien, die in Frankreich für den Bau und den Betrieb von Schiffen gezahlt wurden, bewirkten um die Jahrhundertwende eine sehr starke Zunahme der Segelschiffs-Neubauten; das Maximum brachte das Jahr 1902, in dem 60 französische Segler mit insgesamt 156 000 BRT in Dienst gestellt wurden.

In Großbritannien und Deutschland sahen die Zahlen für Stapelläufe von Segelschiffen über 1 000 BRT um die Jahrhundertwende folgendermaßen aus:

In	1891/95	1896/1900	1901/05
Großbritannien	363	29	35
Deutschland	33	3	6

Nach 1905 waren es, in allen Schiffbauländern zusammengezählt, kaum mehr als ein Dutzend großer ladungtragender Rahsegler, die noch gebaut worden sind, davon die meisten in Deutschland. Und einige dieser ladungtragenden Segler wurden nur gebaut, weil man sie gleichzeitig als Schulschiffe zu verwenden gedachte. Das bevorstehende Ende der Kauffahrtei unter Segel ließ sich nicht aufhalten; man konnte es schon bald nach der Jahrhundertwende aus der geringen Zahl der Neubauten berechnen.

Von der Planung bis zum Stapellauf

Aber nun zum Bau des Vollschiffes RICKMER RICKMERS, dessen Pläne 1894 gezeichnet wurden, während die Viermastbark ALBERT RICKMERS auf der Geesthelle als erster Stahlsegler entstand. Daß der zweite Neubau nur ein Dreimaster wurde, 4 m kürzer und 1 m schmäler als die Viermastbark, ist eigentlich schwer verständlich; denn beide Schiffe sollten Massengüter transportieren, und zwar vornehmlich Reis aus dem Fernen Osten. Anscheinend war man auf der Rickmers-Werft durch einen Sinneswandel im britischen Segelschiffsbau beeinflußt worden. Dort waren in den Jahren 1890/93 - auch relativ - sehr viele Viermastbarken gebaut worden, doch dann schwang das Pendel zurück. Die Neubauzahlen des Jahres 1895 wurden von einem Fachmann mit folgender Bemerkung kommentiert: *»Die Viermastbarken waren in Ungnade gefallen im Vergleich zu den dreimastigen Vollschiffen von 1900 bis 2000 BRT«*, und genau diesen Typ wollte man nun auch bei Rickmers bauen; man folgte einer Modewelle, für die man rückblickend keine wirtschaftlichen oder technischen Vorteile erkennen kann. In der letzten Phase der Kauffahrtei unter Segel haben sich nicht die Vollschiffe, sondern die Viermastbarken als optimaler Segelschiffstyp für den Transport von Massengütern erwiesen.

Im Dezember 1894 waren die Baupläne für das Vollschiff so weit fertiggestellt, daß man Kopien nach London schicken konnte, um eine Beaufsichtigung des Baues durch die renommierte Klassifikationsgesellschaft »Lloyd's Register of British and Foreign Shipping« zu beantragen. Die Rickmers-Reederei ließ ihre Schiffe damals noch nicht bei dem jungen Germanischen Lloyd in Berlin klassifizieren, sondern beim französischen »Bureau Veritas« oder beim »Lloyd's Register« in London. Das Vollschiff RICKMER RICKMERS erhielt nach seiner Fertigstellung die höchste Klasse bei der Klassifikationsgesellschaften.

Im Frühjahr 1895 begann der Bau des Vollschiffs mit der Kiellegung, und am 25. April erschien der »Surveyor« F. Thomsen als Vertreter des Lloyd's Register zur ersten Besichtigung auf der Rickmers-Werft. In der Folgezeit kam er in der Regel zweimal wöchentlich, um das Material und die Bauausführung zu kontrollieren. Der Neubau trägt in der 1834 beginnenden Rickmers-Liste die Nummer 89, für das Lloyd's Register war es jedoch »Rickmers No. 13«, aufgrund einer neuen Numerierung, die 1890 mit dem ersten Stahlschiff der Werft begonnen hatte.

Von wenigen Einzelteilen abgesehen, wurden Rumpf und Riggen aus Stahl gebaut, der nach dem Siemens-Martin-Verfahren von britischen Firmen hergestellt worden war. Die Materialstärken entsprachen den Vorschriften des Lloyd's Register, nennenswerte Überdimensionierungen sind aus dem »Survey Report« nicht ersichtlich.

Nach Lloyd's Register ist der äußere Balkenkiel 10 Zoll hoch und $2^5/_8$ Zoll breit, ebenso der Vor- und Achtersteven. Das Register des Bureau Veritas gibt die Höhe des Kiels mit 27,0 cm = $10^1/_2$ Zoll an.

Der Abstand der Spanten, die das Gerippe des Schiffes darstellen, beträgt auf der gesamten Länge der RICKMER RICKMERS 2 Fuß = 24 Zoll = 61 cm. Die einzelnen Spanten wurden aus zwei Winkeleisen zusammengesetzt, dem Spantwinkel und dem Gegenspantwinkel, der erstere mißt 14 × 9 cm, der zweite 10 × 9 cm. Im Boden des Schiffes werden die querschiffs verlaufenden Spanten durch die Bodenwrangen erhöht; sie erreichen ihre größte Höhe von 66 cm in der Mitte des Rumpfes. Auf den Bodenwrangen wurden beim Bau der RICKMER RICKMERS hölzerne Bauchdielen als Bodenwegerung befestigt, die eine Dicke von 6 cm hatten.

Schiffe sind langgestreckte Bauwerke – RICKMER RICKMERS' Länge ist gleich der $6^1/_2$fachen Breite –, deshalb brauchen sie eine große Längsfestigkeit, um den Belastungen gewachsen zu sein, denen sie oft im Seegang und gelegentlich auch in anderen Situationen ausgesetzt sind. Der außerhalb des Rumpfes angebrachte Balkenkiel hat für die Längsfestigkeit nur eine zweitrangige Bedeutung; der wichtigste Längsträger ist das Kielschwein, das sich im Innern des Rumpfes von vorn bis achtern erstreckt. Auf unserem RICKMER ist das Kielschwein ein starker T-Träger, der die Bodenwrangen um 0,5 m überragt. Auf diesem Kielschwein stehen der Fock- und der Besanmast, während der Fuß des Großmastes etwa 2,2 m höher auf dem Ballasttank und dessen Längsschott befestigt ist. Die Masten erhielten beim Bau die übliche Neigung nach achtern, die 3° beim Fockmast, 4° beim Großmast und 5° beim Kreuzmast betrug. Als weitere Längsträger sind auf dem Boden des Schiffes auf jeder Seite ein Seitenkielschwein und ein Kimmkielschwein eingebaut. Die Kimmkielschweine verlaufen dort, wo die sogenannte Kimm beginnt, um den Übergang vom flachen Boden des Schiffes zur senkrechten Bordwand herzustellen. Die Abmessungen der seitlichen Kielschweine sind wesentlich bescheidener als die des Mittelkielschweins. Die Längsversteifungen der senkrechten Bordwand werden als »Stringer« bezeichnet; RICKMER RICKMERS besitzt je einen Kimmstringer sowie die beiden breiten Stringerplatten auf den Zwischendecksbalken und unter dem Hauptdeck.

Die längsschiffs verlaufenden Plattengänge der »Außenhaut«, deren Breite zwischen 0,9 und

Stapellauf des Vollschiffs RICKMER RICKMERS.   (Deutsches Schiffahrtsmuseum, Bremerhaven)

1,4 m variiert, sind auf die Spanten genietet, und zwar abwechselnd »an- und abliegend«. Bei den abliegenden Gängen sind Flacheisenstreifen zwischen Spant und Platte eingefügt. Die senkrechten »Stöße« der Platten sind, von Gang zu Gang abwechselnd, entweder »glatt mit untergelegten Laschen« oder »überlappend« genietet. Der »Scheergang«, der unmittelbar unterhalb des Hauptdecks verläuft, ist ein anliegender Gang mit glatten Stößen. Die Dicke der Außenhaut ist unterschiedlich; am stärksten sind die Platten mittschiffs, ganz besonders im Scheergang. Der Survey Report gibt für die stärksten Platten eine Dicke von $^{13}/_{20}$ Zoll = 1,65 cm an. Der Surveyor bescheinigte in seinem Bericht, daß die umfangreichen Nietarbeiten auf RICKMER RICKMERS korrekt und solide ausgeführt worden seien; er habe keine Nietlöcher in

den Nähten und Stößen der Außenhaut gefunden. Die Stöße der Außenhautplatten wurden planiert. Das Ruder besteht aus einem eisernen Rahmen, der auf beiden Seiten beplattet ist. Der Bericht bestätigt ausdrücklich, daß das Ruder bei schwimmendem Schiff ausgehängt werden kann, damit das Schiff wegen etwaiger Ruderreparaturen nicht ins Trockendock muß.

Wie es bei Segelschiffen aus Eisen oder Stahl üblich war, erhielt der Neubau ein hölzernes Deck, das aus Festigkeitsgründen stellenweise mit einer Unterlage von Stahlplatten versehen wurde. Das von vorn bis achtern durchlaufende Hauptdeck bestand aus 10 cm dicken Planken von »White Pine«, einem Kiefernholz, das wetter- und wasserfest und dem Pitchpine ähnlich ist. Das Vordeck auf der erhöhten Back und das Achterdeck auf der sogenannten Poop erhielten etwas dünnere Planken als das Hauptdeck. Für das Poopdeck nahm man gut aussehendes Kiefernholz aus dem Ostseeraum, das der Surveyor »Baltic Pine« nannte.

RICKMER RICKMERS erhielt als Neubau kein Zwischendeck mit festem Belag, sondern nur Zwischendecksbalken, die ebenso wie die Decksbalken in Abständen von 1,22 m verlaufen und jedes zweite Spantpaar miteinander verbinden. Wenn das Schiff der Ladung wegen ein Zwischendeck brauchte, legte man auf die Zwischendecksbalken hölzerne Planken, die etwa 5 cm dick waren und mit Schraubbolzen befestigt wurden. Die Festigkeit des Rumpfes wurde erhöht, indem man in den Laderaum zahlreiche Stützen aus Stahl einbaute, deren Durchmesser im Unterraum 10 cm betrug.

Ungewöhnlich auf diesem Schiff war der Einbau eines großen Tanks in den Unterraum, der 1 000 t Ballastwasser aufnehmen konnte. Nur wenige der großen Frachtsegler besaßen solche Tanks; in Deutschland war die Rickmers-Werft die einzige, die Segelschiffe mit Ballasttanks dieser Art gebaut hat. Im Gegensatz zu Ballasttanks im Doppelboden, wie sie auf Maschinenschiffen üblich sind, wurden diese Tieftanks mit Ladung gefüllt, wenn das Schiff keinen Ballast benötigte. Im Bericht des Lloyd-Surveyors ist über den Ballasttank gesagt, was nachstehend in deutscher Übersetzung wiedergegeben ist:

»Ein Tieftank von 1000 tons Fassungsvermögen ist mittschiffs eingebaut und, entsprechend der genehmigten Zeichnung, mit den nötigen Füll-, Peil- und Luftrohren versehen. Er ist in vier Abteilungen unterteilt. Unter dem Druck einer Wassersäule bis zur Höhe der Ladelinie wurde die Anlage getestet; alles war vollkommen wasserdicht. Der Tank wird durch den »Dampfesel« von Deck aus gefüllt und geleert; Öffnungen im Unterwasserschiff sind deshalb nicht nötig.« Der Donkeykessel, dessen Dampf unter anderem die starke Ballastpumpe antrieb, stand in dem Deckshaus auf dem Hauptdeck. Nach den Angaben des Surveyors konnten die vier Abteilungen des Tanks nicht durch Bodenventile »geflutet« werden, sondern sie mußten mit Hilfe der Pumpe gefüllt werden. Das war unbequemer, aber sicherer als das Fluten der Tanks; denn auf einigen anderen Schiffen mit solchen Tieftanks hatte es durch unsachgemäße Bedienung

ernste Unfälle gegeben. Gefährlich waren die Tanks, wenn sie nur teilweise gefüllt waren und die sogenannten »freien Oberflächen« die Stabilität des Schiffes verringerten, statt sie zu erhöhen. Die Tankanlage auf RICKMER RICKMERS erstreckt sich über eine Länge von 31,7 m; die Höhe über den Bodenwrangen beträgt 2,7 m. Jede der vier Abteilungen wurde durch einen eisernen Lukendeckel wasserdicht verschlossen. Die Luken hatten lichte Weiten von 3,3 x 1,65 m; groß genug, um die Tanks auch für Ladung zu benutzen.

Außer dem großen Ballasttank wurden im Unterraum des Schiffes, beim Fuß des Besanmastes, zwei Trinkwassertanks eingebaut, die zusammen ein Fassungsvermögen von mindestens 30 t hatten.

Der vordere Teil des Laderaums wird durch das wasserdichte Kollisionsschott begrenzt, das bis zum Hauptdeck reicht. Für den Bau des Schottes verwendete man Stahlplatten von 8-9 mm Dicke, die durch Winkeleisen verstärkt wurden, damit das Schott bei einer Beschädigung des Bugs dem Wasserdruck standhalten konnte. Auf dem Hauptdeck erhielt das Schiff drei Ladeluken, die von 81 cm hohen Kummings aus Stahl eingefaßt wurden. Die Abmessungen der Luken waren nach heutigen Begriffen sehr klein, der Lloyd's Surveyor gab folgende Maße an, wobei er die Luken von vorn nach achtern numerierte:

Luke I	8 × 8 Fuß	(2,44 × 2,44 m)
Luke II	20 × 10 Fuß	(6,10 × 3,05 m)
Luke III	12 × 10 Fuß	(3,66 × 3,05 m)

Das Hauptdeck der RICKMER RICKMERS wird von der Verschanzung eingefaßt, die, im Survey Report als Plattengang »N« bezeichnet, eine Dicke von 0,8 cm und eine Mindesthöhe von 1,4 m über dem Holzdeck hat. Um das an Deck kommende Wasser schnell ablaufen zu lassen, wurde die Verschanzung an beiden Seiten des Schiffes mit fünf größeren Lenzpforten und fünf kleineren Speigatten versehen.

Bemerkenswert ist, daß die Verschanzung nach vorn auf eine Höhe von 1,75 m und nach achtern auf 1,5 m ansteigt; sie hat also einen größeren »Sprung« als das Hauptdeck, wobei das Wort Sprung die Kurve der Deckslinie meint, die in der Regel nach vorn und achtern ansteigt. Die stark

RICKMER RICKMERS *nach dem Stapellauf.*   *(Deutsches Schiffahrtsmuseum, Bremerhaven)*

ansteigende Verschanzung auf RICKMER RICKMERS kommt dem Aussehen des Schiffes zugute, dessen Seitenansicht eine schön geschwungene Linie zeigt, die durch Back und Poop kaum unterbrochen wird, zumal diese beiden Aufbauten durch einen »runden Rücken« mit der Bordwand verbunden sind. Dieser runde Rücken, von englischen Schiffbauingenieuren »whale back« oder »turtle back« genannt, war eine Eigentümlichkeit mancher Segelschiffe, die den Aufbauten ein gefälliges Aussehen gab.

Unter der Back waren die Mannschaftsräume, die für 18 Mann ausreichen mußten. Die Poop beherbergte den Kapitän, die beiden Steuerleute, die den Rang von Schiffsoffizieren hatten, und vielleicht den Koch. Außerdem befanden sich achtern der Proviantraum und die Segelkoje. Letztere diente für die Lagerung der Reservesegel und war gleichzeitig die Werkstatt des Segelmachers; in der Regel benutzte er sie auch als Wohn- und Schlafraum.

Das hinter dem Fockmast stehende Deckshaus hatte ursprünglich eine Länge von 8,23, eine Breite von 4,83 und eine Höhe von 2,03 m, so daß der Rauminhalt rund 80 m³ betrug. Im hinteren Teil dieses Deckshauses stand der Donkeykessel, der den Dampf für die Pumpen, die Ladewinden und das Ankerspill lieferte. Die Ballastpumpe für das Füllen und Leeren des großen Ballasttanks hatte eine Leistungsfähigkeit von rund 100 t/h. Im vorderen Teil des Deckshauses haben die Handwerker gewohnt, die gelegentlich auch als Unteroffiziere bezeichnet wurden. Außerdem befand sich die Kombüse im Deckshaus.

19

Die Länge der Back wurde für den Neubau mit 36′ = 10,97 m, die Länge der Poop mit 48′ = 14,63 m angegeben, jeweils gemessen vom vorderen oder achteren »Lot«. Die beiden Lote der Schiffbauer sind senkrechte Linien, die durch die Schnittpunkte der Ladewasserlinie mit dem Vor- und Achtersteven gezogen werden.

Das Ankerspill stand unter der Back; es konnte nicht nur durch Dampf angetrieben werden, sondern auch durch Muskelkraft der gesamten Mannschaft; denn es war durch ein Getriebe mit dem großen Gangspill verbunden, das auf der Back steht. Insgesamt wurde das Schiff von der Bauwerft mit 3 Gangspillen ausgerüstet, von denen zwei auf dem Hauptdeck standen.

Das Ankerspill war ein britisches Fabrikat, ebenso wie die Anker und Ketten, mit denen die Bauwerft das Schiff ausrüstete. Es waren drei schwere Buganker an Bord, von denen jeder mehr als 2 t wog; zwei davon waren im Gebrauch, der dritte diente als Reserve. In den beiden Kettenkästen, die sich unterhalb des Spills an der Vorderseite des Kollisionsschotts befanden, lag je eine Kette von 250 m Länge und mindestens 13 t Gewicht. Zusätzlich war ein Stahldraht als Ankertrosse an Bord, 200 m lang, mit einem Durchmesser von rund 3 cm. Anker, Ketten und Trossen wurden von der Firma Ahlers in Geestemünde dem vorgeschriebenen Test unterworfen. Außer den drei schweren Bugankern erhielt das Schiff einen Stromanker von 500 kg und einen Warpanker von 300 kg Gewicht. Die Warpleine, an Bord oft Pferdeleine genannt, war 180 m lang und hatte einen Durchmesser von fast 6 cm. Die beiden vorgeschriebenen Schlepptrossen waren ebenfalls 180 m lang, eine war aus Stahl und hatte 3 cm Durchmesser, die Bruchfestigkeit wurde mit 33 t angegeben. Die zweite Schlepptrosse war aus Hanffasern geschlagen, ihr Durchmesser betrug 9 cm.

Nach dem Bericht des Surveyors besaß der Neubau RICKMER RICKMERS zwei Rettungsboote mit der vorgeschriebenen Ausrüstung und einen »Cutter«, womit wohl ein Arbeits- und Verkehrsboot gemeint ist. Es hatte seinen Platz auf dem Dach des Deckshauses, während die beiden Rettungsboote vor der Poop unter je einem Davitspaar standen.

Die Arbeiten am Rumpf und an den Deckaufbauten waren im Frühjahr 1896 so weit fortgeschritten, daß man den Stapellauf auf den Monat Juli festsetzen konnte. Da die Schiffe vom Helgen in den kleinen Fluß Geeste ablaufen mußten, erforderten die Stapelläufe größerer Schiffe einen besonders hohen Wasserstand. Es genügten nicht die normalen Tide-Hochwasser, sondern man mußte die sogenannten Spring-Hochwasser ausnutzen, die kurz nach Neumond und Vollmond stattfinden und einige Dezimeter mehr Wasser bringen. Die Werftleitung hatte demnach für den Stapellauf Sonnabend, den 11. Juli, festgesetzt. Alles war vorbereitet, und die Lokalzeitung brachte am Tag zuvor einen kleinen Artikel über das bevorstehende Ereignis und die wichtigsten Merkmale des Neubaus. Aber die Zeitungsleser wurden enttäuscht; aus dem Stapellauf wurde nichts, da der Wasserstand nicht ausreichte. Der Wind hatte verhindert, daß das Hochwasser zur berechneten Höhe auflief. Die übrigen Angaben des Zeitungsartikels waren nicht vom Wind und Wasserstand abhängig, also zuverlässiger, so daß sie hier, einschließlich eines unaufgeklärten Druckfehlers, wiedergegeben werden:

»Der RICKMER RICKMERS ist ein dreimastiges Vollschiff und erhält die 1. Classe beim Englischen Lloyd und beim Bureau Veritas. Die Dimensionen sind: Länge zwischen den Steven 260 Fuß, größte Breite 40 Fuß, Tiefe 26 Fuß (englisch). Als besondere Einrichtung erhält das Schiff einen Ballasttank in 4 Abtheilungen. Dieser Tank - ein sogenannter Deep-Tank - faßt 1000 Tons Wasser. Ein Donkey-Kessel dient zum Antrieb der großen Ballastpumpe, welche den Wasserballast in 15 Stunden ein- und auspumpt, ferner der beiden Ladewinden von 6 : 10 Zoll Dimensionen, des sehr kräftigen Dampf-Ankerspills und endlich des Gangspills auf dem Backdeck. Die Räume für den Kapitän und die Offiziere ...?... für den Bootsmann, Segelmacher und Koch sind im Deckhaus; das Mannschaftslogis ist unter der Back placirt. - Mit diesem neuesten Segler, dem zur Ehre seiner Rhederei und der deutschen Flagge nur glückliche und schnelle Fahrten beschieden sein mögen, umfaßt die Rickmers-Flotte jetzt 12 Segelschiffe, 8 transatlantische Dampfer bis zu 7500 Tons Tragfähigkeit, 3 Schleppdampfer und 14 Leichter für die Fahrt auf der Ober- und Unterweser. Nachdem

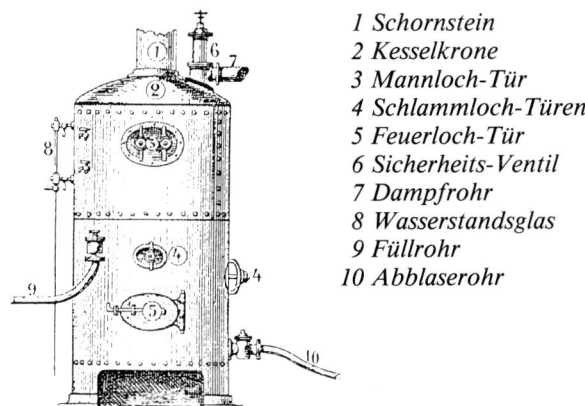

1 Schornstein
2 Kesselkrone
3 Mannloch-Tür
4 Schlammloch-Türen
5 Feuerloch-Tür
6 Sicherheits-Ventil
7 Dampfrohr
8 Wasserstandsglas
9 Füllrohr
10 Abblaserohr

Donkey-Kessel erzeugten auf Segelschiffen den Dampf für Winden und Pumpen.
(Aus Paasch: Vom Kiel zum Flaggenknopf, 1901)

der RICKMER RICKMERS abgelaufen, wird bekanntlich auf demselben Helgen der Kiel zu einem weiteren, gleichartigen Segler gestreckt werden.« – Daß RICKMER RICKMERS das 12. und nicht das 13. Segelschiff der Flotte wurde, ergab sich aus dem bedauerlichen Verlust der hölzernen Bark ANDRÉE RICKMERS, die Anfang Juli im Südatlantik in Brand geraten war und verlassen werden mußte.

Am 25. Juli brachte die Lokalzeitung wieder eine Notiz, daß der für diesen Tag vorgesehene Stapellauf des RICKMER RICKMERS des niedrigen Wasserstandes wegen erneut verschoben werden müßte. Erst am Montag, dem 27. Juli, gelang es, das Vollschiff um 15½ Uhr glücklich zu Wasser zu bringen, laut Zeitungsbericht »unter Anwesenheit zahlreicher Gäste und einer großen Menschenmenge.« Über den Namenspaten des Schiffes stand nichts in der Zeitung; das war eine Informationslücke, weil es seinerzeit zwei Familienmitglieder mit dem Rufnamen Rickmer gab und beide der sogenannten »Dritten Generation« angehörten. Der eine Rickmer war ein Sohn von Willy Rickmers, dem jüngsten der drei Söhne des Firmengründers R. C. Rickmers. Der andere Rickmer war der jüngste Sohn von Peter Rickmers, geboren am 4. Januar 1893. Er nahm als Freiwilliger am Ersten Weltkrieg teil und ging später als Kaufmann nach Venezuela. Claus Rickmers, der heutige Chef der Rickmers-Linie, weiß genau, daß das Vollschiff RICKMER RICKMERS 1896 nach dem damals dreijährigen Sohn von Peter Rickmers getauft worden ist. Das jugendliche Alter des Paten

war der Grund, für das Schiff einen »Knaben im Matrosenanzug« als Galionsfigur zu schnitzen. Rickmer Rickmers hat die »Heimkehr« nach Hamburg des nach ihm benannten Schiffes nicht mehr erlebt; er starb 1974.

Nach dem Stapellauf wurde der Neubau von zwei Rickmers-Schleppern die Geeste abwärts bugsiert und in den Hafen gelegt, wo die Werftarbeiter und Takler ihre Arbeiten zu Ende bringen konnten. Schon am 13. August verholte man das Schiff auf die Reede.

Bemastung, Takelung, Besegelung

Als das Vollschiff RICKMER RICKMERS vom Stapel lief, standen bereits die Masten mit den Stengen; aber die Rigger hatten noch viel zu tun, um das Schiff segelfertig zu machen. Beaufsichtigt wurden die Arbeiten nicht nur von dem Lloyd's Surveyor, sondern auch von Kapitän Ahlers, der die Führung des neuen Schiffes übernehmen sollte. Jeder der drei Masten bestand aus drei Teilen, nämlich dem Untermast, der separaten Marsstenge und der Bramstenge, die zusammen mit der Royalstenge ein Stück bildete. Als Verlängerung der Royalstengen trugen die drei Masten ein sogenanntes »Flaggenspiel« aus Holz, das die eiserne Stenge um zwei bis drei Meter verlängerte und durch den Flaggenknopf gekrönt wurde.

Masten und Stengen waren aus Stahl, zusammengenietet aus gebogenen Platten, deren Stärke bei den Untermasten bis zu 11 mm betrug. Die Untermasten haben ihren größten Durchmesser im Bereich der Decksdurchführung, die in der See-

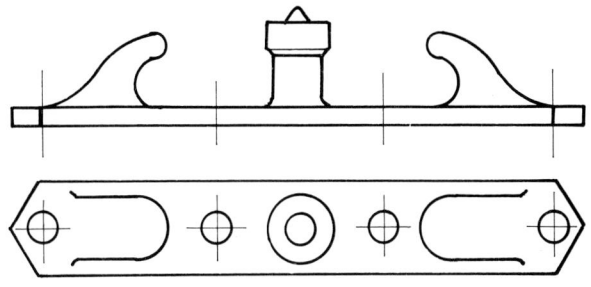

Lipp-Klüsen am Bug und Heck der RICKMER RICKMERS dienen zur Führung von Verhol- und Festmacheleinen.

mannssprache Fischung genannt wird. Der Survey Report gibt für den Fockmast einen maximalen Durchmesser von 71 cm an, für den Großmast noch einen Zoll mehr und für den Kreuzmast einen Zoll weniger. Um die Festigkeit der Masten zu erhöhen, wurden sie im Innern durch drei durchlaufende Winkeleisen versteift; in die Marsstengen hatte man nur zwei Versteifungswinkel eingebaut.

Seinem Namen entsprechend, überragte der Großmast die beiden anderen Masten; den Fockmast allerdings nicht mehr als einen Meter, den Kreuzmast um 7–8 m. Der Flaggenknopf des Großmastes befand sich ungefähr 48 m über der Wasserlinie des beladenen Schiffes. Zu den festen Spieren des Schiffes gehört auch der Bugspriet oder Klüverbaum, ein genietetes Stahlrohr von insgesamt 15^1/$_2$ m Länge mit einem größten Durchmesser von 67 cm. Weil diese Spiere durch die Abstagung der Stengen des Fockmastes stark beansprucht wurde, hat man ihr vier Versteifungswinkel eingesetzt.

Das stehende Gut, das den Masten und Stengen den nötigen Halt gibt, wurde auf RICKMER RICKMERS bereits mit den modernen Spannschrauben festgesetzt und nicht mehr mit den altmodischen Taljereeps und Jungfern. Die Wanten, Stagen und Pardunen für die Untermasten bestanden aus Stahldraht von 3,8 cm Durchmesser, desgleichen die Stagen und Pardunen für die Marsstengen.

Nach dem Stapellauf begannen die Rigger, die Rahen aufzubringen und das laufende Gut zu scheren. Der Fockmast und der Großmast erhielten je 6 Rahen, im kleineren Kreuztopp gab es nur 5. Die Rahen bestanden aus genieteten Stahlrohren ohne innere Versteifungswinkel; nur die Royalrahen waren aus Holz und damit ein wenig leichter als gleichlange Rahen aus Stahl. Die Länge der einzelnen Rahen geht aus folgender Aufstellung hervor:

	Fock- und Großmast	Kreuzmast
Unterrah	26,2 m	20,7 m
Unter-Marsrah	23,8 m	18,9 m
Ober-Marsrah	22,0 m	16,5 m
Unter-Bramrah	19,3 m	–
Bramrah	–	13,5 m
Ober-Bramrah	16,5 m	–
Royalrah	14,0 m	10,5 m

Die Unterrahen waren nicht nur die längsten, sondern natürlich auch die dicksten Rahen des Schiffes; nach dem Survey Report hatten sie in der Mitte einen Durchmesser von 53 cm und verjüngten sich nach den Nocken hin bis auf 26 cm. Das Gewicht einer Unterrah betrug etwa 3 Tonnen.

Nachdem die Rahen aufgebracht worden waren, lieferte die Segelmacherei die Segel für das Vollschiff. Nach dem Survey Report erhielt RICKMER RICKMERS einen vollständigen Satz, in der Seemannssprache ein »Stell«, von 26 Segeln und weitere 7 Segel als Reserve, um für Verluste bei schweren Stürmen gerüstet zu sein. Zur Besatzung gehörte stets ein Segelmacher, also konnten während der langen Reisen nicht nur Reparaturarbeiten ausgeführt, sondern auch weitere Ersatzsegel angefertigt werden.

Von den 26 planmäßigen Segeln der RICKMER RICKMERS wurden 17 auf die oben genannten Rahen gebracht, auf denen sich geeignete Vorrichtungen zum »Anschlagen« der Segel befanden. Die restlichen Segel des Stells waren sogenannte »Schratsegel«, die in ihrer Grundstellung nicht querschiffs, sondern längsschiffs angeordnet werden. Vier dieser Segel wurden als Vorsegel auf dem Klüverbaum befestigt, je zwei weitere als Stagsegel zwischen den Masten gefahren, und an der Achterkante des Kreuzmastes führte das Schiff einen dreieckigen Spitzbesan, der mit Hilfe eines etwa 15 m langen Besansbaumes in die richtige Segelstellung gebracht wurde.

Die gesamte Segelfläche dieser 26 »Lappen« betrug aufgrund sorgfältiger Schätzungen und Vergleiche etwa 2500 m^2, von denen rund 1875 m^2 auf die Rahsegel entfielen. Aber schon auf der ersten Reise der RICKMER RICKMERS wurde zwei Monate nach der Abfahrt unter anderem ins Logbuch geschrieben: »Nahmen Royalstagsegel und Kreuzroyal weg«. Das Wort Royalstagsegel aber ließ erkennen, daß das Schiff jetzt 3 Stagsegel zwischen den Masten besaß; denn Royalstagsegel hatte RICKMER RICKMERS nicht von der Werft mitbekommen. Rechnet man also noch zwei Royalstagsegel zu den oben aufgezählten Segeln hinzu, so muß man die Gesamtsegelfläche auf rund 2 600 m^2 veranschlagen, von denen 72 % auf die Rahsegel und 28 % auf die Schratsegel entfielen.

Über das Material der Segel ist im Survey Report nichts gesagt; aber man darf sicher sein, daß das Segeltuch 1896 bereits aus Flachs gewebt war, die Zeit der früheren Hanfsegel war vorbei. Erstklassiges Flachs-Segeltuch lieferte in Deutschland schon damals die Firma Delius & Co. in Versmold (Westfalen), deren erste Qualität die Bezeichnung »Kern« trug. Segeltuch wurde in 35 m langen und 61 cm breiten »Stücken« geliefert, und zwar in den Stärkegraden von Nr. 0 bis Nr. 6. Das Tuch Nr. 0 sollte den stärksten Stürmen standhalten. Für Vollschiffe wie RICKMER RICKMERS nahm man die Stärke 0 für die Fock, für die drei Untermarssegel und für das Vor-Stengestagsegel, die Stärke 1 für das Großsegel, für die Obermarssegel und die Stengestagsegel zwischen den Masten. Aus dem Tuch Nr. 2 wurden die Unterbramsegel für Vor- und Großtopp, der Mittel- und der Binnenklüver, das Bagiensegel und der Besan gefertigt; aus Nr. 3 das Kreuz-Bramsegel, die Oberbramsegel im Vor- und Großtopp sowie der Außenklüver. Stärke 4 war geeignet für die Bramstenge-Stagsegel und die beiden Royals in Vor- und Großtopp, während der Kreuzroyal und die Royalstagsegel aus dem Tuch Nr. 6 gefertigt wurden.

RICKMER RICKMERS wurde als Neubau mit folgenden Reservesegeln ausgerüstet: 6 Rahsegel, passend für die Rahen in Vor- und Großtopp, sowie ein Vor-Stengestagsegel.

Das Delius-Kern-Tuch Nr. 0 hatte pro Quadratmeter ein Gewicht von rund 1 020 Gramm, Nr. 6 wog 670 g/m². Das Großsegel der RICKMER RICKMERS, das eine Fläche von 250 m² entfaltete, enthielt etwa 10 % mehr an Segeltuch für die Doppelungen, so daß allein das Segeltuch ein Gewicht von 280 kg hatte. Dazu kam der Stahldraht der Lieken, die eisernen Beschläge an den Nocken und Schothörnern, die Pockholzkauschen für die Gordings und andere Kleinigkeiten, so daß das Gesamtgewicht so eines Großsegels um die 350 kg betrug.

Da beim Bau der RICKMER RICKMERS viel britisches Material verwendet wurde, kann man nicht ausschließen, daß auch das Segeltuch britischen Ursprungs war. Auf manchen deutschen Segelschiffen wurde damals noch das Tuch der schottischen Firma »Gonrock Ropework Co.« verwendet, deren erste Qualität die Bezeichnung »Extra« trug. Die verschiedenen Stärkegrade auch dieses Tuches wurden durch die Nummern 0 bis 6 gekennzeichnet.

Weil die Segelmacher auf den Schiffen das Handwerk nicht alle in vorschriftsmäßiger Lehre bei einem Meister erlernt hatten und auch die Kapitäne und Steuerleute sich die Kenntnisse in der Anfertigung neuer Segel nur an Bord erwerben konnten, war 1886 ein kleines Buch als Anleitung für »Berechnung und Schnitt der Segel« erschienen, mit dem Untertitel »Handbuch für Kapitäne, Steuerleute und Segelmacher«. Der Verfasser Wilhelm Heincks war gelernter Segelmacher und hatte während einer 20jährigen Seefahrtszeit zusätzliche Erfahrungen gesammelt, bevor er das Buch 1886 im Commissionsverlag von L. v. Vangerow in Bremerhaven herausgab. Es umfaßte 134 Seiten und hat in der genannten Zielgruppe viel Anklang gefunden; denn es erschien schon bald in zweiter Auflage.

a) »Spantenriß«, entstanden durch vertikale Schnitte querschiffs; links das Achterschiff, rechts das Vorschiff.

b) »Längsriß«, dessen Kurven durch vertikale Schnitte in Längsrichtung entstanden sind.

c) »Wasserlinienriß«, der die Form des Rumpfes in verschiedenen Horizontalebenen zeigt.

9
8
7
6
5
4
3
2
9
8
7
6
5
4
3
2

a)

WASSER
9
8
7
6
5
4
3
2
1

b)

LOT

c)

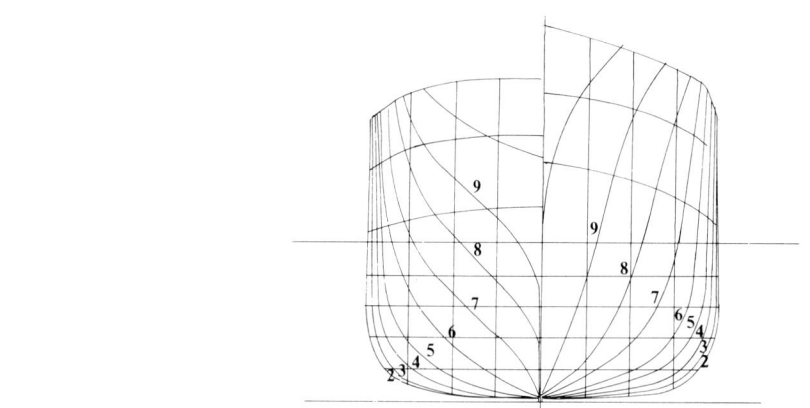

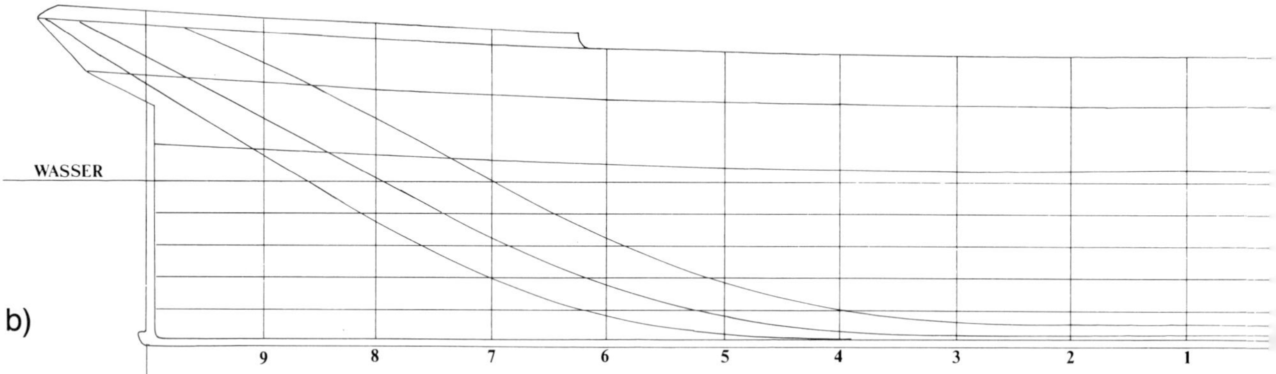

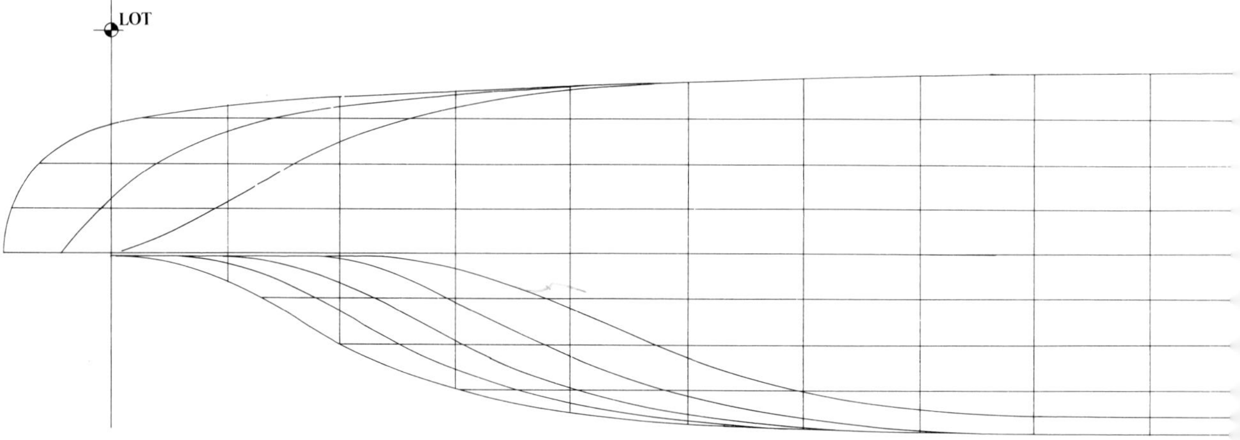

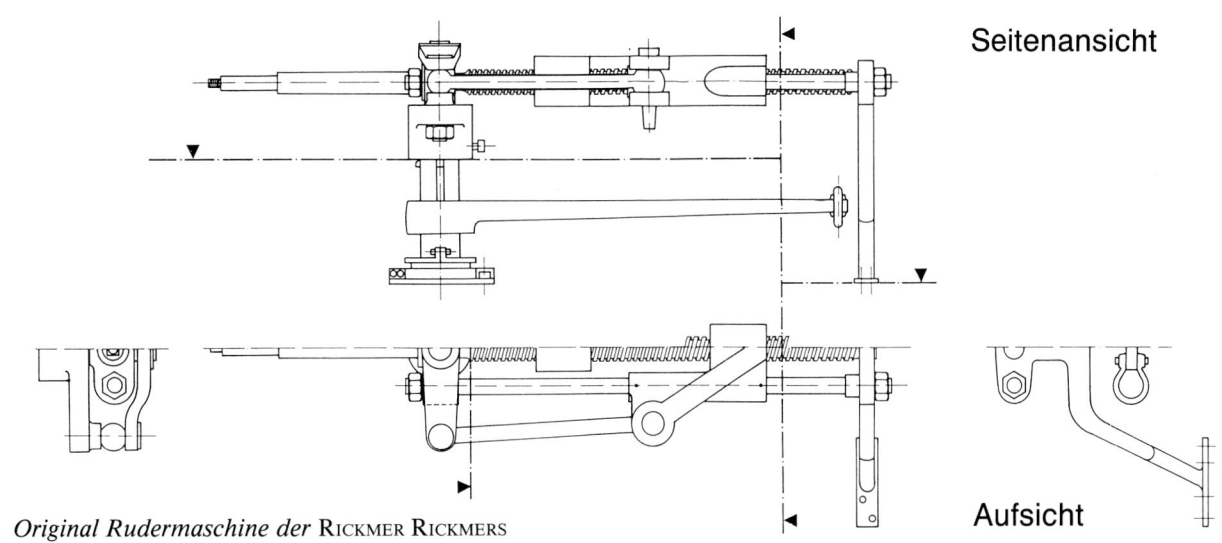

Seitenansicht

Aufsicht

Original Rudermaschine der RICKMER RICKMERS

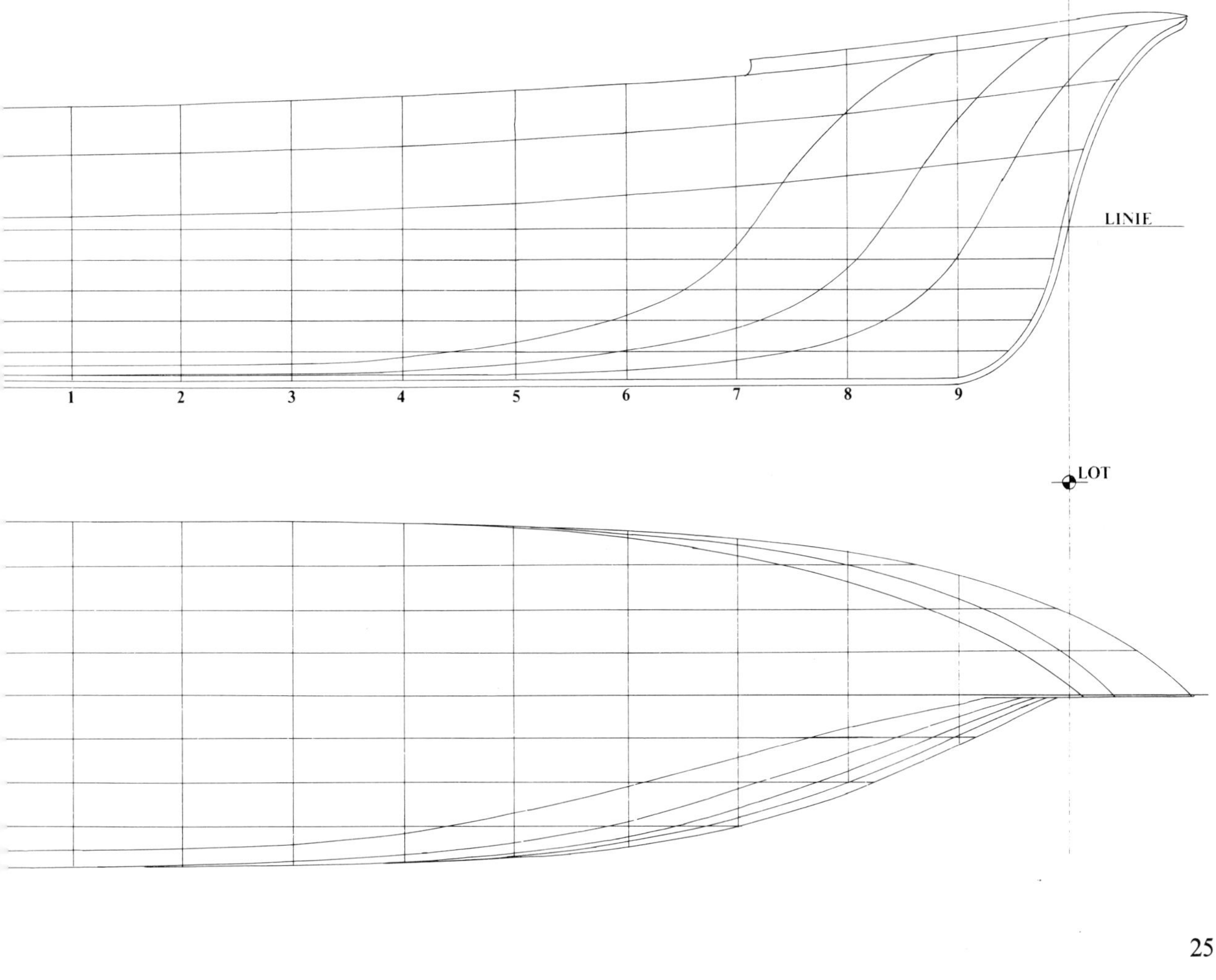

LINIE

| 1 | 2 | 3 | 4 | 5 | 6 | 7 | 8 | 9 |

LOT

Vermessung und Registrierung

Nach dem Stapellauf dauerte es nur noch zwei bis drei Wochen, bis das Schiff segelfertig war und der Reederei zur Verfügung gestellt werden konnte, die bereits einen Chartervertrag für eine Kohlenladung abgeschlossen hatte. Am 6. August beendete der Surveyor des Lloyd's Register seine Arbeit und schickte seinen ausführlichen »Survey Report«, der ein mehrseitiges Formular füllte, mit dem abschließenden Vermerk nach London: *»I am of opinion this vessel should be classed + 100 A 1 Steel.«*

Das war die Code-Bezeichnung für die höchste Klasse eines Schiffes aus Eisen oder Stahl, das unter Aufsicht eines Lloyd's Surveyors erbaut worden war. Das zuständige Committee des Lloyd's Register stimmte am 18. August 1896 dieser Klassifizierung zu. Gleichzeitig ließ die Reederei die RICKMER RICKMERS auch bei der französischen Klassifikations-Gesellschaft »Bureau Veritas« klassifizieren, zu der die Firma Rickmers seit Jahrzehnten gute Beziehungen unterhielt. Das Bureau Veritas war 1828 gegründet worden, rund 40 Jahre bevor der Germanische Lloyd in Berlin seine Tätigkeit aufnahm.

Schon drei Tage nach dem geglückten Stapellauf hatte die Reederei beim Amtsgericht in Bremen die Eintragung des Vollschiffs RICKMER RICKMERS ins Bremer Schiffsregister schriftlich beantragt. Am 1. August 1896 erschien der Prokurist J. Behrends auf dem Registeramt, um seine Unterschrift auf dem Antrag anzuerkennen und um eine beschleunigte Ausstellung des Schiffszertifikats zu bitten. Das Schiffsregisteramt konnte jedoch erst seines Amtes walten, nachdem es den Schiffsmeßbrief in Händen hatte, der vom Regierungspräsidenten in Stade am 8. August unterschrieben wurde. Drei Tage später erhielt die Reederei das Schiffszertifikat und den Meßbrief vom Amtsgericht zugeschickt; dabei lag eine Rechnung, nach der 60,– Mark für die Eintragung ins Schiffsregister und 0,30 Mark als Zustellgebühr zu zahlen waren.

Erfreulicherweise ist die Bremer Schiffsregisterakte erhalten, aus der hervorgeht, daß die Rick-mers Reismühlen, Rhederei und Schiffbau Aktiengesellschaft mit dem Sitz in Bremen alleinige Eigentümerin des Vollschiffs RICKMER RICKMERS war. Als Heimathafen hatte die Reederei Bremerhaven angegeben. Bremerhaven und Geestemünde lagen schon damals eng beieinander, der schmale Flußlauf der Geeste bildete kein ernsthaftes Hindernis zwischen den beiden Orten. Aber verwaltungstechnisch waren sie sehr wirksam durch die bremisch-preußische Landesgrenze voneinander getrennt, was sich unter anderem darin äußerte, daß jeder der beiden Orte ein eigenes Seemannsamt besaß. Zwar gab es schon seit 1872 eine einheitliche Seemannsordnung für alle deutschen Schiffe, die auch für alle deutschen Seemannsämter gültig war; aber es gab auch noch landesrechtliche Unterschiede, wie zum Beispiel bei der Speiserolle.

Im Schiffsregister wurde Hinrich Ahlers als erster Kapitän der RICKMER RICKMERS genannt, und die Eintragung besagte, daß er aus Brake stammte und die oldenburgische Staatsangehörigkeit besaß. Als Unterscheidungssignal erhielt die RICKMER RICKMERS die Buchstaben Q G H F; alle in Bremen erteilten Schiffs-Kennzeichen begannen mit dem Buchstaben »Q«. Die Kennzeichen wurden nicht geändert, wenn ein Schiff später in einem anderen deutschen Hafen registriert wurde.

Der Meßbrief wurde, wie schon erwähnt, vom Regierungspräsidenten in Stade unterschrieben, da die Bauwerft auf Geesthelle im preußischen Regierungsbezirk Stade lag. Die Vermessung war nach den reichseinheitlichen Vorschriften vom 1. März 1895 erfolgt, und der Meßbrief war als Urkunde des Deutschen Reiches gekennzeichnet. Im ersten Meßbrief der RICKMER RICKMERS wurde der Raumgehalt brutto mit 2 007, netto mit 1 914 und unter Deck mit 1 827 Registertonnen angegeben.

Die sogenannten Identitätsmaße betrugen:

Länge	80,37 m	(auf dem Hauptdeck zwischen den Steven)
Breite	12,19 m	(innere größte Breite)
Raumtiefe	7,51 m	(mittschiffs von Unterkante Decksplanken bis Oberkante Bodenwegerung neben Kielschwein)

Meßbrief gemäß der deutschen Schiffsvermessungsordnung von 1895.

Für Schiffe mit Deck.

Formular **A.**

Deutsches Reich.

Schiffgattung:	Namen des Schiffes:	Unterscheidungs-Signal:	Nationalität:
Segelschiff	*Rickmer Rickmers*	*Q. G. H. F.*	*Deutsch*
			Heimathshafen:
			Bremerhaven

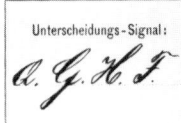

Schiffs-Messbrief.

Schiffsbeschreibung.

Erbauer *Rickmers, Reismühlen Rhederei und Schiffbau A.G.*	Beschaffenheit des obersten Decks: *In einer Flucht*	Wegerung *Theilweis am Boden vollgewegert, an den Seiten Wohlstättelatt*
Erbauungsjahr: *1896*	Anzahl der wasserdichten Querschotte unter und über dem Vermessungs-	Form des Bugs *überfallend mit Galion*
Erbauungsort: *Geestemünde*	deck: *Ein Kollisionsschott*	Form des Hecks: *Elliptisch*
Baumaterial: *Stahl*	Anzahl der Wasserballastbehälter mit	Anzahl der Schornsteine: *—*
Bauart *Gewöhnliches Spantensystem*	Ladeluken: *Ein*	Anzahl der Masten: *drei*
Anzahl der Decks: *Zwei*		Takelung: *Vollschiff*

Identitäts-Maasse.

1. Die **Länge des Schiffes** zwischen der hinteren Fläche des Vorderstevens bis zur hinteren Fläche des Hinterstevens (bei Schiffen mit Patentruder bis zur Mitte des Ruderherzens) auf dem obersten festen Deck beträgt — *90,37* m

2. Die **grösste Breite des Schiffes** zwischen den Aussenflächen der Aussenbordsbekleidungen oder der Berghölzer beträgt . . . . — *12,19* m

3. Die **Tiefe des Schiffsraumes** zwischen der Unterkante des obersten festen Decks und der Oberkante der Bodenwrangen neben dem Kielschwein, bezw. der oberen Fläche des inneren eisernen Doppelbodens, wo ein solcher vorhanden ist, in der Mitte der nach 1 ermittelten Länge beträgt — *7,51* m

4. Die **grösste Länge des Maschinenraumes** einschliesslich der etwa vorhandenen festen Kohlenbehälter zwischen den diese Räume begrenzenden, von Bord zu Bord reichenden Schotten beträgt . . . . — *—* m

Vermessungs-Ergebnisse.

Brutto-Raumgehalt.	cbm	Abzüge.	cbm
1. Raum unter dem Vermessungsdeck	*5173,947*	I. Hinsichtlich der Räume für Treibkraft:	
2. Raum zwischen dem Vermessungsdeck und dem darüber befindlichen Deck		1. _%_ des Brutto-Raumgehaltes . .	.
3. Raum zwischen dem 1. und 2. Deck über dem Vermessungsdeck . . .		2. Maschinenraum nach Vermessung	
4. Quarterdeck-Kajüte oder Achterdeck-Hütte (Poop)	*304,896*	+ _%_	.
		II. Mannschafts- und Navigirungsräume:	
5. Back		1. Räume für Seeleute, Heizer, Deckoffiziere, Köche, Aufwärter etc. . .	*129,040*
6. Räume unter dem Brückendeck	.	2. Räume für Offiziere, Maschinisten etc. .	*47,393*
7. Halbdeck		3. Ruderhäuser, Kartenhaus etc. *Lampenraum*	*29,022*
8. Sonstige Räume	*129,081*	4. Segelraum	*131,972*
9. Der in Anrechnung zu bringende Inhalt der Ladeluken	*2,246*	5. Bootsmannsvorräthe	*43,736*
		III. Räume für den Schiffsführer	*67,108*
Brutto-Raumgehalt	*5610,170*	Summe der Abzüge	*430,271*

	cbm	Reg.-Tons.		cbm	Reg.-Tons.
Brutto-Raumgehalt . .	*5610,170*	*1980,390*	**Schlussergebniss der Vermessung:**		
Abzüge . .	*430,271*	*151,886*	Brutto-Raumgehalt . .	*5610,2*	*1980,39*
Netto-Raumgehalt . .	*5179,899*	*1828,504*	Netto-Raumgehalt . .	*5179,9*	*1828,50*

Ueber die vorstehende nach der Schiffsvermessungs-Ordnung vom 1ten März 1895 von der Vermessungsbehörde zu *Geestemünde* am 22ten *October* 1891 beendete Vermessung nach dem vollständigen Verfahren wird dieser Messbrief ausgefertigt.

Stade, den 29ten *October* 1898.

(L. S.)

Der *Königlich Preussische Regierungs-* Präsident.
In Vertretung.
gez. *Naumann*

Für richtige Abschrift
Wortmann
Reg. Sezr.

I. q. № 6677.

27

Es wäre müßig, hier weitere Zahlen aus dem ersten Meßbrief aufzuführen; denn er wurde bereits nach zwei Jahren wieder eingezogen. Im Oktober 1898 wurden ein neuer Meßbrief und ein neues Schiffszertifikat ausgestellt, in denen zwar die Identitätsmaße Länge, Breite und Raumtiefe unverändert waren, aber die Raummaße Änderungen aufwiesen. Der Brutto-Raumgehalt war um 27 Registertonnen, der Netto-Raumgehalt um 85 Registertonnen geschrumpft; nur der Raumgehalt unter Deck hatte sich nicht verändert. Warum es im Oktober 1898 zu einer Neuvermessung kam, ist nicht ersichtlich; als Grundlage der neuen Vermessung wurde die bestehende Verordnung vom 1. März 1895 genannt. Der neue Meßbrief, datiert am 22. Oktober 1898 in Geestemünde, blieb gültig, solange das Schiff die deutsche Flagge führte; er enthielt folgende Angaben über die Räumte:

Raumgehalt unter Deck	1 827 Registertonnen
Raumgehalt der Poop	107$\frac{1}{2}$ Registertonnen
Sonstige Räume	45$\frac{1}{2}$ Registertonnen
Raumgehalt brutto	1 980 Registertonnen
Raumgehalt netto	1 829 Registertonnen

Die Differenz zwischen Brutto- und Netto-Raumgehalt ergibt sich aus den »abgezogenen Räumen«, die keine Ladung aufnehmen konnten und somit dem Schiff keine Frachteinnahmen brachten. Auf RICKMER RICKMERS wurden laut Meßbrief folgende Räume abgezogen:

für Mannschaften	120 m^3
für Offiziere	47 m^3
für Kapitän	67 m^3
Kartenhaus, Pumpenraum	20 m^3
Segelkoje	131 m^3
Bootsmannsvorräte	43 m^3
Abzüge insgesamt	428 m^3 = 151 Registertonnen

(1 Registertonne = 100 Kubikfuß = 2,8317 m^3)

Die folgenden Maßangaben stammen nicht aus dem Meßbrief der RICKMER RICKMERS, sondern wurden anderen Quellen entnommen oder beruhen auf sorgfältigen Schätzungen oder Vergleichen mit ähnlichen Segelschiffen:

Länge über Alles	97,0 m
Länge in der Wasserlinie	79,25 m (260′)
Seitenhöhe	7,92 m (26′)
Freibord nach den Regeln des Board of Trade	1,55 m (5′ 1″)
Freibord nach deutscher Vorschrift (nach 1903)	1,60 m (5′ 3″)
Freibord-Tiefgang in Seewasser (nach 1903)	6,66 m (21′ 10″)
Gesamt-Tragfähigkeit (dw)	3 150 t
Eigengewicht des Schiffes	1 250 t
Deplacement des beladenen Schiffes	4 400 t
Deplacements-Koeffizient	etwa 0,69

Der Deplacements-Koeffizient ist ein Maß für den Völligkeitsgrad des Schiffes; er wird errechnet, indem man das eingetauchte Volumen des Schiffes durch das Volumen des umschriebenen Rechteck-Körpers teilt.

Abmessungen der Masten, Rahen und Segelfläche siehe S. 22.

Durch das Schiffs-Zertifikat erhält das Schiff das Recht, die deutsche Flagge zu führen.

Deutsches Reich.

Schiffs-Zertifikat.

Unterscheidungs-Signal:

QGHF.

Die unterzeichnete Behörde bezeugt hierdurch, daß in das von derselben kraft gesetzlicher Anordnung geführte Schiffsregister

das Schiff „*Rickmer Rickmers*"

unter Nr. *1093* auf Grund glaubhafter Nachweisungen am *11. August*

18*96* eingetragen ist, ~~wie folgt~~: *und daß die gegenwärtigen Verhältnisse desselben die folgenden sind:*

1. Name des Schiffes: „*Rickmer Rickmers*"

2. Gattung: *Vollschiff (siehe umstehend)*

3. Größe und Ladungsfähigkeit: Die nach § 25 Nr. *1* der Schiffsvermessungs-ordnung aufgenommenen Hauptmaaße sind: Länge = *80,37* Meter; Breite = *12,19* Meter; Tiefe = *7,51* Meter; ~~größte Länge des Maschinenraums~~ ~~Meter.~~

Die Vermessung ist auf Grund der unter dem 1. März 1895 veröffentlichten Fassung der Schiffsvermessungsordnung (Reichs-Gesetzbl. 1895 S. 161) nach dem *vollstän-digen* Verfahren erfolgt und es beträgt:

	Kubikmeter.	Britische Registertons.
a) der Brutto-Raumgehalt des Schiffes	*5610,2*	*1980,39*
b) der Netto-Raumgehalt des Schiffes	*5179,9*	*1828,50*

zu b) in Worten: *Fünftausendeinhundertneunundsiebzig* 9/10 Kubikmeter,

gleich *~~achtzehnhundertachtundzwanzig~~* 50/100 britischen Registertons.

4. Zeit und Ort der Erbauung: *1896 in Geestemünde.*

5. Heimathshafen: *Bremerhaven.*

29

6. Eigenthums-Verhältnisse.

Fort- laufende Nummer.	Namen, nähere Bezeichnung und Nationalität der Rheder.	Schiffs- parten.	Erwerbsgrund.
	Rickmers Reismühlen, Rhederei & Schiffbau A. G. Aktiengesellschaft, mit dem Sitze in Bremen	1/1	*Neubau.*

Ueber vorstehende Eintragung wird dieses Zertifikat ertheilt und zugleich bezeugt, daß dem Schiffe ___ , *Rickmer Rickmers*, ___ das Recht, die Deutsche Flagge zu führen, nebst allen Rechten, Eigenschaften und Privilegien eines Deutschen Schiffes zusteht.

Bremen , den 22 ten November 1898.

Das Amtsgericht.

30

Zu Nummer.	Veränderungen in den eingetragenen Thatsachen.
2.	Gattung: *Jntze Lürwk*

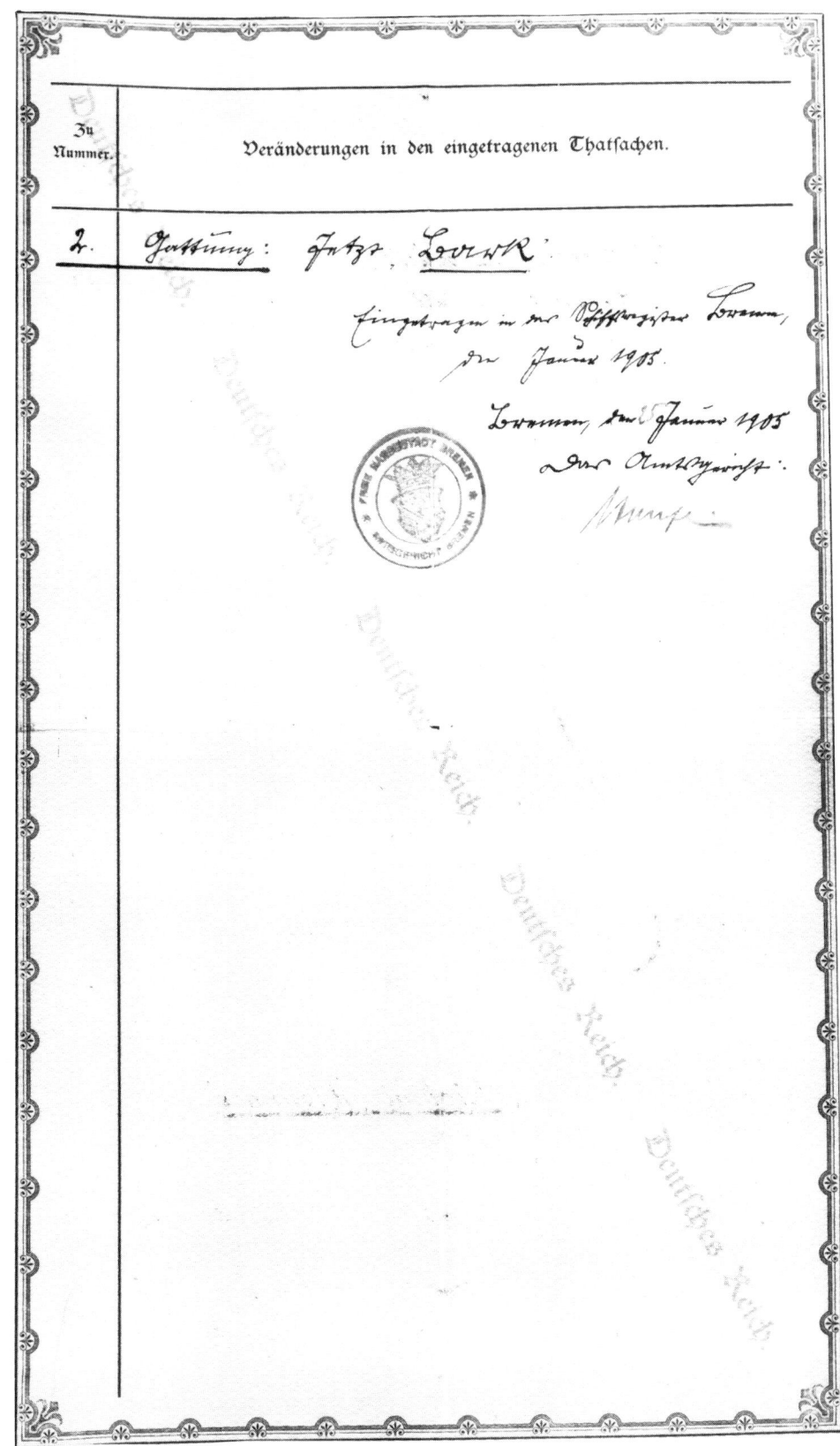

eingetragen in der Schiffsregister Bremen,
den Januar 1905.

Bremen, den Januar 1905.
Der Amtsgericht:

Rickmer holt Reis von Ostindien

Der erste Kapitän des Schiffes

Er war schon 61 Jahre alt, als man ihn für die Führung des neuen Schiffes auswählte, aber der Reeder brauchte die Wahl nicht zu bereuen. Hermann Hinrich Ahlers hatte nicht nur jahrzehntelange Erfahrungen als Segelschiffskapitän, er hatte auch noch die Spannkraft und den Ehrgeiz, aus seinem Schiff das Bestmögliche herauszuholen, sowohl seglerisch wie ökonomisch. Zwar hatte er bisher ein so großes Schiff aus Stahl, mit Ballasttank, Dampfpumpe und Dampfwinden noch nicht gefahren, aber er hatte Zeit und Gelegenheit, sich während des Baues auf der Werft mit den neuen Einrichtungen vertraut zu machen.

Als Kapitän der RICKMER RICKMERS hatte Hinrich Ahlers den Gipfel seiner Laufbahn erreicht; ein Rückblick auf seinen Werdegang und sein abenteuerliches Seemannsleben in der zweiten Hälfte des 19. Jahrhunderts erscheint hier angebracht.

Hinrich Ahlers war am 9. September 1834 in Brake am oldenburgischen Weserufer geboren worden, wo sein Vater eine Reepschlägerei besaß, also Tauwerk herstellte. Die Familie war im Großherzogtum Oldenburg heimisch, und manche der Vorfahren und Verwandten hatten Verbindung zur Schiffahrt gehabt. Der junge Hinrich besuchte in Brake die Volksschule und zeigte schon damals – im Gegensatz zu seinen Brüdern – ein ungewöhnlich großes Interesse an den Schiffen, die er auf der Weser und in den oldenburgischen Häfen sah. Daß er die Seefahrt als Beruf wählte, war selbstverständlich; schon mit 14 Jahren trat er seine erste Reise an, wahrscheinlich auf einem Schiff, das unter der oldenburgischen Flagge segelte. Nach mehrjähriger Fahrzeit als Schiffsjunge, Leichtmatrose und Matrose besuchte er die Navigationsschule in Elsfleth und bestand dort das Steuermannsexamen.

Als Steuermann auf der Oldenburger Bark JEVERLAND hatte Hermann Hinrich Ahlers 1858 Gelegenheit, seinen Mut und seine Tatkraft zu beweisen, als auf See ein Leichtmatrose vom Klüverbaum über Bord fiel. Kurz entschlossen ergriff er eine Leine, vielleicht eine der Leebrassen, und sprang damit über Bord. Es gelang ihm trotz der Fahrt des Schiffes, den Leichtmatrosen zu fassen und ihn erst mit einer Hand, dann mit den Zähnen festzuhalten, bis der Kapitän an Deck kam und durch geeignete Manöver die Fahrt aus dem Schiff brachte, so daß man die beiden wieder an Bord holen konnte. Für die tapfere Tat wurde dem Steuermann Ahlers am 1. Dezember 1858 vom Ordenskanzler des Großherzogs die Oldenburgische Rettungsmedaille überreicht. Es wurde erzählt, daß schon der 14jährige Hinrich Ahlers ein Menschenleben gerettet habe, und zwar einen Jungen, den er mit einem Boot aus der stürmisch bewegten Weser barg.

Um das Schifferpatent zu erwerben, besuchte H. H. Ahlers 1859 erneut die Navigationsschule. Während dieser Zeit lernte er seine spätere Ehefrau kennen, die aus der Elsflether Kapitäns- und Reederfamilie Biet stammte. Im Alter von 26 Jahren übernahm Hinrich Ahlers sein erstes Kommando als Kapitän der Bark OLDENBURG, die von O. Thyen bereedert wurde. 1862 führte er dann das Vollschiff CHINA desselben Reeders, das mit einer Tragfähigkeit von 1 200 t wesentlich größer war als die OLDENBURG. Ein Jahr später trat der nun 28jährige Kapitän in die Dienste des bekannten Bremer Reeders H. Bischoff. Er heiratete am 16. April 1863 Gesine Biet und ging bereits vier Tage später mit der Bark FANNY KIRCHNER in See, die 200 Auswanderer nach Quebec bringen sollte. Seine junge Frau durfte er mitnehmen; sie blieb auch an Bord, als die Bark anschließend nach Ostindien segelte. Auf ihrer mehr als einjährigen Hochzeitsreise erlebte sie sehr schwere Stürme; daran mag es gelegen haben, daß sie zeitlebens die Angst nicht los wurde, wenn sie ihren Mann und später auch ihre Söhne auf See wußte.

Ebenfalls unter bremischer Flagge segelte die Bark AEOLUS, deren Führung Kapitän Ahlers 1865 übernahm. Er befand sich mit dem Schiff auf der Ausreise nach Ostindien, als er im November jenes Jahres in der Biscaya die Besatzung der Brigg EDUARD aus Riga rettete. Es waren 10 oder 11 Menschen, und Kapitän Ahlers war froh, als er bei Kap Finisterre die englische Brigg EUGENIE traf, die ihm die Schiffbrüchigen abnahm, weil ihr Be-

stimmungsort Lissabon viel näher lag als das ferne
Indien. Nach Lloyd's List hat der englische Kapitän die Schiffbrüchigen dann schon in Ferrol ge-
landet. Als die Rettungstat der AEOLUS in den Hafenstädten an der Weser bekannt wurde, wertete
man sie als Bestätigung für Kapitän Ahlers' seemännische Qualitäten. Im familiären Kreis der
Seemannsfrauen erhielt Hinrich Ahlers den Eh-
rentitel »Seelenretter«.

1867 ließ sich Kapitän Ahlers auf der Elsflether
Werft seines Schwagers Wempe eine Brigg bauen,
deren Baukosten er und sein Schwager zu einem
Viertel übernahmen, während die restlichen drei
Viertel von anderen Anteilseignern als sogenannten »Parten« eingezahlt wurden. Die Brigg erhielt
den Namen AURORA und trat im November 1867
ihre Jungfernreise an, zunächst in Ballast nach
Cardiff und dann mit 360 t Kohle über den Atlantik. Die Heimreise machte das Schiff von Bahia
mit einer Ladung von 2200 Ballen Tabak. Hoch-
erfreut schrieb Kapitän Ahlers an seine Frau, daß
er für die Tabakladung eine Fracht von 53 Shilling
9 Pence je Tonne hätte aushandeln können.

Bevor Kapitän Ahlers seine Brigg AURORA übernahm, hatte er nur auf Schiffen unter der rot-wei-
ßen bremischen Flagge oder unter der oldenburgischen Flagge gefahren, der blauen mit dem roten
Kreuz. Für die AURORA mußte er sich eine neue,
kaum bekannte Flagge kaufen, die schwarz-weiß-
rot war und 1867 durch die Verfassung des Norddeutschen Bundes für die Schiffe der Mitgliedstaa-
ten eingeführt wurde. Durch diese neue Flagge
merkten auch die Seeleute, die ja meistens außer
Landes waren, daß sich in der Heimat große politische Änderungen anbahnten.

Vier Jahre führte Kapitän Ahlers die AURORA in
weltweiter Fahrt, jeweils die günstigsten Ladungs-
angebote ausnutzend, dann begann für ihn ein
neuer Lebensabschnitt. Auf Drängen seiner Frau
und seines Bruders Dietrich verkaufte er seine Anteile an den Schiffen AURORA und MARIE und blieb
an Land, um 1872 zusammen mit Bruder Dietrich
in Brake eine größere Reepschlägerei zu erwerben.
Acht Jahre lang existierte die Firma als »Tauwerk-
fabrik Gebrüder Ahlers«; dann gaben die Brüder
den Betrieb auf, weil er sich nicht mehr lohnte.
Schiffbau und Schiffsverkehr gingen in Brake zurück; in Bremen und Bremerhaven begannen die

Werften, Schiffe aus Eisen und Stahl zu bauen, und die kleineren oldenburgischen Hafen- und Schiffbauplätze gerieten damals in den Windschatten der industriellen Entwicklung.

Dietrich Ahlers zog mit dem Maschinenpark nach Rüstringen bei Wilhelmshaven, wo er mit einem steigenden Bedarf der Kaiserlichen Marine rechnen konnte. Hermann Hinrich Ahlers entschloß sich, wieder als Kapitän zu fahren, und hatte keine Schwierigkeiten, eine Anstellung zu finden. Er übernahm die Führung des Vollschiffes ELISE, das der Braker Reeder Tobias 1880 in den Niederlanden gekauft hatte. Dem 1865 in Amerika gebauten Schiff war allerdings keine lange Lebensdauer beschieden. Kapitän Ahlers segelte das Vollschiff von Rotterdam nach Savannah und weiter nach Philadelphia, wo er eine Ladung Kistenpetroleum für Niederländisch-Indien erhielt. Dann sollte die ELISE Zucker von Soerabaya nach Australien bringen, doch noch während der Beladung begann das hölzerne Schiff stark zu lecken. Um an das Leck heranzukommen, mußte man die ELISE auf der Reede kielholen, und diese Prozedur ist dem bereits zu 80% beladenen Schiff nicht bekommen. Es ging derartig aus den Fugen, daß es an Ort und Stelle kondemniert werden mußte. Kapitän Ahlers kehrte ohne sein Schiff nach Brake zurück, und das war peinlich, wenn auch das Seeamt ihn von jeglicher Schuld freisprach. Das Schicksal versetzte dem bis dahin so erfolgreichen Kapitän in den nächsten zehn Jahren noch weitere harte Schläge.

Zunächst jedoch vertraute ihm sein ehemaliger Reeder H. Bischoff das Vollschiff JOHANNE an, mit dem Kapitän Ahlers zumeist glückliche Reisen nach Amerika und Westindien machte, wenn er auch einmal in einem schweren Wintersturm die Vorstenge und die halbe Kupferhaut verlor, bevor er Baltimore erreichte.

1887 übernahm Kapitän Ahlers zum ersten Mal die Führung eines eisernen Schiffes; es war die Bark KENILWORTH, die sein Reeder Bischoff in England gekauft hatte. Hinrich Ahlers machte mit der Bark eine flotte Reise von Middlesborough nach Melbourne und kehrte mit einer Weizenladung nach Hamburg zurück. Auf der folgenden Reise verließ ihn das Glück: Mit Kohlen von Australien nach Java unterwegs, verlor er sein Schiff

Das Vollschiff RICKMER RICKMERS *im Hafen von Geestemünde.*

im Juli 1889 durch Strandung in der Torres-Straße und mußte froh sein, daß die beiden Rettungsboote nach mehrtägiger strapaziöser Fahrt die Thursday-Insel erreichten. Alle Mann waren wohlauf, darunter auch Kapitän Ahlers' zweiter Sohn Hinrich, der als Schiffsjunge mit dabei war. Als Frau Gesine von dem Schiffsverlust und der gefährlichen Bootsfahrt hörte, wurden ihre Sorgen und Ängste noch größer. Auch ihr ältester Sohn Karl fuhr zur See, und der Vater war stolz darauf, daß zwei seiner Söhne den Seemannsberuf gewählt hatten.

Wieder war Kapitän Ahlers ohne sein Schiff zurückgekehrt, und wieder mußte er sich vor dem

RICKMER RICKMERS *in Geestemünde mit Reisleichtern längsseit.*

RICKMER RICKMERS *in Geestemünde vor 1904.*   *(Alle drei Bilder von Dr. Peter Oetting)*

Seeamt in Brake verantworten. Das Seeamt fand jedoch keine Schuld an ihm; die Torres-Straße war ungenügend vermessen und die Seekarten dementsprechend unzuverlässig. Der Reeder Bischoff vertraute Kapitän Ahlers als nächstes Schiff die eiserne Bark KIANDRA an, die ebenfalls in weltweiter Trampfahrt beschäftigt wurde. Als Hinrich Ahlers, von Neuseeland kommend, im Sommer 1891 in Falmouth eintraf, erhielt er die traurige Nachricht, daß seine Frau Gesine schon im April gestorben war, im Alter von 48 Jahren. Er brachte die KIANDRA noch nach ihrem Löschhafen Le Havre und reiste von dort nach Hause, wo er sich vor allem um seine Kinder kümmern mußte. Glücklicherweise war seine älteste Tochter schon 24 Jahre alt und konnte ihre jüngeren Geschwister notfalls beaufsichtigen. Abgesehen von ihren beiden großen Brüdern, die zur See fuhren, waren da noch drei Mädchen und zwei Jungen im Alter zwischen 8 und 19 Jahren, die der Betreuung bedurften. Kapitän Ahlers wollte deshalb an Land bleiben und bewarb sich um das Amt des Wasserschouts in Brake, das gerade unbesetzt war. Er machte sich Hoffnungen, daß man ihn nicht nur wegen seines guten Leumunds, sondern auch wegen seiner familiären Notlage berücksichtigen würde; denn er erinnerte sich der schönen Worte, die der oldenburgische Regierungsvertreter vierzig Jahre vorher bei der Verleihung der Rettungsmedaille gesprochen hatte, von gegenseitiger Hilfeleistung und so. Aber seine Hoffnungen waren eitel, die Stellung erhielt ein anderer Bewerber.

Kapitän Hermann Hinrich Ahlers am Ende seiner Laufbahn. (Sammlung Frau E. Reinemuth)

H. H. Ahlers hatte Glück im Unglück, als sich die renommierte Rickmers-Reederei bereit erklärte, dem 57jährigen ein Schiff zu geben. Die Firma Rickmers besaß zu der Zeit noch eine ansehnliche Seglerflotte. Die Schiffe wurden in der Regel in der Reisfahrt von Burma, Siam oder Indochina beschäftigt und waren ziemlich regelmäßig einmal im Jahr in ihrem Heimathafen. Kapitän Ahlers übernahm Ende 1891 die hölzerne Bark ANDRÉE RICKMERS, ein Schiff von 1 491 Registertonnen, das 1886 auf der Rickmers-Werft gebaut

worden war. Während seine Tochter Clara zu Hause ihre Geschwister betreute, machte Kapitän Ahlers mit der ANDRÉE RICKMERS vier gut verlaufene Reisen nach SO-Asien, ausgehend mit Kohle von Wales, heimkehrend mit Reis von Bangkok oder Bassein.

1892 wurde die Familie erneut von einem Schicksalsschlag getroffen: Hinrich Ahlers, der Sohn, war als Matrose mit der Fünfmastbark MARIA RICKMERS in See gegangen, die von dieser, ihrer ersten Reise nicht zurückkehrte und mit ihrer ganzen Besatzung verschollen blieb. Kapitän Ahlers schrieb am 15. März 1893, in einem Brief von Penang, an seine Tochter Clara:

»... Du schreibst, daß unser Hinni noch immer nicht angekommen ist. Es ist jetzt auch keine Hoffnung mehr, der liebe Gott wird ihn wohl längst zu sich genommen haben. Es ist doch traurig, ein so junges hoffnungsvolles Leben so zu verlieren, ohne daß man weiß, wo sie abgeblieben sind. Aber wir müssen uns in Gottes Rathschluß fügen, wenn die Zeit da ist, daß wir abberufen werden, müssen wir uns geduldig fügen. ...«

Nach diesem Brief zu urteilen, nahm Hermann Hinrich Ahlers die ihm zugedachten Schicksalsschläge geduldig hin, ohne zu verzweifeln oder mit seinem Gott zu hadern. Er blieb standhaft und pflichtbewußt, seine sieben Kinder, seine Mannschaft auf der ANDRÉE RICKMERS und sein Reeder, sie alle konnten sich auf ihn verlassen. Peter Rickmers, der damals die Reederei und den Werftbetrieb leitete, schätzte den zuverlässigen Kapitän und hielt ihn für geeignet, die Führung des neuen Vollschiffes zu übernehmen, das 1895/96 auf seiner Werft entstand.

Kapitän Ahlers wurde deshalb im Frühjahr 1896 auf der ANDRÉE RICKMERS abgelöst und hatte Zeit, sich auf der Werft um den Neubau zu kümmern. Als das Vollschiff am 27. Juli 1896 vom Stapel lief, kamen auch seine Kinder an Bord und »durften mit ablaufen«, wie es in dem Bericht seiner ältesten Tochter heißt. Viele Zuschauer standen an den Ufern der Geeste, als das Schiff nach dem Stapellauf flußabwärts geschleppt wurde. Kapitän Ahlers stand hoch aufgerichtet auf dem Achterdeck der RICKMER RICKMERS, deren Kommando für ihn die Krönung seiner Seemanns-Laufbahn bedeutete.

Die erste Reise 1896/97

Segelschiffe machten keine Probefahrten, bevor sie ihre erste Reise antraten. Deshalb war das Tohuwabohu vor der Abfahrt eines neuen Seglers besonders groß, zumal auch die Segelschiffsreeder es in der Regel eilig hatten mit ihren Schiffen. Um den »Zustand bei Abfahrt« einigermaßen unter Kontrolle zu bringen, wurde die Besatzung der RICKMER RICKMERS möglichst früh angemustert. Schon eine Woche nach dem Stapellauf legte das Seemannsamt in Bremerhaven die Musterrolle auf, in die jedes Besatzungsmitglied eingetragen wurde und mit seiner Unterschrift die Abmachungen des Heuervertrages anerkannte. Die Seeleute für die Rickmers-Schiffe wurden in Bremerhaven von dem Heuerbaas Möhlenbrock & Blank angenommen, der einen guten Ruf hatte – im Gegensatz zu manchen zwielichtigen Vertretern dieser Berufsgruppe.

Wenn die Seeleute die Musterrolle unterschrieben hatten, wurde das Vertragswerk durch die Unterschriften des Kapitäns und des zuständigen Beamten des Seemannsamtes rechtsgültig. Der letztere führte nach alter Sitte noch die Dienstbezeichnung »Wasserschout«. Um an Bord Ordnung schaffen zu können, mußten die Offiziere und Unteroffiziere ihren Dienst so bald wie möglich antreten. Schon am 3. August musterte der Erste Steuermann, er hieß Wilhelm Meisterfeld, stammte aus Magdeburg und war 30 Jahre alt; seine Monatsheuer betrug 100 Mark. Der Zweite Steuermann, drei Jahre jünger und aus Altona gebürtig, erhielt 68 Mark Heuer. Dann folgten die Handwerker, gelegentlich auch Unteroffiziere genannt. Zimmermann und Koch erhielten je 85 Mark Heuer, also mehr als der Zweite Steuermann. Der Zimmermann Frerk Gronekamp, der aus Ostfriesland kam, war mit seinen 45 Jahren der älteste Mann an Bord.

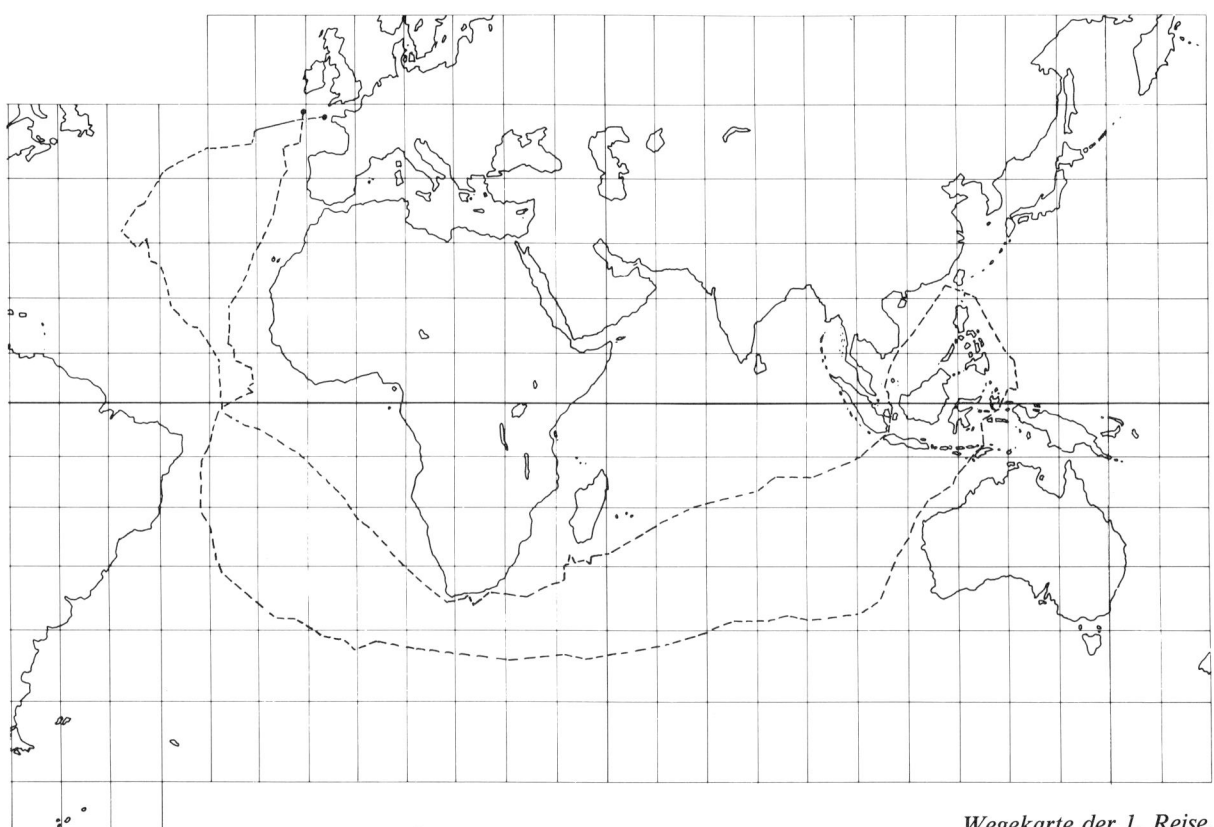

Wegekarte der 1. Reise.

Der Schnelldampfer KAISER WILHELM DER GROSSE *wurde zur gleichen Zeit gebaut wie* RICKMER RICKMERS.

(Sammlung Arnold Kludas)

Der Donkeymann, wahrscheinlich ein Schmied oder Schlosser, musterte für 65 Mark monatlich, und der dänische Segelmacher mußte sich mit 60 Mark Heuer begnügen. Die 12 Matrosen erhielten eine Monatsheuer von je 50 Mark; ihr Durchschnittsalter betrug 29 Jahre, und die meisten von ihnen stammten aus den deutschen Küstengebieten. Ein Matrose namens Erich Roukka war in Finnland geboren. Die drei Leichtmatrosen waren alle von der Küste und zwischen 15 und 17 Jahren alt; je nach Größe, Körperkraft und Erfahrung bezogen sie Heuern zwischen 15 und 38 Mark. Vier Schiffsjungen wurden angemustert, allesamt Binnenländer; sie hatten ein Durchschnittsalter von 18 Jahren, waren also älter als die Leichtmatrosen, woraus sich verschiedene Schlüsse ziehen lassen. Wahrscheinlich hatten einige der Jungen – gegen den Wunsch oder Willen der Eltern – ihre bürgerlichen Ausbildungswege abgebrochen, um dem abenteuerlichen »Ruf der See« zu folgen, von dem sie sich – auf einem Segelschiff – aufregende Erlebnisse und mannhafte Bewährung versprachen. Es war die Zeit, als der Kaiser sagte, daß Deutschlands Zukunft auf dem Wasser läge, wäh-

rend die Miesmacher gern den Spruch im Munde führten: »Alles was nicht taugt auf Erden, kann immerhin noch Seemann werden.«

Um die aus dem Binnenland kommenden Jungen vor den Gefahren der Hafenstädte und vor den skrupellosen Heuerbaasen zu bewahren, hatte der Verein der Rheder des Unterweserbereichs eine Schiffsjungen-Meldestelle eingerichtet, die im Jahre 1895 nicht weniger als 161 Schiffsjungen untergebracht hatte, davon 94 auf Segelschiffen. Seeleute, die Steuermann und Kapitän werden wollten, mußten als Matrose auf Segelschiffen gefahren haben, sonst konnten sie kein Steuermannspatent bekommen.

Bei der Durchsicht der Musterrolle fällt auf, daß auf RICKMER RICKMERS kein Steward und kein Kochsmaat angemustert wurde, so daß man annehmen muß, daß ein Schiffsjunge für diese Arbeiten abgestellt wurde. Die Heuer der unbefahrenen Schiffsjungen betrug 5 Mark monatlich.

Am Mittwoch, dem 19. August, verließ RICKMER RICKMERS die Reede von Bremerhaven und ließ sich aus der Weser in die Nordsee schleppen. Das Vollschiff war in Ballast nach dem Bristol-Ka-

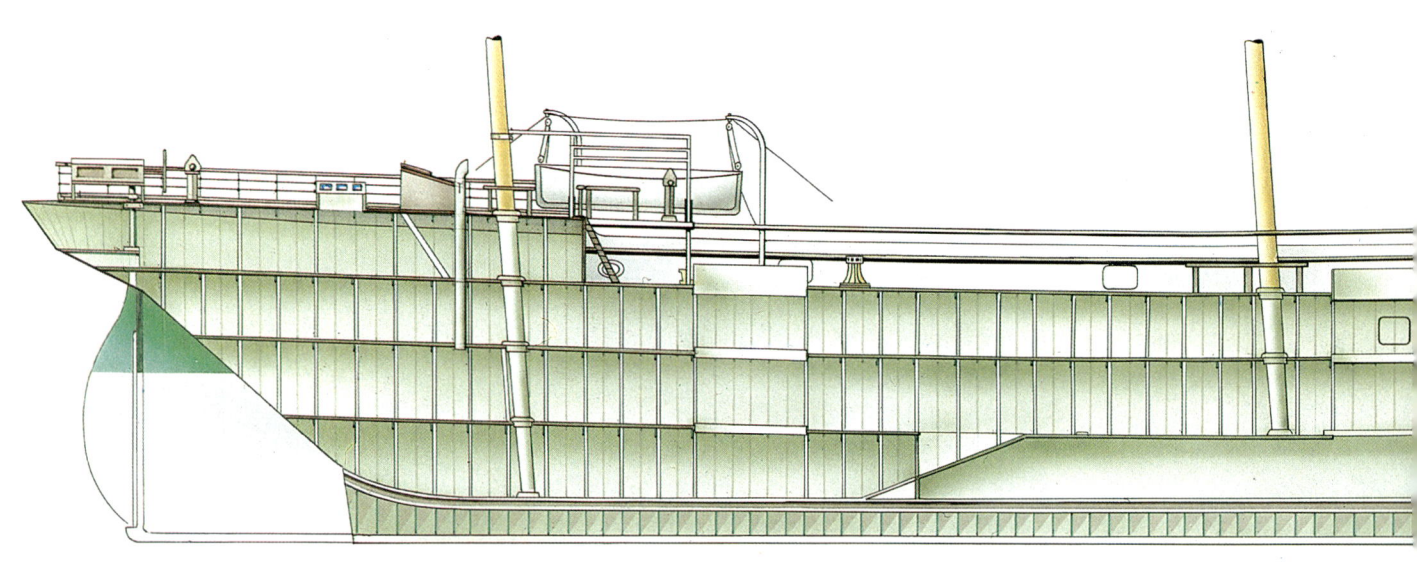

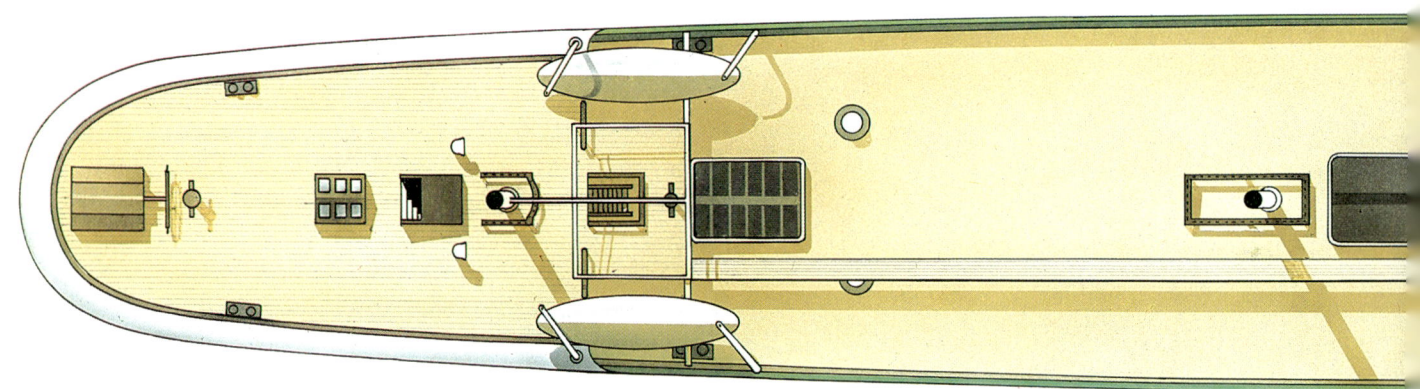

Längsschnitt und Aufsicht

Der Längsschnitt durch die Steuerbordseite des Rumpfes zeigt den großen Laderaum, den Tieftank für Wasserballast, das Zwischendeck und die zahlreichen Raumstützen.

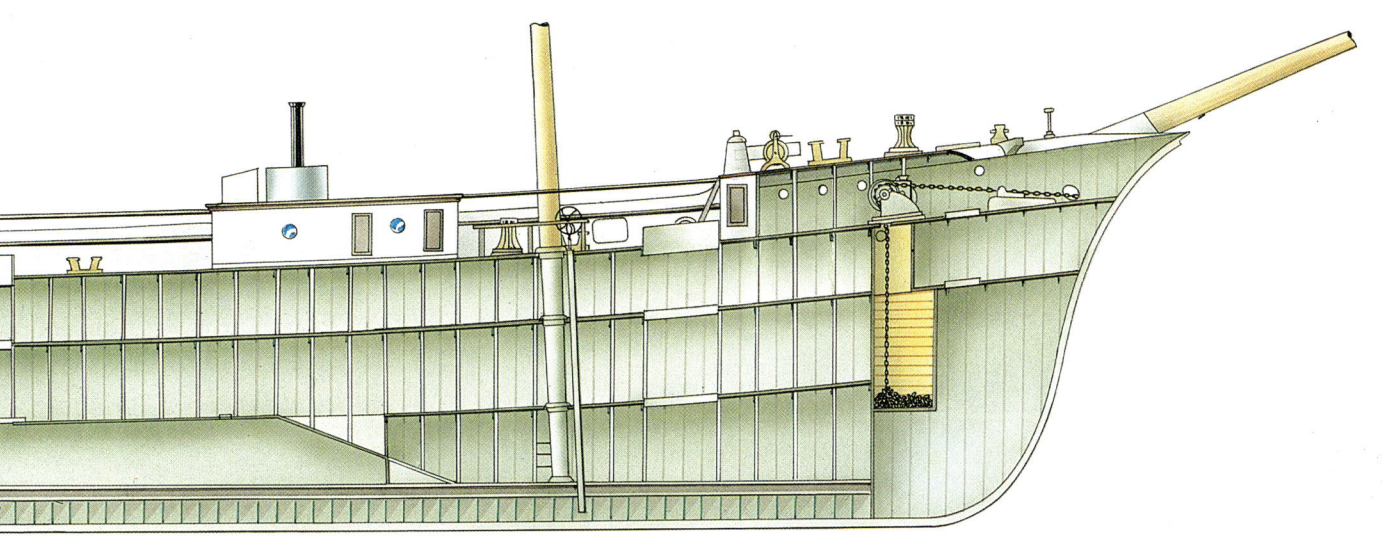

Die Decksansicht zeigt das Hauptdeck sowie das Deck von Back und Poop.

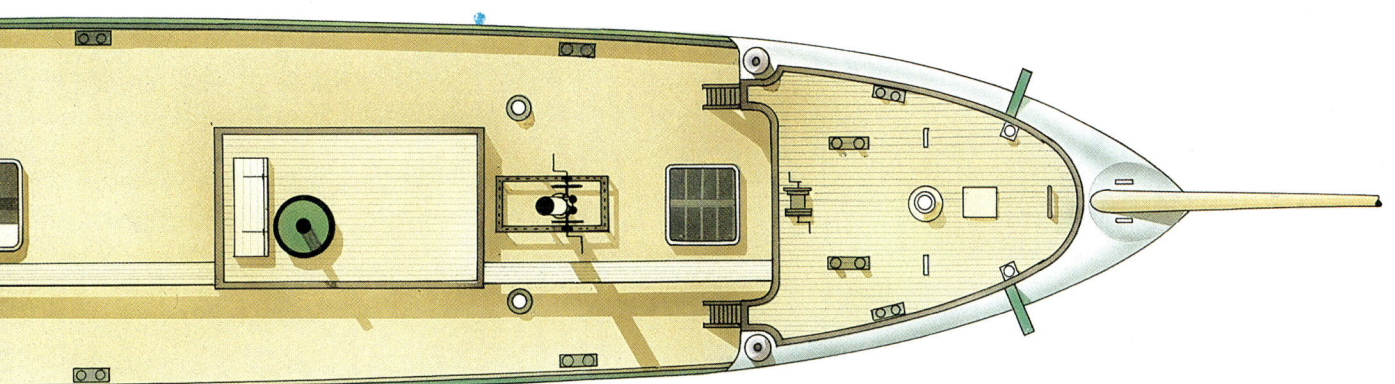

nal bestimmt, in dessen innerem Teil die britischen Kohlehäfen liegen, die damals die halbe Welt mit den schwarzen Diamanten versorgten.

RICKMER RICKMERS brauchte 9 Tage für die Fahrt von der Weser nach Cardiff, wo sie am 28. August eingeschleust wurde. Es dauerte noch einige Tage, bis man das Schiff an einen Liegeplatz unter den Kohleschütten holen konnte, wo die vollen Waggons mit hydraulischer Kraft gekippt wurden, um die Kohle in die Ladeluken zu entleeren. Auf diese Weise ging die Beladung schnell vonstatten. Die Hafenarbeiter sorgten dafür, daß die Kohle im Laderaum gleichmäßig verteilt und durch ein hölzernes Längsschott am seitlichen Verrutschen gehindert wurde. Die Mannschaft hatte nach dieser Art der Beladung viel zu tun, um das vorher in seinen neuen Farben glänzende Schiff von Kohlendreck und -staub zu reinigen, der bis in die Takelage hinauf gewirbelt war.

Am 8. September verließ RICKMER RICKMERS den Hafen von Cardiff, beladen mit 3 074 t Kohle für Hongkong. Der Frachtenmarkt im Jahre 1896 machte den Reedern wenig Freude; falls die Rickmers-Reederei keine langfristigen Frachtverträge abgeschlossen hatte, wird sie für RICKMER RICKMERS' Kohlenladung nach Hongkong kaum mehr als 15 Shilling pro Tonne bekommen haben. In Hongkong unterhielten die Briten große Kohlenlager, die von den Segelschiffen laufend aufgefüllt wurden. Die Kohle wurde von der Royal Navy gebraucht, aber mehr noch von der ständig wachsenden Zahl der Fracht- und Passagierdampfer, die mit Hilfe der Kohle die Segelschiffe allmählich aus dem Geschäft drängten.

Und noch eine Bemerkung ist hier angebracht: Durch die Eröffnung des Suez-Kanals im Jahre 1869 waren die Dampferwege von Europa nach Indien und dem Fernen Osten um einige Tausend Seemeilen verkürzt worden; aber den Segelschiffen nützte der Kanal gar nichts. Wegen der ungünstigen Windverhältnisse auf seinen Zufahrtswegen waren sie nach wie vor auf Vasco da Gamas Weg rund um Afrika angewiesen, mit dem einzigen Unterschied, daß sie das Kap der Guten Hoffnung in weit größerem Bogen rundeten, als der portugiesische Entdecker es vierhundert Jahre früher tat.

Im Nordatlantik kam RICKMER RICKMERS nur langsam voran; der NO-Passat war flau. Immer-

hin hatte Kapitän Ahlers am 27. September die Genugtuung, morgens um 6 Uhr eine mitsegelnde Bark zu überholen, als sein Schiff bei NO-Wind in Stärke 3 etwa 6 sm/h lief. Im Südatlantik traf RICKMER RICKMERS bessere Verhältnisse, schon 24 Tage nach dem Kreuzen des Äquators stand das Schiff 500 sm südlich von Kapstadt, wo es in den »Roaring Forties« mit steifen westlichen Winden ostwärts eilte. Im Logbuch finden sich für jene Tage einige wenige Eintragungen, daß das Schiff während einer vierstündigen Wache 50 oder gar 52 sm zurückgelegt habe, also $12^{1}/_2$–13 sm/h. Es gab damals schon verschiedene Arten von Loggeräten, die jedoch die gemeinsame Eigenschaft hatten, nicht immer ganz genaue Angaben über die Geschwindigkeit oder die zurückgelegte Distanz zu liefern. Die größte Distanz, die RICKMER RICKMERS auf dieser Reise von Mittag zu Mittag aufgrund astronomischer Beobachtungen zurücklegte, in der Seemannssprache Etmal genannt, betrug 267 sm. Wenn man alle vorhandenen Logbücher der RICKMER RICKMERS durchsieht, gewinnt man den Eindruck, daß die maximale Geschwindigkeit des beladenen Schiffes zwischen 12 und 13 sm/h lag. Und auf der Heimreise, wenn der Schiffsboden bewachsen war, konnte RICKMER RICKMERS kaum noch 12 sm/h erreichen.

Bis zur Länge von 100° Ost hielt sich Kapitän Ahlers im Bereich der braven Westwinde, dann steuerte er NO-wärts in Richtung auf den Indonesischen Archipel. Der kürzeste Weg nach Hongkong führte durch die Sundastraße zwischen Sumatra und Java hindurch und dann weiter durch die Karimata-Straße und das Südchinesische Meer; aber dieser Weg war in den Wintermonaten der Nordhalbkugel wegen des NO-Monsuns für Segler nicht brauchbar; man mußte in dieser Jahreszeit den Archipel weiter östlich durchsteuern. Mißlich war die Fahrt durch den Archipel eigentlich zu allen Jahreszeiten; denn die Monsunwinde sind zwischen den Inseln sehr schwach und unzuverlässig. Während in den offenen ozeanischen Seegebieten die Hauptrichtungen der halbjährlich wechselnden Monsune NO und SW sind, wehen die Winde innerhalb des Archipels vornehmlich aus NW und SO, aber ohne Kraft. Die tagelangen Flautentreibereien waren oft eine Qual für die Segelschiffsleute, auch wenn gelegentlich starke

Böen mit heftigen Regengüssen für Abwechslung sorgten.

Kapitän Ahlers gelangte durch die Ombay-Straße in den Archipel, die an der NW-Seite der Insel Timor entlang in die Banda-See führt. Die RICKMER RICKMERS war 109 Tage in See, als sie am 26. Dezember die Enge hinter sich ließ.

Das Deck der RICKMER RICKMERS *von der Back gesehen. (Sammlung Dr. Peter Oetting)*

Die Schwierigkeiten, die der Indonesische Archipel den Segelschiffen bereitete, begannen bereits in der Sundastraße und den Durchfahrten östlich davon. Auf den RICKMERS-Seglern wurde damals noch viel über den Verlust der hölzernen Bark PAUL RICKMERS gesprochen, die im August 1895 in einer der östlichen Durchfahrten gestrandet und total verloren gegangen war, obgleich ihr Kapitän Tack in der ostindischen Fahrt durchaus erfahren war. In dem 1912 erschienenen Buch »Seemannsleben«, in dem Kapitän E. F. Hanssen in autobiographischer Form über seine Segelschiffsreisen berichtet, legt er dem Kapitän der PAUL RICKMERS die bitteren Worte in den Mund:

»Pah, nach der Westküste (von Südamerika) segeln, das kann jeder, nach Australien und San Francisco auch. Offenes Wasser und Wind haben sie - - - was wollen die Leute noch mehr?! - - - Von uns Ostindienfahrern aber spricht niemand. Von dem Herumkriechen zwischen den Inseln, Klippen, Strudeln und Wasserhosen bei schwüler Stille oder krachendem Unwetter, davon reden sie nicht, das ist ihnen unheimlich.«

Und dann fügte der geplagte Kapitän noch hinzu:

»Daß ich den britischen Klipper von Singapore nach Rangoon um volle drei Wochen schlug, das stand nicht in der Zeitung. Ist auch nicht nötig; ich weiß das, und er weiß das auch.«

Die Worte des erfahrenen Kapitäns trafen den Nagel auf den Kopf; sie betonten die Schwierigkeiten der Segelschiffahrt in der Fahrt nach Ostindien und Ostasien und ließen gleichzeitig die abnehmende Bedeutung der Segelschiffe in diesem Fahrtgebiet erkennen. Denn in den 1890er Jahren gewann die Kap-Horn-Fahrt noch einmal an Bedeutung und Interesse, weil dort die neuen großen Segler aus Stahl Rekordleistungen vollbringen konnten, während im Indonesischen Archipel mit der Größe der Segler auch die Schwierigkeiten und Gefahren wuchsen.

Übrigens erfolgte die Strandung der PAUL RICKMERS in der Ombay-Straße, am 2. August 1895. PAUL RICKMERS war mit einer Ladung Kohle nach Amboina bestimmt. Nach dem Bericht von Friedrich Hanssen in seinem oben zitierten Buch hatte PAUL zwei Wochen lang vergeblich in der Einfahrt der Ombay-Straße zwischen Timor und Flores gegen den schwachen Ostmonsun gekreuzt. Was am Tage gewonnen wurde, ging nachts wieder verloren, weil der Wind dann einschlief und der Strom gegenan setzte. In der Nähe des PAUL kreuzten zwei norwegische Barken, denen es auch nicht besser ging; denn es war dort kein Ankergrund vorhanden.

Eines Abends dann änderte sich das Wetter, am Himmel zogen Cirruswolken auf, der Ostwind schlief nicht ein, sondern frischte auf. Die drei Segler nutzten die Gelegenheit nach besten Kräften; sie kreuzten mit kleinen Schlägen dicht unter der Küste, wo der Strom günstiger war, und segelten mit jedem Schlag so dicht wie möglich an das Land heran, das im Mondlicht zu sehen war. 6 Knoten lief PAUL mit den scharf angebraßten Rahen. Kapitän Tack ließ die Bark auf Backbordbug immer noch ein bißchen länger laufen, bis der Ausgucksmann plötzlich schrie: »Brandung vörut!«. Beide Wachen standen an Deck bereit, und Kapitän Tacks Kommandos »Wenden!« und »Ree« folgten ohne Pause aufeinander. Der Rudersmann drehte das Rad hart über, die Klüver-schoten wurden losgeworfen und das Großsegel aufgegeit; aber das Schiff drehte nicht in den Wind. Die Kommandos überstürzten sich, der Kapitän versuchte nun zu halsen; aber nur langsam begann das Schiff nach Backbord abzufallen, zu langsam. Es knirschte unter dem Kiel, das Schiff stieß zweimal hart auf und blieb dann auf den Unterwasserklippen sitzen. Alle Versuche, es wieder flott zu machen, waren vergeblich; am nächsten Tag schon war das Schiff ein Wrack.

Eine der beiden norwegischen Barken nahm die Besatzung des PAUL freundlich auf und landete sie 9 Tage später in Macassar. Kapitän Tack mußte sich nach der Heimkehr vor dem Seeamt verantworten. Daß er die Fahrt durch den Malaiischen Archipel nach dem Verlust seines Schiffes noch mehr haßte als vorher, ist verständlich.

Der Taufpate RICKMER RICKMERS *als Soldat im Ersten Weltkrieg.* *(Aus »100 Jahre Rickmers«)*

RICKMER RICKMERS

In den Zufahrtstraßen des Archipels erhielten die Segelschiffe meistens Besuch von den Insulanern in ihren Kanus, die den Seeleuten »Verfrischungen« zum Kauf oder Tausch anboten. Es handelte sich um Obst und Gemüse, Kokosnüsse, manchmal auch Eier oder Hühner. Die Kapitäne nutzten diese Angebote gern, weil der Frischproviant für die Gesundheit der Seeleute wichtig war. Innerhalb des Archipels fand RICKMER RICKMERS wenig Wind, aber stellenweise starke Strömungen, derentwegen die Mannschaft ständig zu Manövern bereit sein mußte. In der Djilolo-Straße, östlich von Halmahera, kreuzte das Schiff am 15. Januar den Äquator, in Sicht von einem Dutzend anderer Segler, die bei dem flauen nördlichen Wind auch kaum voran kamen. Schon am 5. Januar, noch vor der Einfahrt in die Djilolo-Straße, hatte man die Viermastbark ALBERT RICKMERS getroffen und mit ihr signalisiert. Auf diese Weise erfuhr Kapitän Ahlers, daß der von Kapitän Warneke geführte Viermaster, von Philadelphia nach Japan bestimmt, bereits 145 Tage in See war. Kapitän Warneke hatte den Weg durch die Allas-Straße gewählt und wurde schon seit vier Wochen von den Flauten und Böen des Archipels geplagt. Wahrscheinlich verärgert, daß sein Kollege durch die Wahl der Ombay-Straße besser abgeschnitten hatte, schrieb er ins Journal, daß seine Viermastbark für den Archipel zu groß sei, und fügte hinzu: *»denn die Mühsal dieser Reise bleibt mir unvergeßlich und bestimmt mich, falls ich noch einmal eine Reise nach dem Fernen Osten anzutreten habe, andere Routen zu nehmen.«* – Aber jede Flautentreiberei geht einmal zu Ende; drei Jahre später durchsegelte Kapitän Warneke doch wieder die Allas-Straße.

Auf RICKMER RICKMERS waren alle Mann froh, als sie am 22. Januar östlich der Philippinen einen frischen NO-Monsun fanden, der recht beständig war und das Vollschiff am 3. Februar in die große Hafenbucht von Hongkong brachte. Die Reise von Cardiff hatte 148 Tage gedauert, eine Zeit, die 2 Wochen über dem Mittelwert für die Jahreszeit lag; aber die Hauptsache war schließlich, daß Kapitän Ahlers sein Schiff ohne Havarie und Verluste ans Ziel gebracht hatte.

Kapitän Ahlers war kein großer Briefeschreiber; nachdem er seinem Reeder über den Verlauf der

RICKMER RICKMERS *mit seiner ursprünglichen Takelage als Vollschiff, das heißt mit Rahen an allen drei Masten.*

Reise pflichtgemäß berichtet hatte, schrieb er eine Woche nach Ankunft in Hongkong auch einen Brief an seine Kinder, in dem ebenfalls die nautischen Mitteilungen überwogen; es hieß darin:

»... Am 3. Februar bin ich hier glücklich angekommen. 38 Tage bis Äquator, 76 Tage von Cardiff bis 80° Ost, 40 Tage Flauten, erst auf 5° N, 131° O setzte der NO-Monsun ein, dann noch 12 Tage. Als wir 119 Tage in See, trafen wir ALBERT RICKMERS, *hatte 145 Tage von Philadelphia ...«*

RICKMER RICKMERS lag drei Wochen in Hongkong, um die 60 000 Zentner Kohle zu löschen. Die Arbeit wurde von chinesischen Kulis verrichtet, die in großer Menge an Bord kamen und trotz ihres schmächtigen Aussehens willig und ausdauernd arbeiteten. Es ist unwahrscheinlich, daß sie die modernen Dampfwinden des Schiffes benutzt haben, um die Kohlen aus dem Laderaum zu bringen; denn die Chinesen hatten dazumal noch eine Abneigung gegen Maschinen, die menschliche Arbeit überflüssig machten. Sie arbeiteten mit ihrer Muskelkraft schnell und geschickt in einer amei-

senhaften Manier. Die Europäer sprachen von »menschlichen Elevatoren«, wenn sie staunend zusahen, in welch wirkungsvoller Weise die Kulis zusammenarbeiteten, um die Lasten in kleinen Mengen zu heben und zu bewegen. Der Stundenlohn der Chinesen entsprach etwa dem Wert, den 5 deutsche Pfennige damals hatten. Die Interessen der Rickmers-Schiffe wurden in Hongkong von dem Bremer Haus Melchers & Co. vertreten, das an der Chinaküste eine führende Position und einen guten Ruf besaß. Die Makler-Firma sorgte dafür, daß RICKMER RICKMERS für die Heimreise eine Reisladung in Saigon bekam, im damals französischen Indochina, das nicht allzuweit von Hongkong entfernt ist. Die Haupthäfen für die Verschiffung von Reis lagen einerseits in Indochina und Siam, also dem heutigen Vietnam und Thailand, andererseits in Burma oder Birma an der Westseite Hinterindiens, wo der Reis in den großen Flußebenen des Irrawaddi und seiner Nebenflüsse angebaut wird.

Am 25. Februar 1897 verließ RICKMER RICKMERS Hongkong. Da zu dieser Zeit noch der winterliche NO-Monsun wehte, ließen sich die rund 1 000 sm nach Saigon in etwa einer Woche absegeln. Bevor die Beladung begann, mußte der Laderaum sorgfältig gereinigt und dann in besonderer Weise für die Einnahme der viel Feuchtigkeit enthaltenden Reisladung vorbereitet werden, worüber später noch einiges gesagt werden soll. In den Wochen, die RICKMER RICKMERS in den Häfen oder an der Küste verbrachte, gab es »Ärger mit den Leuten«. Etwa die Hälfte der Matrosen hatten sich Verstöße gegen die Disziplin zuschulden kommen lassen, wahrscheinlich nur geringfügiger Art. Aber Kapitän Ahlers kannte in dieser Hinsicht kein Pardon; er schrieb fünf Matrosen ins Schiffsjournal, weil sie gegen die Seemannsordnung verstoßen hatten, und erstattete Strafanzeige beim Kaiserlichen Konsulat in Saigon. Der Konsul verhängte Strafen von 5 und 10 Mark gegen die Missetäter.

Ebenso wie in Hongkong waren auch in Saigon die einheimischen Arbeitskräfte reichlich und billig; innerhalb von drei Wochen wurden 30000 Sack Reis übergenommen und fachgerecht verstaut. Außerdem wurden Proviant und Trinkwasser ergänzt, und am 27. März 1897 trat RICKMER RICKMERS die Heimreise an, noch kurz vor dem Beginn des widrigen SW-Monsuns. Allerdings hatte der ansonsten so förderliche NO-Monsun schon seine Kraft verloren, so daß unser RICKMER bis zur Einfahrt in die Sundastraße mehr als drei Wochen brauchte.

Für die jungen Seeleute und auch für Normalmenschen, die zum ersten Mal nach SO-Asien kamen, war die Durchsegelung der Sundastraße dazumal ein großes Erlebnis. Heute wäre der Eindruck weniger stark; wir sind abgestumpft, weil der moderne Tourismus für jedermann uns fast alles ermöglicht. Die preiswerten Pauschalreisen bringen den Kunden, je nach Wunsch, in kürzester Zeit in die Dschungel von Bangladesch oder in die Vergnügungsstätten von Bangkok. Und den reisemüden Senioren hilft das Farbfernsehen, das ihnen das Südsee-Paradies inklusive Hula-Hula-Mädchen ins Wohnzimmer zaubert, allerdings nicht greifbar.

Damals führte der Seglerweg nahe an der Küste Javas entlang, deren bewaldete Berghänge, mit Wiesenstreifen durchsetzt, bis an den Strand und das klare grüne Wasser hinabreichten. Zu dem herrlichen Anblick kam von Zeit zu Zeit noch eine Wolke jenes einzigartigen Duftes, den das tropische Land ausstrahlen kann. Das Befahren der Sundastraße mit einem Segelschiff hat in den 1890er Jahren Eugenie Rosenberger in ihrem Buch »Auf großer Fahrt« in eindrucksvoller Weise beschrieben. Sie war eine Kapitänsfrau, die mit ihrem Mann auf dem Bremer Vollschiff REGULUS mehrere Reisen nach den Reishäfen gemacht hat. Ihr 1899 erschienenes Buch gehört zu dem besten, was die deutsche Segelschiffsliteratur zu bieten hat.

Frau Rosenberger schildert in ihrem Buch verschiedene Begegnungen mit Rickmers-Seglern, doch unser RICKMER wird leider nicht erwähnt. Fasziniert war sie von der Sundastraße, beschreibt die gewaltigen Pyramiden der Vulkaninseln Krakatau und Sebesie und gibt uns eine Schilderung von der Schiffahrt in der Straße.

Viele malaiische Fischerboote belebten die Szene mit ihren malerischen Segeln, nur selten passierte ein Dampfer die Straße in rascher Fahrt, während die Rahsegler oft mehrere Tage brauchten, um sich durch die Straße zu quälen. Wegen der starken Gezeitenströme, die zweimal am Tag ihre Richtung wechseln, mußten die Segler oft den Anker fallen lassen, wenn der Wind zu flau und der Gegenstrom zu stark war. Nach einigen Stunden mußte der Anker dann wieder aufgehievt werden, aus beträchtlicher Tiefe, und meistens nur mit Muskelkraft.

Der wichtigste Platz für die Schiffahrt durch die Straße war Anjer an der Nordeinfahrt. Der berühmte oder berüchtigte Ausbruch des Krakatau im Jahre 1883, der 37000 Menschen tötete, hatte durch eine 12 m hohe Flutwelle die Ortschaft An-

jer völlig vernichtet. Aber in wenigen Jahren hatten die Holländer fast alles wieder aufgebaut, vor allem auch das, was für die Schiffahrt wichtig war: den Leuchtturm, die Signalstation und das Postamt. Letzteres war vor allem für die Segelschiffe auf der Ausreise wichtig, die oft schon mehr als 100 Tage in See und ohne Landverbindung waren. Möglicherweise erhielt der Kapitän eine neue Order von seinem Reeder, die meisten Seeleute hofften, bei Anjer postlagernde Briefe zu erhalten und manche hatten auch den Wunsch, selber einen Brief abzuschicken, sich erinnernd an das Gebot der dänischen Seemannspastoren: »Skriv hjem til Mor!« (Schreib Deiner Mutter!)

Die Segelschiffe, die vor Anjer ankerten oder trieben, wurden von den Booten der Malaien umschwärmt, die frische Lebensmittel zum Kauf anboten, vor allem Obst und Gemüse, Kokosnüsse und Jamswurzeln, so daß die Seeleute ihren Vitaminbedarf stillen konnten, obgleich sie das Wort »Vitamine« noch nie gehört hatten. Auch Lotsen boten ihre Dienste an, für das Durchsegeln der Straße und der Gewässer nördlich davon. Es waren Insulaner ohne Lizenz, die statt dessen ein Notizbuch vorlegten, enthaltend Empfehlungen von Kapitänen, deren Schiffe sie gelotst hatten. Frau Rosenberger war ganz verdutzt, als sie in solchem Buch, mit dem sich ein malaiischer Lotse bei ihrem Mann empfahl, die Eintragung las: »He is the most stupid ass I ever met.« (Er ist der dümmste Esel, dem ich je begegnet bin.)

Trotz aller Naturschönheiten war die Besatzung der RICKMER RICKMERS froh, als man am 22. April den Südausgang der Sundastraße bei Java Head erreichte. Endlich hatte man den freien Ozean vor sich, auf dem der SO-Passat eine angenehme Überfahrt erwarten ließ. Wie schön solche Fahrt über den Indischen Ozean sein konnte, zeigt ein begeisterter Bericht von Professor Gerhard Schott, der als junger Ozeanograph die gleiche Reise auf dem Viermaster PETER RICKMERS mitmachte und über den Reiseabschnitt, der RICKMER RICKMERS jetzt bevorstand, folgendes geschrieben hat:

»Ein großer Viermaster, tief beladen von Saigon kommend, verläßt Ende Juni 1892 die Sunda-Straße mit dem nächsten Ziel der Umschiffung des Kaps der Guten Hoffnung, hat also die Durchquerung des Indischen Ozeans in ganzer Breite vor sich. Ein steifer SO-Passat empfängt das Schiff, sobald es, aus der Straße herauskommend, das offene Meer erreicht. Alle Segel stehen und füllen sich prall. Wie in mächtigem Anlauf stürzt sich der Renner in die See und steigert seine Geschwindigkeit, die allmählich immer mehr bis zur Mitte des Ozeans zunimmt. Weit übergeneigt nach Steuerbord pflügt das mächtige Fahrzeug die in hohen und kurzen Wellen schäumende See. Die Wasserfarbe zeigt ein sattes reines Kobaltblau. Tag für Tag, Nacht für Nacht vollzieht sich das ungezügelte Rennen, bis selbst hier im Herzen des tropischen Passates die obersten Segel weggenommen werden müssen, weil Sturzseen zu oft überbrechen und der Winddruck gar zu schwer auf Masten und Stengen lastet. So geht die sausende Fahrt volle 16 Tage hindurch mit WSW-Kurs: da schon steht das Schiff, nach Zurücklegung von 3 720 Seemeilen, südlich von der Südspitze Madagaskars, und es gelangt nach weiteren sechs Tagen in Sicht der Küste von SO-Afrika.«

RICKMER RICKMERS machte 1897 eine glückliche Fahrt über den Indischen Ozean, allerdings brauchte er einige Tage mehr als der schnelle PETER. Unser RICKMER segelte 24 Tage von der Sundastraße bis südlich von Madagaskar, und als beste Leistung im Indischen Ozean konnte er nur drei Wachen hintereinander mit je 42 sm aufweisen, also 126 sm in 12 Stunden. Am 1. Juni gegen Mitternacht stand RICKMER RICKMERS querab von der Südspitze Afrikas und sichtete das Leuchtfeuer von Cap Agulhas. Ein schöner Wind aus ONO und die starke Agulhas-Strömung schoben das Schiff in den Atlantik, wie es sich die Seeleute nicht besser wünschen konnten.

Am 15. Juni kam frühmorgens die Insel St. Helena in Sicht; mit einem flauen SO-Passat segelte Kapitän Ahlers, nur 5 bis 6 Knoten laufend, in größerem Abstand an der felsigen Insel vorbei. Da die Reise bisher normal verlaufen war, brauchte er weder Wasser noch Proviant zu ergänzen. Aber die Lloyd's Signalstelle auf der Insel konnte RICKMER RICKMERS identifizieren und meldete das Vollschiff nach London. Den Äquator, von den Seeleuten »die Linie« genannt, kreuzte RICKMER RICK-

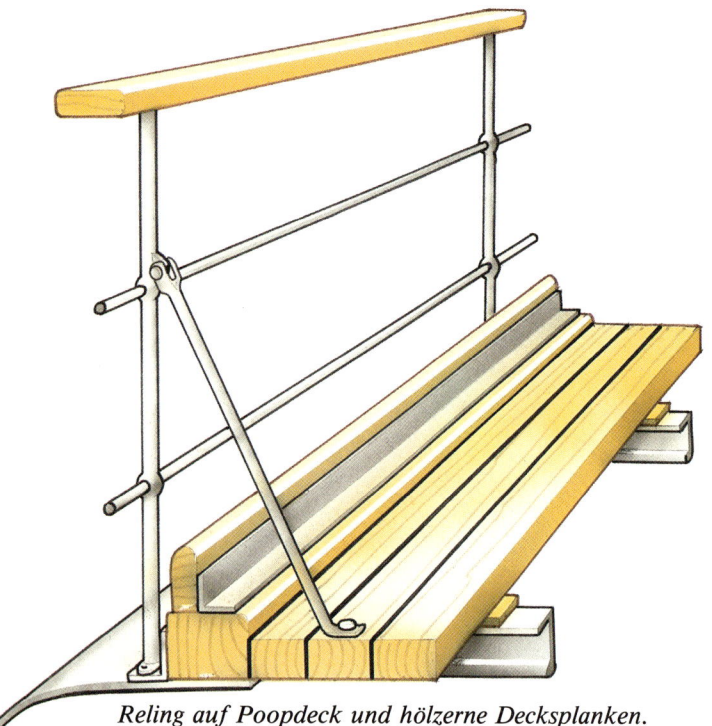

Reling auf Poopdeck und hölzerne Decksplanken.

Verschanzung des Hauptdecks mit horizontaler »Monkey-Reling«, die als Nagelbank dient; an der Außenkante des Holzdecks verläuft der »Wassergang«.

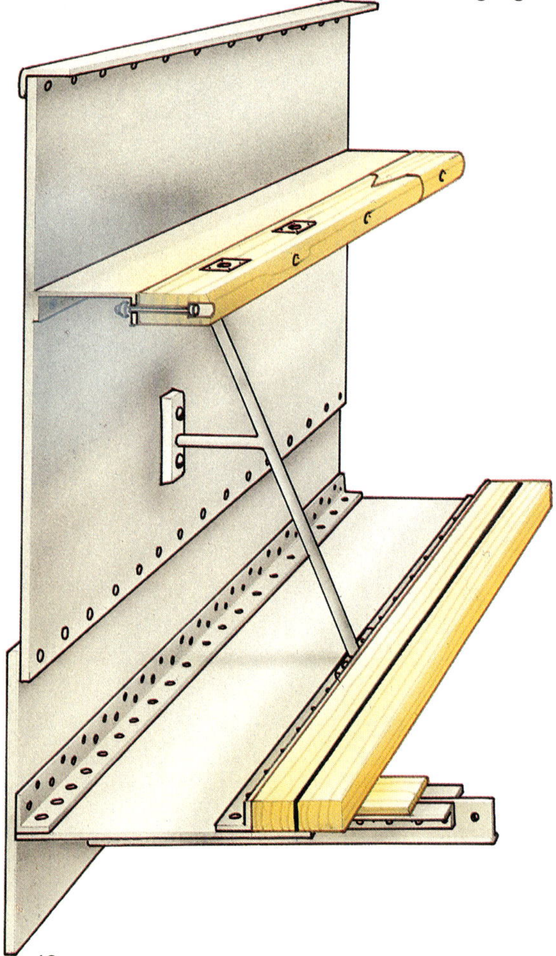

MERS am 28. Juni; er konnte zu dieser sommerlichen Jahreszeit nicht allzuviel Wind auf dem Nordatlantik erwarten.

Der NO-Passat war flau, und das Azoren-Hoch mit seinen Windstillen war so ausgedehnt, daß Kapitän Ahlers es im weiten Bogen nach Westen umsteuerte. Erst nördlich des 40. Breitenparallels traf er die ersehnten westlichen Winde, die RICKMER RICKMERS am 5. August in den Englischen Kanal brachten. Um 21 Uhr kam das Leuchtfeuer von Lizard in NO in Sicht, und ein frischer SW-Wind trieb das Schiff mit guter Fahrt voran. Die Reisedauer von Saigon bis zum Eingang des Englischen Kanals betrug 131 Tage, ein mittelmäßiges Resultat. Nach weiteren 6 Tagen erreichte das Vollschiff seinen Bestimmungshafen und wurde im Neuen Hafen von Bremerhaven vertäut.

Schon am 11. August fand auf dem Seemannsamt in Bremerhaven die Abmusterung statt, mit der die Auszahlung der Heuer verbunden war.

Am nächsten Tag, dem 12. August 1897, lief auf der Geesthelle das Vollschiff ERIK RICKMERS vom Stapel, das nach denselben Plänen gebaut war wie der RICKMER. Schon am 15. September trat das neue Schiff die Jungfernreise an, in Ballast nach Philadelphia, um dort Petroleum für Japan zu laden.

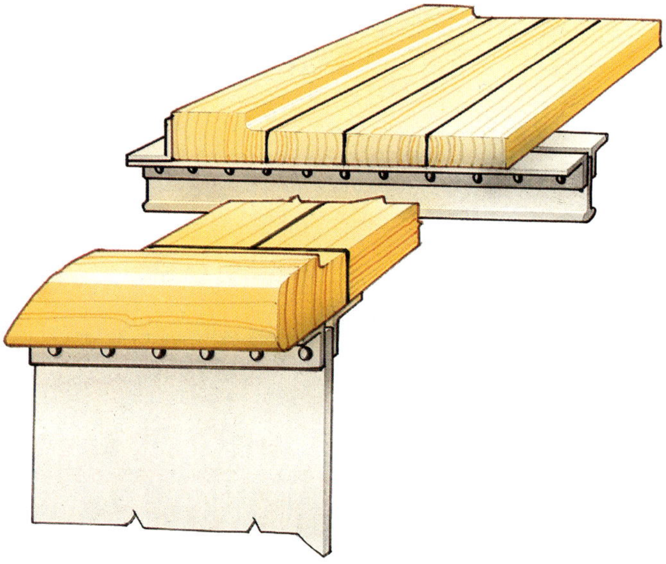

Hölzerne Decksplanken auf der Back.

Die zweite Reise 1897/98

Nach der planmäßig verlaufenen ersten Reise verbrachte RICKMER RICKMERS etwa fünf Wochen im Heimathafen. Sobald die Reisladung aus dem Schiff war, kamen wahrscheinlich einige Werftarbeiter an Bord für kleine Reparaturen und Verbesserungen, die noch als Garantiearbeiten auszuführen waren. Zum Schluß ging dann das Schiff in eines der Schwimmdocks in Bremerhaven oder Geestemünde, damit das Unterwasserschiff gereinigt und mit einer Patentfarbe gestrichen werden konnte, die den Bewuchs mit Muscheln und Algen verhindern sollte, ihn aber nur verlangsamen konnte.

RICKMER sollte wieder mit einer Kohlenladung von Cardiff nach Hongkong segeln und höchstwahrscheinlich mit Reis zurückkommen. Die Führung des Schiffes behielt Kapitän Ahlers, mit dessen Leistungen der Reeder vollauf zufrieden war. Die Anmusterung der Leute vor dem Seemannsamt in Bremerhaven begann am 30. August 1897; es wurden 24 Mann angemustert, so daß einschließlich des Kapitäns die regulären 25 Mann an Bord waren, die das Schiff haben sollte.

Von der vorhergehenden Reise kamen vier Mann wieder mit, woraus man schließen darf, daß das Bordklima nicht schlecht war. Es waren der Zweite Steuermann, der Koch, der Donkeymann und der Schiffsjunge Dannenberg, die sich wieder anheuern und anmustern ließen. Der letztere war zum Leichtmatrosen befördert, was ihm eine Heuererhöhung von 300% einbrachte; statt 5 Mark monatlich erhielt er als Leichtmatrose 20 Mark monatlich. Der Koch Cordes war wohl eine »Perle«; denn man hatte ihm die Heuer von 85 auf 90 Mark erhöht, damit er wieder mitginge. Im übrigen waren die Heuern dieselben wie auf der vorhergehenden Reise, nur der wesentlich jüngere Zimmermann bekam statt der 85 Mark seines Vorgängers nur 80 Mark.

Altersmäßig war die Zusammensetzung der Besatzung ähnlich wie auf der vorhergehenden Reise; die 11 Matrosen hatten ein durchschnittliches Alter von 27 Jahren. Drei Ausländer waren unter den Matrosen, ein Schwede und zwei Norweger. Wenn auf den deutschen Segelschiffen Nichtdeut-sche anmusterten, so stammten sie meistens aus den nordischen Ländern und fügten sich gut in die Mannschaft ein. Besonders in Dänemark und Schweden waren die Seemannsmissionen sehr eifrig bemüht, die jungen Seeleute vor dem moralischen Verfall zu bewahren.

Zwei Tage bevor RICKMER RICKMERS am 17. September 1897 ihren Heimathafen verließ, um wieder Kohle in Cardiff zu laden, war das Schwesterschiff ERIK RICKMERS auf seine Jungfernreise nach Philadelphia gegangen, wo es Petroleum laden sollte. Das schöne Schiff machte zwei Petroleumreisen nach dem Fernen Osten, beide in sehr guter Zeit; aber es ging verloren, bevor es seinen Heimathafen wieder erreichte, s. S. 107.

Als RICKMER RICKMERS den Hafen verließ, lag dort der neue Schnelldampfer des Norddeutschen Lloyds, der für seine Jungfernreise nach New York ausgerüstet wurde. Er hieß KAISER WILHELM DER GROSSE, war damals das größte und schnellste Schiff der Welthandelsflotte und konnte in seinen drei Klassen rund 2 000 Passagiere befördern. In Bremerhaven erregte das prächtige Schiff allein schon durch seine vier hohen Schornsteine allgemeines Aufsehen.

Die Seeleute der RICKMER RICKMERS sahen den großen »Musikdampfer« auch und haben sich wahrscheinlich ihre Gedanken gemacht über die völlig anderen Bedingungen, unter denen die Menschen auf so einem Schiff lebten und arbeiteten. Die Härte des Seemannsberufes war für die Decksbesatzung eines großen Dampfers viel weniger fühlbar als auf einem Segelschiff. Die Dampfermatrosen wurden hauptsächlich mit Reinigungs- und Konservierungsarbeiten beschäftigt. Mit der Fortbewegung des Schiffes hatten sie nichts mehr zu tun; sie brauchtes das Schiff nur auf dem richtigen Kurs und nach Gefahren Ausguck zu halten.

Die Segelschiffsleute, solange sie noch jung waren, sahen in der Regel mit einer gewissen Geringschätzung auf die Dampfermatrosen herab; aber das änderte sich meistens, wenn sie älter und bequemer wurden. Die harte Arbeit leisteten auf den Dampfschiffen die Heizer und Trimmer, die auf den großen, kohlebefeuerten Schnelldampfern ständig bis an die Grenzen der menschlichen Leistungsfähigkeit gefordert wurden.

KAISER WILHELM DER GROSSE verließ Bremerha-

ven zu seiner Jungfernreise zwei Tage nach RICK-
MER RICKMERS und hatte sie bereits überholt, als er
am Nachmittag des 20. September in Southamp-
ton eintraf.

RICKMER RICKMERS brauchte 8 Tage für die
Reise nach Cardiff. Sie wurde dort schnell beladen
und konnte bereits nach 6 Tagen die Reise nach
Hongkong antreten. Abfahrtstag war der 1. Oktober 1897, drei Wochen später als im vorhergehenden Jahr. Die Reise verlief normal; 30 Tage
brauchte das Schiff bis zur Linie, 22 weitere Tage
bis zum Nullmeridian auf 39° S.

Den schwersten Sturm auf dieser Reise erlebte
die Besatzung in den »Roaring Forties«, etwa auf
43° Südbreite und 60° Ostlänge. Im Wetter-Journal findet man noch heute eine genaue Beschreibung des Verlaufs in folgenden Worten:

»... Am 7. Dezember um 4ʰ p. m. heftige Ha-
gelböe von West in Stärke 7, dann Wind sowohl
wie Böen in Stärke schnell zunehmend, um 8ʰ
p. m. voller Sturm, lenzten vor Ober- und Untermarssegeln. Um 3ʰ am 8. Dezember erreicht der
Sturm seine größte Heftigkeit (Stärke 11), Böen
orkanartig; machen Obermarssegel fest. Deck beständig unter Wasser, hohe pyramidenartige See
bricht beständig von beiden Seiten mittschiffs
über das schwerbeladene Schiff weg. Stand des
Barometers um 3ʰ a. m. 752,5 mm. Böen halten
noch immer an, doch in größeren Pausen von
15–25ᵐ Dauer, mit Hagel. Von 4ʰ a. m. fing das
Barometer an stetig zu steigen. Wind noch immer
Stärke 10, Mittag am 8.12. Stärke 9, setzten Obermarssegel.«

Als man am 30. Dezember die Ombay-Straße
erreichte, ging der SO-Passat ohne Flauten in einen stetigen Westmonsun über, mit dem Kapitän
Ahlers die Straße in 28 Stunden durchsegeln
konnte, obgleich er unter den Inseln Flores und
Ombay auf starke Gezeitenströme von 3 sm/h
traf.

Bei der Durchsegelung der Molukken-See und
der Djilolo-Straße hatte RICKMER RICKMERS mehr
Glück als auf der vorhergehenden Reise und erreichte Hongkong schon am 27. Januar 1898, 118
Tage von Cardiff, das waren 11 Tage weniger als
der von der Seewarte für diesen Monat errechnete
Mittelwert. Kapitän Ahlers war stolz auf seine

schnelle Reise und schrieb am 11. Februar in einem Brief an seine Tochter Martha:

»Ich habe dieses Mal eine schöne Reise gehabt,
118 Tage. Der R. C. RICKMERS, welcher nach
Shanghai muß, ist noch nicht angekommen, er ist
schon 50 Tage länger unterwegs. Ich schicke Dir
eine Karte, woraus Du ersehen wirst, in welche
Richtung ich gefahren bin. ... Wir haben hier jetzt
schöne Tage; es ist des Nachts etwas kühl, so daß
man die Federdecke ganz gut gebrauchen kann. -
Liebe Martha, die Zeit wird mir zu kurz und ich
muß schließen, Briefe schreiben ist mir immer eine
heikle Sache. Wie geht's Deinen Hausgenossen,
grüße alle vielmals, Du meine Liebe erhältst die
meisten Grüße von Deinem Dich liebenden Vater.«

In einem zweiten Brief an seine Kinder schrieb
Kapitän Ahlers unter anderem über eine Jubilä-
umsfeier in Hongkong:

» ... Herr Goosmann von der Firma Melchers
feierte sein 25jähriges Jubiläum im Hause des
Deutschen Clubs, das Essen war an Bord der HO-
HENZOLLERN (Lloyd-Dampfer) gemacht, viele Gäste, Champagner floß in Strömen. ... Von hier
nach Bassein zum Laden, Reis auf eigene Rechnung, habe noch 10 Tage zu löschen. Dann segle
ich, bis Singapore habe ich noch den NO-Monsun,
denke in 6–8 Tagen da zu sein, muß mich da einen
Tag aufhalten, um Rattan für Garnier zu nehmen,
dann kommt die schlimmste Strecke, viel Stille,
immer schönes Wetter, meistens haben die Schiffe
in dieser Jahreszeit 25–30 Tage Reise. ...«

Am 22. Februar verließ RICKMER RICKMERS
Hongkong und brauchte bis Bassein, mit kurzem
Aufenthalt in Singapore, 53 Tage, also fast 3 Wochen länger, als er seinen Kindern angekündigt
hatte. In Lloyd's List wurde der 16. April als An-
kunftstag angegeben. Bassein liegt westlich von
Rangoon in Burma, das damals unter britischer
Herrschaft stand. Der Ort liegt an einem Mün-
dungsarm des großen Irrawaddy-Stromes, der eines der größten Reisanbaugebiete durchfließt. Die
Ortschaft umfaßte damals nicht mehr als ein- bis
zweitausend Häuser; das Wirtschaftsleben wurde

allein durch die Reisausfuhr bestimmt. An den beiden Flußufern standen mindestens ein halbes Dutzend Reismühlen, kenntlich an den Schloten, aus denen in den Betriebsmonaten der Rauch der Reishülsen abzog, mit denen die Dampfkessel befeuert wurden. Der Reis wird in der trockenen Zeit des NO-Monsuns, das heißt bis zum März/April, geerntet und wurde damals in den Booten der Eingeborenen flußabwärts zu den Reismühlen gebracht. In diesen sogenannten Reismühlen wurde der Rohreis, der »Paddy« genannt wird, nicht gemahlen, sondern mit Hilfe großer Mühlsteine enthülst.

Für die Verschiffung von Reis in Segelschiffen, die viele Monate unterwegs waren, brauchte man den Reis in der Form von »Cargo-Reis«; so nannte man eine Mischung von Reis, in der etwa ein Viertel nicht enthülst war. Diese Mischung hatte sich am besten bewährt, um die feuchten Ausdünstungen der Reisladungen unter Kontrolle halten zu können. Außerdem mußte man bei Reisladungen besondere Vorkehrungen im Laderaum treffen, um innerhalb der Masse der Reissäcke eine Ventilation aufrecht zu halten. Dazu genügten nicht die gewöhnlichen Laderaumventilatoren, die jedes Frachtschiff hat, sondern man muß zwischen die Sackladung nach einem bewährten System einfache hölzerne Ventilatorenschächte einlegen, waagerecht und senkrecht, die alle Verbindung miteinander haben. Mit Bastmatten muß jeder Kontakt der Reissäcke mit den Eisenteilen des Schiffes verhindert werden, und schließlich braucht man noch »Rattan«, große Bündel von Stuhlrohr, mit denen man vor allem zwischen der Bordwand und der Ladung einen größeren Zwischenraum schafft, als es die normale Wegerung tut. Rattan wird in SO-Asien geerntet und nach Europa verschifft; wenn der Verschiffer die Verwendung als Garnier gestattet, bekommt oder bekam er einen niedrigeren Frachtsatz zugebilligt.

Ein Schiff mit Reisladung muß auch auf See seine Luken so lange wie möglich offen halten, damit die feuchte Luft aus dem Laderaum abziehen kann, bevor es zur Bildung von »Schweißwasser« kommt. Falls Reisladung naß wird, und sei es nur durch Schweißwasser, beginnt der Reis zu faulen und fürchterlich zu stinken. Schweißwasser im Laderaum entsteht nicht nur aus der Feuchtigkeit der

Ladung, sondern Temperaturschwankungen während der Reise, und Temperaturdifferenzen der Innen- und Außenluft tragen ebenfalls zu solchen Kondensationsvorgängen bei.

Um nochmal auf die Reismühlen in Bassein zurückzukommen: Die richtige Mischung des zu etwa 75% enthülsten Cargo-Reises lieferte die Mühle halb automatisch, wenn das Endprodukt ständig kontrolliert und das Getriebe entsprechend reguliert wurde. Nach der Enthülsung durchlief der Reis lange Schächte, in denen er durch Luftgebläse gereinigt und sortiert wurde, bevor er, eingesackt, in lange Schuppen kam, die an einer Seite offen waren und »Godowns« hießen.

Die Ansteuerung von Bassein war für Segelschiffe nicht sonderlich schwierig. Die Mündung des Flußarms ist mehrere Seemeilen breit; als Ansteuerungsmarke diente damals Diamond Island, eine Insel mit Leuchtfeuer, Signalstelle und Lotsenstation. Die Insel hatte auch schon eine telegraphische Verbindung mit Bassein, die zur Verkehrsregelung benutzt wurde. Schiffe, für die im Hafen noch keine Ladung oder kein Liegeplatz war, wurden veranlaßt, auf der Reede bei Diamond Island zu ankern. Ein Segelschiff, das von Diamond Island flußaufwärts segelte, konnte damit rechnen, bei Enterprise Island den Schlepper anzutreffen.

Die Inseln in der Flußmündung und die Flußufer waren niedrig; es gab viele Moskitos, die für die Seeleute eine Plage und eine Gefahr für Malariainfektion waren. Da bei Erkrankungen von Seeleuten während der Reise der Reeder für die Kosten der Behandlung aufkommen mußte, gab es fortschrittliche Reeder, die in malariaverseuchten Gebieten Moskitonetze an ihre Besatzungen ausgaben. Weil Netze keine völlige Sicherheit gegen Mückenstiche gewähren, werden heute auch prophylaktisch wirkende Medikamente in malariagefährdeten Gebieten an die Besatzungen verteilt.

RICKMER RICKMERS kam ziemlich spät in der Saison nach Bassein, denn der Reis sollte möglichst vor Einsetzen des regnerischen SW-Monsuns verladen sein, andernfalls würde man Ladungsschäden durch Feuchtigkeit vorprogrammieren. Die Beladung des Schiffes wurde von den kleinen indischen Kulis besorgt; die Burmesen, die die Herrenrasse bildeten, hatten die Aufsichtsfunktionen.

Unser RICKMER war schon am 26. April mit 30 100 Sack Reis beladen, konnte aber nicht auslaufen, da der größte Teil seiner Besatzung plötzlich erkrankt war.

Wir wissen von dieser Erkrankung nur aus einem Brief des Kapitäns an seine Kinder, in dem er leider nicht den Namen der Krankheit erwähnt. Sicher war es eine tropische Infektionskrankheit. Die kranken Leute wurden ins Hospital gebracht, dessen Möglichkeiten jedoch begrenzt waren. Fünf Matrosen starben, drei Deutsche und zwei Skandinavier. Die übrigen waren nach zwei bis drei Wochen wieder auf den Beinen. Am 11. Mai wurden auf dem Konsulat fünf Ersatzleute angemustert, vier Matrosen und ein Dritter Steuermann; es war eine internationale Mischung. Kapitän Ahlers hatte jedem eine Heuer von 70 Mark monatlich bewilligen müssen, so daß die neuen Leute mehr bekamen als die alten Matrosen, und auch mehr als die Handwerker und der Zweite Steuermann. So etwas kam vor; meistens vertrugen sich die unterschiedlich bezahlten Leute trotzdem.

Am 13. Mai ging RICKMER RICKMERS mit dem Schlepper flußabwärts. Kapitän Ahlers schrieb noch einen letzten Brief an seine Tochter Clara. Darin heißt es: »... *Jetzt sind alle wieder gesund und freuen sich, daß wir heute in See kommen, Falmouth für Order. Lotse soll Brief mitnehmen, die Segel sind gesetzt, ich muß schließen. ...*«. Mitte Mai weht normalerweise schon der SW-Monsun, und die dann von den burmesischen Reishäfen abgehenden Segelschiffe hatten meistens viel Schwierigkeiten, um von dem NW-Ende Sumatras frei zu kommen. Aber Kapitän Ahlers hatte noch Glück; er kreuzte den Äquator im Indischen Ozean am 29. Mai, 16 Tage nach Abfahrt, und hatte nun den freien Ozean vor sich. Nach der Statistik der Seewarte hatten Segelschiffe in dieser Jahreszeit bis zu 40 Tagen für diesen ersten Reiseabschnitt gebraucht.

Über den weiteren Verlauf der Heimreise sind die Daten spärlich, weil das Wetter-Journal nur bis zum 26. Juni geführt worden ist, als das Schiff auf 32° S, 36° O stand, also das Kap der Guten Hoffnung noch nicht gerundet hatte. Etwa vier bis

Fünf Rickmers-Segler erreichten den Englischen Kanal am 9. Sept. 1898

Name	PAUL R.	ERWIN R.	WILLY R.	ALBERT R.	RICKMER R.
Gattung	4-M-Bark	Bark	4-M-Bark	4-M-Bark	Vollschiff
von	Rangoon	Moulmain	Bassein	Rangoon	Bassein
Abfahrt	9 Mai	8 Apr	30 Apr	13 Mai	13 Mai
Linie im Ind. Ozean		26 Apr	17 Mai	31 Mai	29 Mai
Kap d. G. Hoffnung	(3 Jul)	14 Jun	1 Jul	11 Jul	(6 Jul)
Linie im Atlantik	(1 Aug)	18 Jul	30 Jul	2 Aug	
Engl. Kanal	9 Sep früh	9 Sep	9 Sep früh	9 Sep	9 Sep früh (Falmouth)
Reisedauer	**123 Tage**	**154 Tage**	**132 Tage**	**119 Tage**	**119 Tage**
Dover-Straße	10 Sep	13 Sep	10 Sep	13 Sep	13 Sep (nach Kollision)
Weser	14 Sep	17 Sep	15 Sep	17 Sep	17 Sep
Reis in Säcken	46 500	22 000	32 500	35 650	30 100

fünf Wochen später passierte RICKMER St. Helena, außerdem erhielt Lloyd's in London eine Meldung, daß das Vollschiff am 20. August auf 34° N, 42° W gesprochen worden sei. Da die Rickmers-Segler ihre Heimreisen mit Reisladungen oft in den Monaten April und Mai antraten, kam es manchmal, gewollt oder ungewollt, zu Wettfahrten zwischen ihnen. In diesem Jahr 1898 waren gleichzeitig fünf Rickmers-Schiffe unterwegs, die zwischen dem 8. April und dem 13. Mai die burmesischen Reishäfen verlassen hatten. Alle fünf erreichten am selben Tag die Einfahrt in den Englischen Kanal, nämlich am 9. September. RICKMER R. und ALBERT R. hatten bis dahin am besten abgeschnitten und sich ein totes Rennen geliefert. Im Kanal hatte Kapitän Ahlers Pech; eine etwas mysteriöse Kollision mit einer englischen Viermastbark wird ihn wohl einige Zeit gekostet haben.

Aus den Reisen von 73 deutschen Seglern, die zwischen 1877 und 1887 einen der drei Häfen zwischen April und Juni verlassen hatten, hat die Deutsche Seewarte für die Reisedauer bis zum Englischen Kanal einen Mittelwert von 139 Tagen errechnet, die kürzeste jener 73 Reisen dauerte 114 Tage, die längste 167 Tage. Für die fünf Rickmers-Segler ergab sich ein Durchschnitt von nur 129 Tagen.

Kollision im Kanal 1898

Nachdem Kapitän Ahlers sich am 9. September vor Falmouth seine Order abgeholt hatte, kam es am selben oder am nächsten Tag zu einer Kollision zwischen RICKMER RICKMERS und der englischen Viermastbark ALICE A. LEIGH. Merkwürdigerweise blieb das Wann, Wo und Wie dieser Kollision schleierhaft, obgleich die Takelage der ALICE A. LEIGH so schwer beschädigt wurde, daß sie sich nach London als Nothafen einschleppen lassen mußte. Man könnte vermuten, daß beide Seiten interessiert waren, die Sache zu regeln, ohne viel Aufsehen zu erregen, zumal Seeamtsverhandlungen nicht sein mußten, weil kein Schiff verlorengegangen und kein Mensch ums Leben gekommen war. Es soll auch hier aus dieser Havarie keine abenteuerliche Geschichte aufgebauscht werden; die bekannt gewordenen Fakten sind:

Nach den Schiffsmeldungen in der täglich erscheinenden »Lloyd's List« hatte die Viermastbark ALICE A. LEIGH unter Führung von Captain Rooke am 7. September Dünkirchen mit der Bestimmung nach New York verlassen. Die Viermastbark war ein großes Schiff von 3 000 BRT, 1889 in England gebaut. Im Tau des Schleppers INDUSTRIE passierte ALICE A. LEIGH noch am selben Tag Dungeness mit westlichem Kurs. Vier Tage später meldete Lloyd's in der Spalte Havarien, daß am 10. September, abends um 7.20 Uhr eine britische Viermastbark, weiß gestrichen, die Signalstelle von St. Catherine's Point (Isle of Wight) passiert habe, im Tau eines Schleppers ostwärts fahrend, mit erheblichen Schäden im Vor- und Großtopp. Es fehlten die Bramstengen, und etliche Rahen hingen gebrochen abwärts, noch mit Segeln daran.

Das war am Abend des 10. September gewesen. Nach derselben Quelle hatte ALICE A. LEIGH am 11. September morgens um 9.35 Uhr Dungeness, um 12.30 Dover passiert. Beide Signalstellen schilderten den Zustand des Schiffes ähnlich, und beide erfuhren durch Signale von ALICE, daß sie mit RICKMER RICKMERS kollidiert sei und es keine Toten gäbe. Auf Anfrage erfuhren die Signalstellen, daß RICKMER nicht gesunken sei. Geschleppt von CHALLENGE, passierte der Havarist um 1.30 p. m. die Downs, denn er sollte nach London ge-

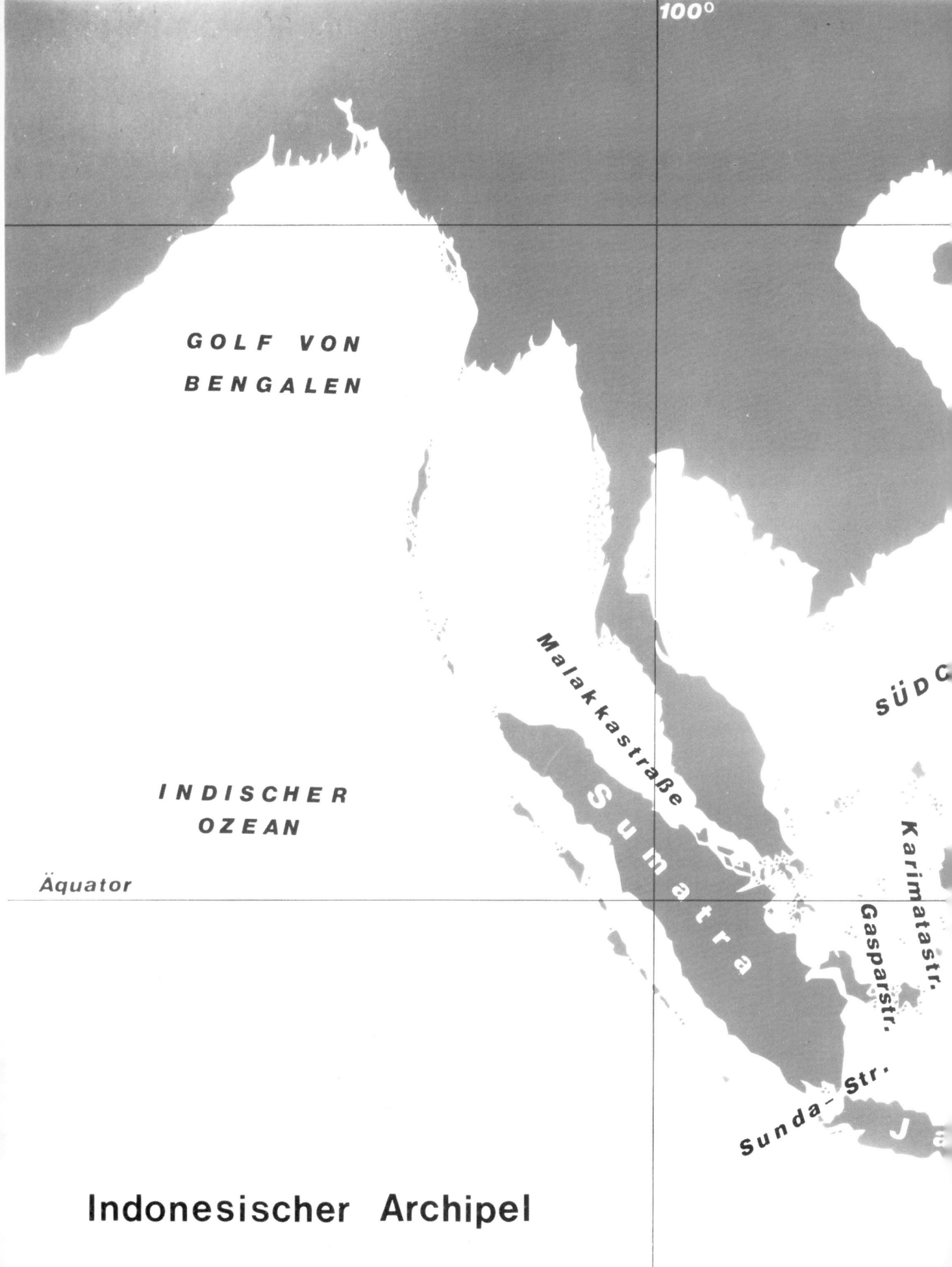

100°

GOLF VON
BENGALEN

Malakkastraße

Sumatra

SÜD C

INDISCHER
OZEAN

Äquator

Karimatastr.

Gasparstr.

Sunda-Str.

J

Indonesischer Archipel

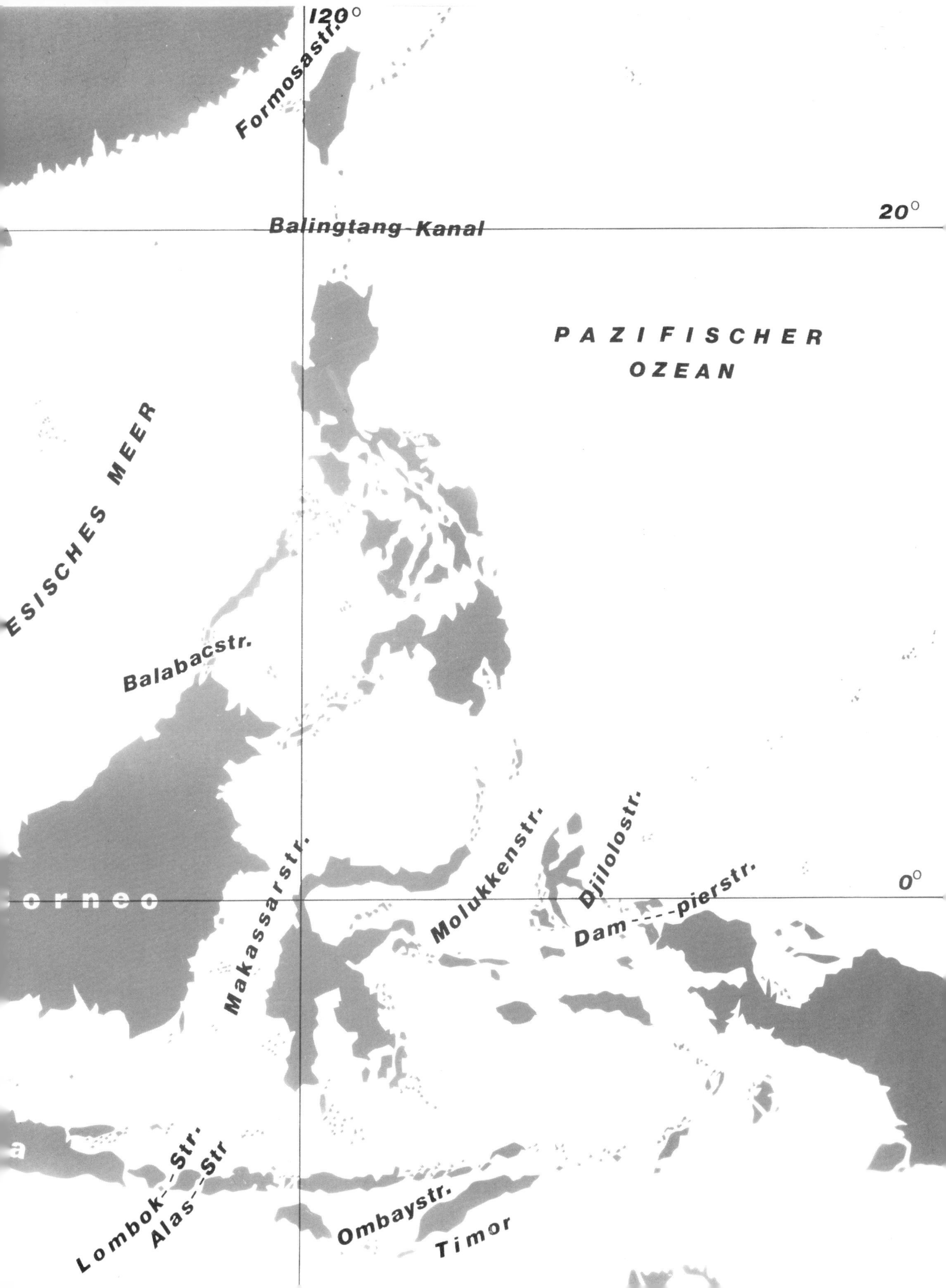

Formosastr.

120°

20°

Balingtang-Kanal

PAZIFISCHER
OZEAN

ESISCHES MEER

Balabacstr.

orneo

Makassarstr.

Molukkenstr.

Djilolostr.

Dam----pierstr.

0°

a

Lombok--Str.
Alas--Str

Ombaystr.

Timor

bracht werden. Am 12. September, einem Sonnabend, traf ALICE vor Gravesend ein und blieb dort drei Tage liegen. Die Zeitungen nahmen keine Notiz von ihr, sie füllten ihre Spalten mit Fußballberichten. Nur im »Journal of Commerce« war am 13. September ein kurzer Hinweis auf die Havarie der Viermastbark zu lesen, der mit dem bemerkenswerten Satz endete: »*Captain declines to give any information.*«

In Bremen und Bremerhaven wurde die Kollision der RICKMER RICKMERS in den Schiffahrtsnachrichten jeweils nur mit einem Satz erwähnt und dazu gesagt, daß über die Schäden der RICKMER RICKMERS noch nichts bekannt sei. Am nächsten Tag meldeten die Zeitungen dann, daß RICKMER am 13. September Dover passiert habe.

Von Gravesend erhielt Lloyd's einen ziemlich präzisen Bericht über die Schäden in der Takelage von ALICE A. LEIGH. Sie hatte im Vor- und Großtopp die Bramstengen verloren; im Vortopp waren die Mars- und Bramrahen sowie die Royalrah als Verlust zu betrachten, im Großtopp die Oberbram- und die Royalrah. Am 15. September wurde die ALICE A. LEIGH von Gravesend nach London ins West-India-Dock geschleppt, das sie nach Erledigung der Reparaturarbeiten am 25. September wieder verließ, um die Reise nach New York fortzusetzen. Am 26. September passierte die Viermastbark Isle of Wight westwärts, 16 Tage nachdem sie dort in havariertem Zustand ostwärts vorbeigeschleppt worden war.

RICKMER RICKMERS traf am 17. September im Tau des rickmerseigenen Fischdampfers WANGEROOGE auf der Weser ein und wurde vor Bremerhaven zu Anker gebracht. Am nächsten Tag stand in der Lokalzeitung, daß RICKMER RICKMERS auf der Reede eingetroffen sei und in Kürze in den Geestemünder Hafen geholt würde. Die Notiz endete mit der Bemerkung, daß über die Kollisionsschäden des Schiffes noch nichts bekannt sei. Das klang etwas merkwürdig; denn inzwischen hatte es ja Kontakte der Schiffsleitung mit dem Lotsen und dem schleppenden Fischdampfer gegeben.

Drei Tage später wurde die Besatzung vor dem Seemannsamt abgemustert, und in der »Regionalzeitung« stand, daß einige Seeleute der RICKMER RICKMERS in Polizeigewahrsam genommen worden seien, wegen Meuterei, sie hätten sich während der Reise gegen die Schiffsleitung vergangen. Und damit war die zweite Reise der RICKMER RICKMERS beendet, jedenfalls journalistisch. Auch in den Archiven waren keine weiteren Informationen zu finden, weder über die Kollisionsschäden noch über die angebliche Meuterei.

Die britische Viermastbark ALICE A. LEIGH *wurde von* RICKMER RICKMERS *gerammt.*

(Sammlung H. Burmester)

Die dritte Reise 1898/99

Kapitän Ahlers führte die RICKMER RICKMERS auch auf ihrer dritten Reise; anscheinend hatte man ihm keine Vorwürfe wegen der Kollision im Kanal gemacht. Das Schiff hatte dieses Mal sieben Wochen in Bremerhaven und/oder Geestemünde gelegen. Die Musterrolle für die dritte Reise wurde am 27. Oktober 1898 beim Seemannsamt in Bremerhaven aufgelegt. Von der vorigen Reise ging dieses Mal nur der Donkeymann wieder mit, der sich mit seinem Kessel und den Dampfmaschinen gut eingearbeitet hatte. Auffallend sind die höheren Heuern, die auf der dritten Reise für fast alle Dienstgrade gezahlt wurden. Die Heuerliste sah folgendermaßen aus:

I. Steuermann	115,- Mark
II. Steuermann	75,- Mark
Koch	85,- Mark
Donkeymann	75,- Mark
Zimmermann	85,- Mark
Segelmacher	65,- Mark
11 Matrosen	à 55,- Mark
3 Leichtmatrosen	35,- bis 20,- Mark
4 Jungen	12,- bis 5,- Mark

1898 ging es mit der Konjunktur in der internationalen Schiffahrt wieder aufwärts, als Folge des spanisch-amerikanischen Krieges, bei dem es hauptsächlich um Kuba ging. Auch die Segelschiffe profitierten von den steigenden Frachten, und das schlug bis zu den Heuern durch.

Die Besatzung war altersmäßig ähnlich zusammengesetzt wie vorher auch; aber im Vergleich zu der vorhergehenden Reise stellte dieses Mal wieder die Küstenbevölkerung den größeren Anteil. In Bremerhaven wurden nur zwei Ausländer angemustert, und zwar ein 54jähriger Koch aus Norwegen und ein 23jähriger Schiffsjunge namens Emil Mattisen, der aus Dorpat kam, also aus dem russischen Zarenreich. Er musterte jedoch in Singapore mit dem Einverständnis des Kapitäns ab; vielleicht war er »auf dem falschen Dampfer«, wie eine seemännische Redensart lautet.

Am 4. November ging unser RICKMER ins Dock der Tecklenborg-Werft für einen neuen Bodenanstrich, und am 8. November ging das Schiff auf die Vorreise nach Barry am Bristol-Kanal, wo es wieder Kohlen laden sollte. Der Dampfer MANILA nahm RICKMER RICKMERS in Schlepp, doch beim Auslaufen aus dem Hafen bekam der Dampfer die Ankerkette eines Ewers in die Schraube, wodurch sich das Auslaufen bis zum Abend verzögerte. Dann aber ging es schnell, und schon am 12. November traf unser Vollschiff in Barry ein. Wahrscheinlich ist das Schiff den größten Teil des Weges von dem Dampfer MANILA geschleppt worden.

Am 16. November schrieb Kapitän Ahlers an seine Kinder:

»...schnell nach Barry gekommen; WILLY (RICKMERS) treibt noch irgendwo in der Nordsee herum... Wurde nochmals vernommen über die Collision von letzter Reise. Ich bin noch nicht beim Laden, gestern begannen meine Liegetage (laut Chartervertrag), 11 Liegetage habe ich...«

In Barry traf man die Viermastbark PAUL RICKMERS, die nahezu beladen war und am 19. November in See ging.

Während der Liegezeit desertierten von RICKMER sechs Mann, was erstaunlich war, denn auf den beiden vorhergehenden Reisen hatte Kapitän Ahlers keine Leute durch Desertion verloren; übrigens ein hartes Wort, die Seeleute nennen es »Aussteigen«, aber wenn es ohne Erlaubnis der Schiffsleitung geschah, war es ein Vergehen, das auf Antrag des Kapitäns bestraft wurde. Gründe für die Massenflucht von der RICKMER RICKMERS sind heute nicht mehr festzustellen; unter den Deserteuren waren auch zwei Leichtmatrosen und ein 15jähriger Schiffsjunge; vielleicht hatte man ihnen auf anderen Schiffen mehr Heuer geboten. Es gab keinen Strafantrag, die Leute erhielten ihre Seefahrtsbücher später vom Seemannsamt Bremerhaven zurück.

Am 28. November wurden vor dem Konsulat in Cardiff sechs neue Leute angemustert, 3 skandinavische Matrosen für je 55,- Mark monatlich, 2 Leichtmatrosen für 42,- und 30,- Mark und 1 Junge für 15,- Mark. Am 14. Dezember lag RICKMER RICKMERS immer noch in Barry und konnte wegen stürmischer Westwinde nicht auslaufen. Am 16. Dezember verließ das Schiff den Dockhafen mit einer Ladung Kohle für Singapore.

Das Wetter-Journal oder Meteorologische Tagebuch wurde erst vom 21. Dezember an geführt, als sich das Schiff mittags schon auf 45° N befand. Das Wetter blieb zunächst noch stürmisch und ungemütlich. Am 24. Dezember wehte es vormittags aus SSO mit Stärke 7/8 und heftigen Böen, erst nachmittags wurde der Wind flauer und drehte auf SSW.

An diesem Nachmittag sichtete man einen Fünfmaster und vermutete – zu Recht –, daß man die Hamburger POTOSI als Mitläufer habe. Die POTOSI hatte am 21. Dezember den Englischen Kanal verlassen und zog nun rauschend an RICKMER RICKMERS vorbei. Kapitän Ahlers konnte sich keine Hoffnungen machen, mit dem Fünfmaster Schritt zu halten, zumal der nur leicht beladen war. Fünf Tage später hatte POTOSI einen Vorsprung von 80 sm, der sich dann bis zum Äquator auf 320 sm oder 4 Tage vergrößerte. RICKMER RICKMERS ging am 10. Januar 1899 über die Linie, bei schönem Wetter mit SO-Wind Stärke 2/3, und signalisierte an dem Tag mit der Hamburger Bark BERTHA, die sich auf der Heimreise von Chile befand.

Außer der POTOSI war auch die Laeiszsche Bark PLUS auf der Ausreise, und mit dieser konnte sich Kapitän Ahlers ganz gut messen. Die PLUS, nach Fernost bestimmt, verließ den Englischen Kanal zwei Tage, nachdem RICKMER aus dem Bristol-Kanal gekommen war, und dieser Abstand von 2 Tagen blieb unverändert, solange beide Schiffe einen gemeinsamen Weg hatten. PLUS kreuzte die Linie am 12. Januar, 2 Tage nach RICKMER, und dann den Nullmeridian am 3. Februar in 41° S, den RICKMER schon am 1. Februar in 45° S geschnitten hatte. Den Längengrad 80° O erreichte RICKMER am 18. und PLUS am 19. Februar. Dort trennten sich die Wege beider Schiffe, PLUS passierte am 13. März die Ombay-Straße, während RICKMER zu der Zeit westlich von Sumatra stand.

Kapitän Ahlers, der im September jenes Jahres 65 Jahre alt wurde, wußte, daß er seine letzte Reise machte, bevor er in den Ruhestand trat. Sein seemännischer Ehrgeiz war immer noch ungebrochen, zu gern hätte er noch eine Rekordreise gemacht und scheute sich deshalb nicht, im Indischen Ozean einen ungewöhnlich südlichen Kurs zu steuern, bis zum 51. Breitengrad ging er hinunter. Aber als größte Distanz für eine vierstündige

Wache konnte er auf dieser Reise nicht mehr als 47 sm aus dem RICKMER herausholen. Am 18. Februar schnitt das Schiff den 80. Grad östlicher Länge in der Breite 38° S; am 10. März erreichte es die Linie im Indischen Ozean. Im Hinblick auf die Jahreszeit, in der nördlich des Äquators noch der NO-Monsun wehte, war Kapitän Ahlers entschlossen, Singapore von Norden durch die Malacca-Straße anzusteuern. Das »Segelhandbuch für den Indischen Ozean«, 1892 von der Deutschen Seewarte herausgegeben, empfahl allen Seglern, die den 80. Längengrad zwischen Oktober und Februar kreuzten, diesen Weg durch die Malacca-Straße; in den übrigen Monaten war es üblich, Singapore durch die Sundastraße anzusteuern.

Auf dem von Kapitän Ahlers benutzten Weg begannen die Schwierigkeiten bei der Umsegelung von Atjeh, dem NW-Ende von Sumatra, wo normalerweise starke Strömungen laufen, deren Richtung aber nicht vorhersehbar ist. Am 15. März passierte RICKMER, nach 89tägiger Reise, die kleine Insel Pulo Brass, und stand damit vor der Einfahrt in die Malacca-Straße, die anfangs zwar breit, aber voller Untiefen ist. Mit einem beständigen Wind konnte Kapitän Ahlers in der Malacca-Straße nicht rechnen; es gab nur leichte umlaufende Winde mit vielen Flauten und unzähligen Gewittern, nachts war der Himmel oft rundherum durch Wetterleuchten erhellt. 20- bis 25mal mußte man den Anker fallen lassen, wegen Windstille und Gegenstrom. Eine anschauliche Schilderung der Durchsteuerung der Straße hat uns der bereits erwähnte Ozeanograph Gerhard Schott geliefert, der im April 1892 die Malacca-Straße auf dem Viermaster PETER RICKMERS durchsegelte. Das Schiff hatte damals für die nur 450 sm lange Strecke von Atjeh bis Singapore 11 Tage gebraucht und die gleichen Verhältnisse angetroffen wie RICKMER RICKMERS.

Auch PETER RICKMERS mußte immer wieder ankern, um vom Strom nicht zurückgetrieben zu werden, und der Ozeanograph schreibt, bei der schwülen Hitze sei das Ankern ein hartes Geschäft für die Seeleute gewesen, wobei er wohl vor allem an das Ankerhieven gedacht hat. Weiter heißt es in seinem Bericht:

»... *Dazu gesellen sich sozusagen alltägliche Gewittererscheinungen. Immer wieder wird das*

Dunkel der Nacht von Blitzen zerrissen, welche die Konturen des nahen Landes für eine Sekunde freigeben. Schwere Wind- und Regenböen rauschen nieder; ihre Gewalt ist kaum abzuschätzen, so daß ein großer Segler zeitig und oft zwecklos Segel bergen muß.«

Auf RICKMER ließ man am 27. März den Anker auf der Reede von Singapore fallen, genau 100 Tage nach dem Verlassen des Bristol-Kanals. Kapitän Ahlers war mit dem Ergebnis zufrieden. Die Seewarte hatte für diese Jahreszeit und diesen Weg nach Singapore eine mittlere Reisedauer von 122 Tagen errechnet. PAUL RICKMERS, die große Viermastbark, war vier Wochen vor RICKMER RICKMERS von Barry abgegangen und am 19. März vor Singapore angekommen, wie Kapitän Ahlers mit Genugtuung feststellte.

Am 30. März schrieb er den üblichen Brief nach Hause; er lautete:

»Liebe Kinder! – Dieses Mal habe ich auch mit der Reise, so wie voriges Mal, überrascht; ich war gerade mit 100 Tagen in Sicht von Singapore, bin am 27ten auf hiesiger Reede geankert. Hatte während der Reise meistens gutes Wetter, in der letzten Zeit zu viel Stille. ... Habe noch erfahren, PAUL (RICKMERS) hat heute seine Order erhalten nach Rangoon zu segeln und dort zu laden, er hat 117 Tage Reise nach hier gehabt, wird wohl erst in 10 Tagen von hier segeln und muß noch Ballast haben, was hier sehr langsam geht. Wenn ich meine Kohlen gelöscht habe, pumpe ich meine 1 000 Tons Wassertanks in 7–8 Stunden voll und bin segelfertig. ...«

Singapore mit seinem Freihafen hatte sich unter britischer Herrschaft in weniger als 75 Jahren gewaltig entwickelt, wobei die Zinnminen in der Umgebung eine wichtige Rolle spielten; am Ende des 19. Jahrhunderts rangierte Singapore bereits an vierter Stelle der indischen Weltstädte. Trotz der Hitze herrschte überall die im Fernen Osten übliche Betriebsamkeit. Aber auch der technische Fortschritt der Europäer war hier und da bereits in das asiatische Arbeitsleben eingedrungen; der chinesische Schiffshändler, zum Beispiel, kam nicht mehr im Sampan an Bord, sondern besaß eine »steam-launch«, also eine Dampfpinasse, mit der er seine Geschäftsbesuche machte und seine Waren lieferte.

Die Segelschiffskapitäne, deren Schiffe auf der Reede lagen, mieteten sich für die Fahrten zwischen Schiff und Land meistens einen Sampan für den ganzen Tag und zahlten dafür umgerechnet etwa 1,50 Mark an den Bootmann, der das leichte Boot, den Umständen entsprechend, ruderte oder segelte; letzteres tat er lieber. An Land verbrachten die deutschen Kapitäne die heißen Nachmittagsstunden meistens im Adelphi-Hotel, wo sie sich über die Frachten und die Kosten unterhielten, den »Ärger mit den Leuten« und die Reisedauer der anderen Segelschiffe. Die in Singapore lebenden Europäer hielten im gesellschaftlichen Leben auf Distanz, nicht nur den Einheimischen gegenüber. Eugenie Rosenberger, die in den 90er Jahren mehrmals in Singapore war, bedauert in ihrem Buch die »Exclusivität« der Geselligkeit; man müsse sich entweder für den deutschen oder den englischen Kreis entscheiden, in beiden könne man nicht verkehren.

RICKMER RICKMERS verließ Singapore am 19. April mit der Bestimmung nach Rangoon; die Viermastbark PAUL RICKMERS hatte die gleiche Fahrt 8 Tage früher angetreten. Kapitän Ahlers hatte wenig Glück auf dieser schwierigen Strecke und brauchte 30 Tage bis Rangoon. Als er am 19. Mai dort eintraf, war sein Rivale Kapitän Walsen mit der PAUL RICKMERS einen Tag vorher auf die Heimreise gegangen.

Rangoon war damals schon eine Großstadt mit rund 200 000 Einwohnern und zählte mit ihren vielen Pagoden zu den schönsten Großstädten in Fernost. Die Schiffe ankerten reihenweise auf dem Irrawaddy-Strom und luden aus Leichtern. Am rechten Flußufer lag eine lange Reihe von Reismühlen mit den typischen Schornsteinen und den langen, halboffenen Schuppen. Einen herrlichen Anblick bot die große vergoldete Pagode, besonders wenn ihre goldene Spitze im letzten Abendsonnenschein aufleuchtete.

Auf RICKMER RICKMERS kam außer den Kulis, die den Reis brachten und stauten, noch viel anderes Volk an Bord, Händler, Handwerker und dergleichen, die alle ihre Empfehlungen von anderen Schiffen vorzeigten und dadurch manche Heiterkeit erregten. Auf den im Strom ankernden Schiffen mußten zwei Beamte einquartiert werden; einer von ihnen wurde »Preventing Officer« genannt, weil er bei Tag und Nacht jede Art von Schmuggel verhindern sollte.

Die Beladung des Schiffes ging schnell vonstatten, denn schon ab Mitte Mai mußte man mit dem Einsetzen des Monsunregens rechnen. Am 27. Mai trat RICKMER RICKMERS die Schleppfahrt flußabwärts an, zwei Tage später erreichte das Schiff die offene See bei China Bakir. Am 29. Mai schrieb Kapitän Ahlers noch an seine Kinder:

» . . . liege hier zu Anker und es regnet stark. Gestern kam ein Herr und wollte Greif kaufen (den Hund des Kapitäns); ich verlangte 15 £, erhielt aber nur 7¹/₂ £, er ist zu alt. . . . Der Schlepper spannt wieder vor, ich bin dann auch gleich in See. PAUL RICKMERS ist vor 10 Tagen von hier gesegelt, hoffentlich hole ich denselben noch wieder ein; er wird noch nicht weit sein, weil es noch immer Stillte war. . . . Der Boden vom Schiffe ist gut rein und dann will der RICKMER RICKMERS wohl vorwärts, wenn der Wind da ist.«

Kapitän Ahlers war ein hartnäckiger Optimist und ist damit gut gefahren, auch wenn seine Hoffnungen nicht immer in Erfüllung gingen. Der SW-Monsun, mit dem RICKMER RICKMERS es anfangs zu tun hatte, war nicht nach Wunsch; er war erst zu südlich und dann zu flau; das Schiff war zu weit nach Osten gedrängt worden und erreichte den Äquator erst nach 30 Tagen von Rangoon. Für Kapitän Ahlers war es eine große Enttäuschung, daß der erste Reiseabschnitt sein Schiff so lange aufgehalten hatte. Die Distanz Rangoon-Linie betrug nur 1 000 sm; im Februar, wenn der NO-Monsun wehte, brauchten die Segler nur 8 Tage für die Strecke, im Mai/Juni betrug der Mittelwert 17 Tage, aber RICKMER hatte noch 13 Tage länger gebraucht.

Einen Monat später, am 31. Juli, rundete RICKMER RICKMERS die Südspitze Afrikas mit günstigem Wind, was in dieser winterlichen Jahreszeit nicht selbstverständlich war. Am 20. August sahen die Männer unseres Vollschiffes die Insel St. Helena, aber nur in weiter Ferne, so daß es nicht zu einem Handel mit den Bootmännern kam, die fast immer vor der Insel kreuzten, um Obst und Gemüse und daneben auch Napoleon-Souvenirs anboten. Kapi-

tän Ahlers hielt sich so weit fern von der Insel, daß nicht einmal ein Kontakt mit der Signalstelle zustande kam, sonst hätte er erfahren können, daß sein Rivale PAUL RICKMERS die Insel schon vor 13 Tagen passiert hatte, also seinen Vorsprung noch um 3 Tage vergrößert hatte. Aber das zu wissen, hätte Kapitän Ahlers wohl auch nicht genützt, denn im weiteren Verlauf der Reise zeigte es sich, daß Aeolus, der Gott der Winde, dieses Mal nicht bereit war, Kapitän Ahlers zu begünstigen.

Von St. Helena führte der Segelschiffsweg in der Regel an der einsamen Vulkaninsel Ascension vorbei, die RICKMER RICKMERS am 26. August in Sicht bekam. Sie liegt auf 8° S und 14° W im Gebiet des SO-Passats. Ascension ist schon 1501 von einem portugiesischen Seefahrer entdeckt worden, angeblich am Himmelfahrtstag, was den Anlaß für ihren Namen gegeben haben soll. Die 88 km² große Insel wird von bizarren Felsmassen geformt und einem hohen Gipfel gekrönt. Die Segelschiffsleute, die sie heimkehrend oft sichteten, wurden beeindruckt durch den Anblick der kahlen Felsmassen und berichteten damals, daß von See aus nur eine einzige, windgebeugte Palme sichtbar sei, die den Eindruck der Einsamkeit noch verstärkte. Der Seegang und die Dünung lassen an der felsigen Küste eine gewaltige Brandung entstehen, die das Wasser haushoch – nach anderer Lesart turmhoch – emporschleudert. Die einzige Ortschaft der Insel, Georgetown, entdeckten die Segelschiffsleute erst an der NW-Seite der Insel, wo sie verhältnismäßig geschützt liegt.

Ascension hatte 1899 schon eine Lloyd's Signalstelle und war an das britische Telegraphenkabelnetz angeschlossen. Schiffe, die sich der Insel weit genug näherten und die vier Flaggen ihres Unterscheidungssignals zeigten, wurden nach London gemeldet, wie zum Beispiel RICKMER RICKMERS im Jahre 1903. Aber noch sind wir auf der Heimreise 1899:

PAUL RICKMERS erreichte den Englischen Kanal am 28. September; am selben Tag stand RICKMER RICKMERS in der Nähe der Azoren und mußte sich vier Wochen lang mit östlichen Winden plagen, so daß Kapitän Ahlers den Kanal erst 26 Tage später erreichte als sein Kollege Walsen, gegen den er insgesamt 16 Tage verloren hatte. Als er am 31. Oktober Bremerhaven/Geestemünde nach 155tägiger

RICKMER RICKMERS *und andere Segler ankern auf Astoria-Reede, um auf besseres Wetter zum Passieren der Barre vor dem Columbia River zu warten.*

Reise erreichte, mußte er sich eingestehen, daß diese Reisedauer 14 Tage über dem Durchschnittswert für diese Jahreszeit lag. Es war seine letzte Reise als Kapitän, und er hätte zum Abschluß so gern ein hervorragendes Resultat gehabt. Die Abmusterung der Besatzung fand nach dieser Reise in Geestemünde statt; das dortige Seemannsamt schloß die Musterrolle ab, nachdem der Erste Steuermann am 6. November als letzter abgemustert hatte.

Vom Leben der Segelschiffsleute

Die Seeleute an Bord

Der Seemannsberuf war immer – und ist auch heute noch – eine Sache für junge Männer; das Durchschnittsalter einer Schiffsbesatzung ist in der Regel geringer als das in den meisten Betrieben an Land. Dafür gibt es verschiedene Gründe. Hier soll nur daran erinnert werden, daß zur Zeit der großen Segelschiffe und der kohlebefeuerten Dampfer die Fortbewegung des Schiffes erhebliche körperliche Leistungen von einem großen Teil der Mannschaft verlangte; das schafften nur Menschen, die die Lebensmitte noch nicht überschritten hatten.

Die jugendliche Kraft, die in einer Segelschiffsmannschaft steckte, führte gelegentlich zu Ausschreitungen, sowohl an Bord wie an Land. Es war die Pflicht des Kapitäns, mit Hilfe seiner Steuerleute für die nötige Disziplin an Bord zu sorgen, wobei er an die Disziplinar- und Strafvorschriften der Seemannsordnung gebunden war. Als Kapitän Ahlers die RICKMER RICKMERS führte, galt noch die alte Seemannsordnung von 1872, das erste reichseinheitliche Seemannsgesetz für alle Kauffahrteischiffe unter der deutschen Flagge. Es enthielt mehr als einhundert Paragraphen und regelte auch die arbeitsrechtlichen Verhältnisse an Bord sowie die Fürsorgepflichten für erkrankte und verletzte Seeleute.

In früherer Zeit war der Seemannsberuf mit ungewöhnlich großen Gefahren für Leib und Leben verbunden, und fern der Heimat war wenig Hilfe zu erwarten. Deshalb gab es schon zur Zeit der Hanse Organisationen auf christlicher oder genossenschaftlicher Basis, um dem Seemann oder seinen Hinterbliebenen zu helfen. Es entstanden die Schiffergilden oder Schifferbrüderschaften, Witwenkassen und Sklavenkassen. Die 1854 gegründete Bremer Seemannscasse, der 1857 die Hamburger Seemannscasse folgte, waren schon neuzeitliche Einrichtungen; sie basierten auf der Versicherungs- und Beitragspflicht aller angemusterten Seeleute und können als Vorläufer der gesetzlichen Sozialversicherung angesehen werden.

Die Seemannsordnung mit ihren Bestimmungen über die Krankenfürsorge griff in das System der regionalen Seemannscassen ein und entzog ihnen teilweise den Boden. Erwünscht waren einheitliche Regelungen für alle Arten der Seemannsfürsorge, doch ließ sich die Sache wegen der gewachsenen Institutionen nicht übers Knie brechen. Erst als die allgemeine Sozialversicherung geschaffen war und 1887 die See-Berufsgenossenschaft gegründet wurde, kam man Schritt für Schritt zu einer umfassenden sozialen Fürsorge zugunsten aller Seeleute und ihrer Hinterbliebenen, die noch heute unter dem Dach der See-Berufsgenossenschaft zusammengefaßt ist.

Die Seemannsordnung aus dem Jahre 1872 war zu ihrer Zeit keineswegs schlecht, man darf sie nur nicht mit den heutigen sozialen Maßstäben messen. Wenn es zum Beispiel hieß, daß auf einem Schiff im Hafen »der Schiffsmann nur in dringenden Fällen schuldig ist, länger als 10 Stunden täglich zu arbeiten«, so ist das kein Grund zur Empörung. Damals arbeiteten alle Werktätigen minde-

Vom Seemannsamt geführte Strafliste über Verstöße gegen die Seemannsordnung.

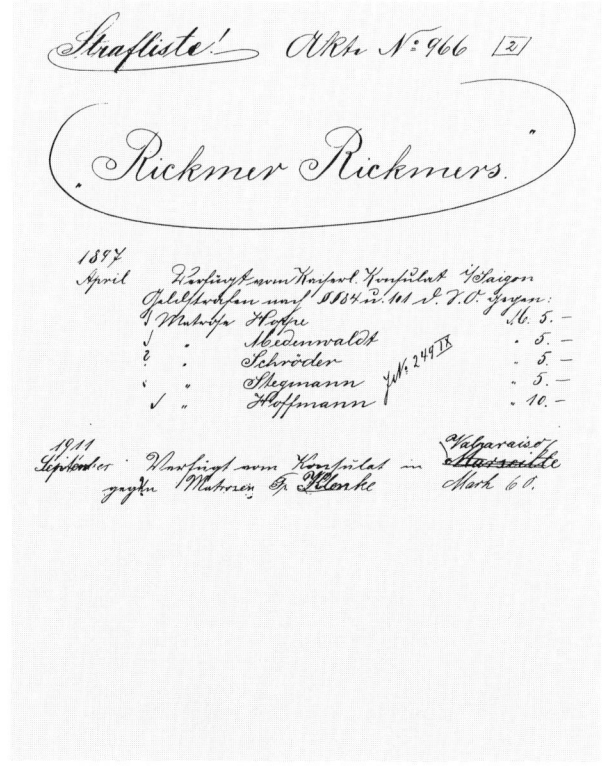

stens 10 Stunden; der Achtstundentag wurde erst 1919 allgemein eingeführt. Doch für die Mannschaften deutscher Schiffe in tropischen Häfen hatte die neue Seemannsordnung die Arbeitszeit schon 1902 auf 8 Stunden reduziert. Mißlich für den Schiffsmann waren die sogenannten »Verabredungen«, die oft vom Reeder in die Musterrolle eingefügt wurden. Durch die Unterschrift des Schiffsmannes in der Musterrolle wurden sie rechtsgültig und konnten einzelne Vorschriften der Seemannsordnung abändern, was in der Regel einen Nachteil für die Mannschaft bedeutete. Die Musterrolle der RICKMER RICKMERS für die Reise 1898/99 enthielt das Nachstehende:

Besondere Verabredungen:
 1. *Die Monatsheuer beginnt zu laufen mit dem Tage des Dienstantritts und endet nach Beendigung der Reise mit der Entlassung von Bord.*
 2. *Sollte die Zahl der Mannschaft sich während der Reise verringern, so haben die an Bord verbleibenden Schiffsleute keinen Anspruch auf die dadurch ersparten Heuerbeträge.*
 3. *Nach Rückkehr des Schiffes nach der Weser hat der Capitain das Recht, zu bestimmen, ob die Mannschaft in Bremerhaven oder Geestemünde abgemustert werden soll.*
 4. *Falls die Reise auf der Elbe beendet werden sollte, hat die Mannschaft keinen Anspruch auf Reise- oder Rückbeförderungskosten.*
 5. *Der 1. Steuermann ist für den richtigen Empfang und die richtige Ablieferung der Ladung verantwortlich.*
 6. *Die Mannschaft ist verpflichtet, in Häfen, Docks und auf Rheden Nachts Wache zu gehen, ohne Entschädigung beanspruchen zu können.*
 7. *Freiwachen auf See bestimmt der Capitain.*
 8. *Der § 41 der Seemannsordnung findet nur auf diejenigen Schiffsleute Anwendung, welche mit weniger als Matrosenheuer fahren.*
 9. *Für Arbeiten beim Laden und Löschen im Hafen außer der zehnstündigen Arbeitszeit, sowie an Sonn- und Festtagen, zu welchen die Mannschaft bereit sein muß, werden 30 Pfg. pro Mann und Stunde vergütet.*

10. *Bier wird an die Mannschaft nicht verabreicht, dagegen erhält jeder Schiffsmann von Anfang der Reise an die größere Ration Caffee.*
11. *Der Donkeymann verpflichtet sich zur Übernahme von außerhalb seiner Fächer fallenden Schiffsarbeiten, soweit er dazu im Stande ist.*
Diesen Heuervertrag haben Schiffer und die Schiffsleute unterzeichnet, wie folgt:

Der Schiffer: H. Ahlers   aus: Brake...

Dazu noch einige Bemerkungen: Der Punkt 2 der Verabredungen setzte den § 40 der Seemannsordnung teilweise außer Kraft, der die Verteilung der vom Reeder ersparten Heuer vorschrieb, falls sich die Mannschaft während der Reise verringerte. Nach der Seemannsordnung ging der Anspruch auf Verteilung nur in den Fällen verloren, in denen Schiffsleute mitsamt ihrer ganzen Habe desertiert waren, so daß wahrscheinlich Kameraden von der Flucht gewußt hatten.

Punkt 7 der Verabredung zielte auf das bei den Mannschaften höchst unbeliebte System »10 und 3«, das ich erklären muß. Die Mannschaft war in zwei Wachen eingeteilt, die sich normalerweise alle vier Stunden ablösten, so daß sich im Verlauf von 24 Stunden für jede Wache 12 Stunden Wachdienst und 12 Stunden wachfreie Zeit ergaben. Auf vielen deutschen Segelschiffen war es jedoch üblich, auf manchen noch bis zum Ersten Weltkrieg hin, den Leuten von der wachfreien Zeit täglich 1½ bis 2 Stunden für zusätzlichen Arbeitsdienst abzuzwacken, indem man die morgens um 8 Uhr abgelöste Wache nach dem Frühstück wieder an Deck holte, um sie bis 10 Uhr arbeiten zu lassen. Der anderen Wache widerfuhr praktisch das gleiche, indem sie nach dem Mittagessen wieder raus mußte, um bis 3 Uhr nachmittags zu arbeiten. Begründet wurde diese unfreundliche Maßnahme mit der schiefen Rechnung, daß 12 Stunden Wachdienst den Seemann weniger beanspruchten als 10 Stunden Arbeitsdienst, weil während der Nachtwachen zwischen 6 Uhr abends und 6 Uhr morgens außer Segelmanövern keine Arbeit von den Leuten verlangt wurde; es mußte nur einer am Ruder stehen und einer auf der Back »Ausguck gehen«, die anderen konnten es sich bei schönem Wetter »gemütlich machen«. Wie es die Kapitäne der RICKMER RICKMERS mit dem System »10 und 3« gehalten haben, ist heute leider nicht mehr festzustellen.

Punkt 8 der Verabredungen verstümmelte den § 41 der Seemannsordnung, der allen Schiffsleuten eine Heuererhöhung zuerkannte, sobald die Dauer der Reise zwei Jahre überschritt, gerechnet von der Abfahrt vom Musterungshafen. Die Erhöhung sollte $1/5$ der Heuer betragen.

Wie schon gesagt, waren die Seeleute nicht erfreut über »Verabredungen« in der Musterrolle, die der Seemannsordnung und ihren eigenen Interessen zuwiderliefen. Die neue Seemannsordnung aus dem Jahre 1902 kam den Seeleuten entgegen und enthielt einen einleitenden Satz, daß die Vorschriften der Seemannsordnung der Abänderung durch Vertrag entzogen wären, soweit nicht eine anderweitige Vereinbarung zugelassen sei. Damit waren den Reedern betreffs ihrer »Verabredungen« gewisse Zügel angelegt.

Über die Verpflegung an Bord sagte die Seemannsordnung nur, daß beim Fehlen besonderer Vereinbarungen die Speiserolle dem örtlichen Recht des Heimathafens oder des Registerhafens entsprechen müsse, wobei die Landesregierungen jedoch im Verordnungswege nähere Bestimmungen erlassen konnten. Die Musterrolle der RICK-

MER RICKMERS enthielt 1898 unten wiedergegebene Speiserolle.

Im Jahre 1899 erhielt die Speiserolle in der Spalte »Allgemeines« folgenden Zusatz:

»Drei Wochen nach der Ausreise sind für den Mann täglich 20 g Zitronensaft zu verabreichen, zweckmäßig in Mischung mit 20 g Zucker, etwas Rum und ungefähr $4/10$ Liter Wasser.«

Der Zitronensaft sollte die gefährliche Skorbut-Krankheit verhüten, von der man heute weiß, daß sie in erster Linie auf einen Mangel an Vitamin C zurückzuführen ist. In der britischen Kriegsmarine erhielten die Seeleute auf längeren Reisen schon seit 1795 den viel zitierten »Lime Juice«, was dazu geführt hatte, daß britische Schiffe und Seeleute lange Zeit hindurch von Nicht-Briten »Limejuicers« oder abgekürzt »Limeys« genannt wurden.

Die Unterschiede in den Speiserollen der deutschen Küstenländer waren zur Zeit der RICKMER RICKMERS nur noch gering; man befand sich auf dem Wege zu einer gesamtdeutschen Regelung. Die hier abgedruckte Speiserolle zeigt, daß die vorgeschriebenen Mengen, vom Trinkwasser abgesehen, allemal ausreichend waren. Ärger gab es kaum wegen der Quantität, doch manchmal wegen der Qualität des Proviants oder auch wegen der Unfähigkeit des Kochs, aus dem vorhandenen

An Beköstigung erhält der Schiffsmann:

Wöchentliche Ration	Tägliche Ration				Wöchentliche Ration			Wöchentliche Ration	Wöchentliche Ration	Tägliche Ration	Allgemeines
Brod	Rindfleisch	oder	Schweinefleisch	oder Speck oder Fisch	Butter oder Schmalz oder Baumöl			Kaffee	Thee	Wasser	
1	2	3	4	5	6	7	8	9	10	11	12
(Siehe Spalte 12)	500 g	375 g	250 g	375 g jedoch nur an 2 Tagen der Woche	500 g	500 g	0,5 L.	150 g bzw. 225 g (siehe Spalte 12)	30	4,5 L. (eine über 10 Köpfe starke Mannschaft erhält noch eine Extra-Ration)	Außerdem erhält jeder Mann wöchentlich 250 g Gemüse (Kartoffeln, Sauerkraut oder sonstige Gemüse). 150 g getrocknete Früchte, an hartem Weizenbrod, Roggenbrod und Mehl zusammen 4250 g. 250 g Zucker oder Syrup und 0,25 L Essig. – Ferner ist (von dem Heimathsafen ausgehend) für die Mannschaft Bier mitzunehmen bis zu 50 L. für den Mann; wird kein Bier mehr gegeben, so erhält Jeder 225 g Kaffee für die Woche statt 150 g. – Getrocknete Erbsen, Bohnen, Grütze oder Graupen zur Sättigung. – Im Hafen wöchentlich mindestens zweimal frischer Proviant, der nicht allein aus frischem Fleisch und frischen Fischen, sondern, wenn thunlich, auch aus frischer pflanzlicher Kost und frischem Brod zu bestehen hat.
	oder 375 g in Dosen präservirtes Fleisch, dasselbe ist nach sechswöchentlichem alleinigen Genuß von Salzfleisch an Stelle des gesalzenen Rindfleisches wöchentlich zweimal zu geben. Ist die Mannschaft über 10 Köpfe stark, so erhält sie zusammen noch eine Extra-Ration an Fleisch oder Fisch.				Siehe auch die Anmerkung						

Anmerkung: Butter ist mindestens auf 6 Monate mitzunehmen; als Ersatz für Butter können auch, wenn Schmalz und Baumöl fehlt, für den Mann 250 g Fleisch oder 125 g Speck für den Tag mehr gegeben werden. – Es ist Pflicht des Schiffers, für guten Proviant und möglichst reines Trinkwasser, sowie für einen hinlänglichen Vorrath an beiden nach Verhältniß der Reise zu sorgen.

Proviant ein schmackhaftes Essen zu machen oder gutes Brot zu backen. Aus heutiger Sicht war die Segelschiffskost unbefriedigend, weil es keinen Kühlraum an Bord gab, so daß monatelang nur Dauerproviant zur Verfügung stand. Dosenfleisch und Dosengemüse galten schon als Leckerbissen, sie kamen höchstens Sonntag und Donnerstag auf den Tisch, den die Matrosen »Back« nannten.

Die meisten Segelschiffskapitäne in der Fahrt nach oder von Fernost benutzten die Gelegenheit, etwas Frischproviant von den Inseln zu beziehen, die an ihrem Wege lagen. Meistens kamen die Insulaner den Segelschiffen mit ihren Kanus voller Obst und Gemüse entgegen. Auf der Ausreise waren es Inseln des Malaiischen Archipels, die nahebei passiert wurden, wenn die Segler eine der üblichen Durchfahrten benutzten.

Für heimkehrende Segler führte der Weg normalerweise an St. Helena vorbei, wo die Händler mit ihren Bumbooten fast immer draußen waren, solange noch genügend Segler den Weg um das Kap der Guten Hoffnung nahmen, was etwa bis zur Jahrhundertwende der Fall war. Die Händler verkauften meistens Obst und Gemüse, das per Dampfer von Kapstadt kam und daher nicht ganz billig war. Außerdem boten die Händler Souvenirs an, die angeblich irgendeine Beziehung zu Napoleon hatten. Ein zuverlässiger Bericht erwähnt einen Händler, der dem Kapitän mit tieftrauriger Miene zurief, daß sein Gemüse auf dem Grabe Napoleons gewachsen sei.

Schlecht war es auf langen Segelschiffsreisen um die Krankenbehandlung bestellt, da Frachtschiffe keinen Schiffsarzt mitnehmen und die medizinischen Kenntnisse des Kapitäns und der Steuerleute oft nicht ausreichten, wenn es sich um ernste Krankheiten oder schwere Unfallverletzungen handelte.

Professor Bernhard Nocht, der lange Zeit Hafenarzt in Hamburg war, schrieb um 1900 eine längere Abhandlung über die Krankenversorgung auf Seeschiffen, die nach seinen persönlichen Erfahrungen unzureichend war. Kennzeichnend für seine Meinung war die Äußerung, daß ihm ziemlich häufig Kranke von Schiffen gebracht würden,

»bei denen das Grundleiden nur noch eine untergeordnete Rolle spielt, die aber durch unzweckmäßige, oft gänzlich mangelnde Pflege und Be- *handlung aufs äußerste heruntergebracht und bei unzureichender und unzweckmäßiger Ernährung oft halb verhungert sind. Diese Kranken erholen sich in den Krankenhäusern in der Regel durch die bessere Pflege allein wunderbar schnell, während ihnen der baldige Tod gewiß war, wenn sie noch länger an Bord geblieben wären!«*

Da Dr. Nocht in der Abhandlung zum Teil recht scharfe Worte gebraucht hatte, gab es Widerspruch in der Schiffahrtszeitung »Hansa«, so daß der Mediziner sich zu einer Entgegnung gezwungen sah. Er schrieb darin, daß er zum Teil mißverstanden worden sei, er habe seine Abhandlung für ein größeres Werk geschrieben, in dem er das Kapitel »Krankenversorgung in Kriegs- und Handelsmarine« zu bearbeiten hatte. Seine Erklärung endete mit den Worten, daß die kritischen Bemerkungen und Vorwürfe in seiner Arbeit *»sich nirgends auf die staatlichen Vorschriften und auf die Erfüllung dieser Vorschriften durch die Reeder beziehen, sondern auf die Art, wie oft mit den gegebenen Mitteln an Bord umgegangen, das heißt wie oft die Krankenpflege an Bord vieler Schiffe, fremder wie deutscher, tatsächlich gehandhabt wird.«*

Tatsächlich hatte Dr. Nocht recht; schon in der alten Seemannsordnung war klar und deutlich festgelegt, daß der Reeder für die Seeleute zu sorgen habe, die nach Dienstantritt erkrankten oder verletzt wurden. Der Reeder war verpflichtet, drei Monate lang, bei Ausschiffung in fremden Häfen sechs Monate lang, die Kosten der Verpflegung und Heilung zu tragen; die Heuer mußte bis zum Verlassen des Schiffes gezahlt werden. Dadurch, daß der Reeder die Krankenkosten zu tragen hatte, war er auch daran interessiert, Erkrankungen der Seeleute zu verhüten oder die Dauer der Erkrankung durch gute Behandlung möglichst abzukürzen. Einige Reeder erkannten diese Zusammenhänge besser als andere und gaben ihren Schiffen zum Beispiel Moskitonetze mit, denn eine der häufigsten Krankheiten der Seeleute war die Malaria, die durch Moskitostiche übertragen wurde.

Es gab damals auch noch andere tropische Infektionskrankheiten, die für die Seeleute in den Häfen eine Gefahr bildeten, wie zum Beispiel

Ruhr, Typhus, Pest und Pocken, doch hatte man diese Krankheiten durch die Quarantänemaßnahmen schon besser unter Kontrolle als in früheren Zeiten. Ebenso waren auf den Segelschiffen die Mangelkrankheiten Skorbut und Beri-Beri seltener geworden, seitdem man wußte, daß sie durch die Ernährung mit Frischproviant verhindert oder geheilt werden konnten. Viel Sorge machte damals aber noch die Lungentuberkulose, die an Bord oftmals erst sehr spät erkannt wurde. Trotz dieser Gefahren, die durch die lange Dauer der Reisen ohne ärztliche Hilfe noch größer wurden, hielten sich die Todesfälle durch Krankheiten in Grenzen, weil die zumeist jungen Segelschiffsleute in guter Verfassung und deshalb widerstandsfähig auch bei schweren Krankheiten waren. Dagegen gab es auf den Segelschiffen verhältnismäßig oft tödliche Unfälle, durch Stürze aus der Takelage oder durch schwere überkommende Seen, die die Leute an Deck schwer verletzten oder über Bord rissen.

Ein ernstes Problem, auch für Segelschiffsleute, waren die Geschlechtskrankheiten, über die ja meistens nicht geredet wird. Sie waren damals nicht nur ein ernstes, sondern auch ein besonderes Problem insofern, als die alte Seemannsordnung sie den selbstverschuldeten Krankheiten und Verletzungen zuordnete, für deren Behandlung die Reeder nicht aufzukommen hatten. Die Auffassung, daß Leute mit selbstverschuldeten Krankheiten keinen Anspruch auf Fürsorge hätten, war vor der Jahrhundertwende auch bei den Krankenkassen verbreitet. Die erkrankten Seeleute auf langen Reisen traf es besonders hart, wenn ihnen vom Reeder keine Hilfe gewährt wurde. Der Glaube der Reeder, daß sich die Infektionen erheblich reduzieren ließen, wenn die Kranken keine Hilfe zu erwarten hätten, erwies sich als ein Aberglaube, ebenso wie die Hoffnung mancher Seeleute, daß man eine Gonorrhöe mit Terpentin heilen könne. Der Ausschluß der Geschlechtskrankheiten von der Fürsorge führte zur Quacksalberei, deren negative Folgen sich oft erst nach Jahren zeigten. Die 1902 novellierte Seemannsordnung beseitigte den Fehler, diese Krankheiten von der Reederfürsorge auszunehmen, und bestimmte in § 71 ausdrücklich, daß der Reeder auch für die Verpflegung und Heilung der geschlechtskranken Seeleute zu sorgen habe. Diese Änderung führte bei den

Reedern zu einem erheblichen Anstieg der Kosten für Krankenfürsorge; erst jetzt wurde offenbar, wie viele Seeleute unter den selbstverschuldeten »venerischen« Krankheiten zu leiden hatten. Bei den deutschen Reedern machten die Aufwendungen für geschlechtskranke Seeleute ziemlich einheitlich ein Drittel der gesamten Krankheitskosten aus. Die Reeder und auch die See-Berufsgenossenschaft machten sich deshalb Gedanken über die Möglichkeit der Eindämmung der Infektionen; es wurden Merkblätter und Broschüren zur Aufklärung an Bord gegeben, und manche Reeder ließen chemische und mechanische Verhütungsmittel gratis an die Seeleute verteilen, während die Steuerleute angehalten waren, bei der Verteilung aufzuklären. Sicher wurden durch diese Maßnahmen einige Seeleute vor der Ansteckung bewahrt, aber einen durchschlagenden Erfolg hatten sie nicht.

Das Thema der Verhütung venerischer Krankheiten wurde im ersten Jahrzehnt unseres Jahrhunderts auf ziemlich breiter Ebene diskutiert, weil man im Heer und in der Marine die gleichen Probleme hatte wie auf den Handelsschiffen. Die Radikalen, die es damals auch schon gab, forderten, die Prostitution weltweit abzuschaffen. Ohne dieses Radikalmittel anzuwenden, war man in der Kaiserlichen Marine bei der Bekämpfung solcher Krankheiten erfolgreicher als in der Kauffahrtei, weil in der Marine Ärzte zur Verfügung standen und die Disziplin straffer war.

Die §§ 72–103 der Seemannsordnung enthielten die Disziplinar- und Strafbestimmungen, auf die man nicht verzichten konnte, weil auf See weder der Kapitän noch ein mißhandelter Schiffsmann die Polizei rufen konnte. Die Seemannsordnung übertrug dem Kapitän für Notfälle gewisse autoritäre Rechte, die jedoch schon in der alten Seemannsordnung von 1872 recht vorsichtig dosiert waren. Kritiker der Seemannsordnung empörten sich gelegentlich mit dem Argument, es dürfe nicht sein, daß der Kapitän das Recht habe, Seeleute zu bestrafen, indem er sie »in Eisen legen« lasse. Aber solche Kritik war unzutreffend, vielleicht auch böswillig. Bestrafen durfte der Kapitän nur mit harmlosen und ziemlich wirkungslosen Mitteln, wie zum Beispiel Verweigerung des Landgangs oder Kostschmälerungen von weniger als drei Tagen Dauer. Die wirksameren Strafen von

Geldbußen bis zur Gefängnishaft konnten nur die Seemannsämter oder die ordentlichen Gerichte verhängen. Um nur ein Beispiel zu nennen: Eines der häufigsten Delikte auf den Segelschiffen, das Entweichen in einem ausländischen Hafen, wurde vom Seemannsamt in der Regel mit einer Geldstrafe in Höhe einer Monatsheuer geahndet, falls der Kapitän einen Strafantrag gestellt hatte.

Allerdings gab es Situationen, da durfte und mußte der Kapitän zu harten Maßnahmen greifen. Er durfte zum Beispiel auf See Leute fesseln oder einsperren lassen, wenn von ihnen die Sicherheit an Bord gefährdet wurde. Dann handelte es sich nicht um Strafen für begangene Vergehen, sondern um Schutzmaßnahmen, über die der Kapitän im Schiffsjournal Rechenschaft ablegen mußte.

Zum Schluß noch einige Worte über die in der Literatur so gern erwähnten Prügelstrafen, die in früherer Zeit vor allem auf Kriegsschiffen als Disziplinarmittel angewendet wurden. In der Neufassung der Seemannsordnung von 1902 stand in § 91 ausdrücklich, daß körperliche Züchtigungen weder als Strafe verhängt noch als Zwangsmittel angewendet werden durften. Es kam jedoch auf den Segelschiffen vor, daß Schiffsjungen, manchmal auch Leichtmatrosen einen Knuff oder eine Ohrfeige erhielten, meistens für Nachlässigkeiten im Dienst. Es sollte nicht sein, aber wo kein Kläger ist, gibt es auch keinen Richter; denn die meisten Jungen nahmen solche spontanen »Erziehungsmaßnahmen« nicht so tragisch. Sie kannten das noch aus dem Elternhaus und manchmal auch von der Schule. Der Schiffsjunge Luchterhand, der 1909 auf RICKMER RICKMERS anmusterte, hat in seinen Memoiren über die »erzieherischen« Maßnahmen des Ersten Steuermanns berichtet, s. S. 118.

Ernst genommen von den Seemannsämtern und Gerichten wurden jedoch auch damals schon ausgesprochene Mißhandlungen von Junggraden durch Vorgesetzte oder ältere Kollegen, wie sie hin und wieder vorkamen und gelegentlich zu ständigen Quälereien ausarteten. Es gab Fälle, in denen die Gerichte hohe Geldstrafen oder auch eine Gefängnisstrafe ausgesprochen haben; aber dazu kam es nur, wenn das Seemannsamt »frist- und formgerecht« eine Anzeige erhielt, und daran haperte es manchmal.

Weil Mißhandlungen an Bord nur selten vorkamen, soll das unerfreuliche Thema nicht den Abschluß dieses Kapitels bilden. *»Segelschiffsleute sind oft fröhlich ohne jeden Grund«* hat mal jemand geschrieben, der als Passagier eine Reise auf einem Rahsegler mitgemacht hatte. Die Fröhlichkeit hatte er bemerkt, aber den Grund nicht nachempfinden können, da er als Passagier außerhalb der Bordgemeinschaft stand. Die Fröhlichkeit an Bord äußerte sich nicht nur in Scherzen und Lachen, sondern auch in den »Gesängen der Matrosen«. Damit waren nicht nur die »Shanties« gemeint, die bei schwerer Arbeit für den Rhythmus sorgten, sondern vor allem die Lieder, die nachts von der »Wache an Deck« gesungen wurden, wenn die Leute bei schönem Wetter auf der Luke oder sonstwo beisammen hockten.

Diese Lieder waren teils fröhlich, teils wehmütig oder traurig, wie zum Beispiel das Lied *»vom kühlen Seemannsgrab, für einen, der beim Segelreffen von der Marsrah fiel herab.«* Es gab auch Lieder, deren Texte derb oder unanständig waren, so daß sie in keiner Sammlung von Volksliedern abgedruckt wurden und wohl längst vergessen sind. Denn gesungen wurde nur auf den größeren Segelschiffen, wo eine Wache mindestens 6, 8 oder 10 Mann stark war und mindestens einer der Matrosen ständig seine Mundharmonika in der Hosentasche bei sich trug.

Oft gesungen wurde an Bord das Lied des Fremdenlegionärs, das begann:

Gefangen in maurischer Wüste
sitzt ein trauriger Legionär.

Der Refrain mit seiner wehmütigen Melodie klingt mir noch heute in den Ohren; er ist geeignet, das Lied zu einem »Evergreen« zu machen:

Teure Schwalben von Frankreichs grünen Auen,
die ihr den Weg durch Sand und Wüste fand't,
euch sei's vergönnt, vergönnt, die Heimatflur zu schauen.
Bringt mir ein' Gruß aus fernem Heimatland,
bringt mir ein Gruß, ein' Gruß aus fernem Heimatland.

Seeleute und Fremdenlegionäre hatten damals gelegentlich Kontakte in den Häfen oder an Bord. Meistens verstanden sie sich gut, vielleicht weil die Seeleute ebenso wie die Fremdenlegionäre ihren Dienst »fern der Heimat« verrichten mußten.

Kapitän H. H. Ahlers um 1880.
(Sammlung Frau E. Reinemuth)

Die Seeleute an Land

Sobald ein Segelschiff von großer Fahrt heimkehrte, war mit der Rundreise auch der Heuervertrag beendet; die gesamte Mannschaft wurde sobald wie möglich abgemustert und erhielt, meistens bei der Abmusterung im Seemannsamt, ihre Heuer ausbezahlt. Auf den Seemannsämtern in Bremerhaven und Geestemünde, wo die Leute von den Rickmers-Schiffen normalerweise abmusterten, war bei solchen Gelegenheiten der Wasserschout persönlich anwesend, um etwaige Differenzen zu regeln, die sich möglicherweise um die Arbeitszeit und die Berechnung der Überstunden handelten. Für alle Fälle war bei den Abmusterungen auch ein Schutzmann zur Stelle, der aber nur selten einzuschreiten brauchte, und wenn doch einmal Unruhe entstand, dann genügte im Kaiserreich zur Beruhigung meistens schon die Drohung: »... *oder ich ziehe blank«,* was sich auf den Säbel des Schutzmannes bezog.

Auf den Rickmers-Seglern wurden am Ende einer Reise auch die Steuerleute abgemustert, der Zweite sogleich mit der Mannschaft, der Erste wenige Tage später, weil er sich noch um die Ladung kümmern und einige Bestandsaufnahmen abschließen mußte. Die Reederei schickte für die Hafenliegezeit in Geestemünde oder Bremerhaven einen Wachmann an Bord.

Was die Seeleute nach einer langen Segelschiffsreise an Heuer ausbezahlt bekamen, waren - von den Schiffsjungen und Leichtmatrosen abgesehen - Beträge von etlichen hundert Mark, also Summen, die um 1900 eine erhebliche Kaufkraft hatten. Je nach der individuellen Veranlagung und Situation wurden diese Summen unterschiedlich verwendet; es gab auch Seeleute, die den größten Teil der Heuer sparten und deshalb einen nennenswerten Betrag möglichst bald nach Hause schickten oder selber mit dem Geld nach Hause reisten, wenn es keine allzu weite Reise war. Von den Seeleuten, die 1899 von der RICKMER RICKMERS abgemustert wurden, waren 6 an der Weser zu Hause, 5 kamen aus Ostfriesland, darunter die beiden Steuerleute, und 3 kamen aus dem Hamburger Umland. Zusammen waren das 14 Mann, die zum Geestemünder Bahnhof gehen konnten, um mit der Bahn in kurzer Zeit nach Hause zu fahren, wenn sie wollten. Die restlichen 10 Mann waren weiter von ihrer Heimat entfernt: 4 stammten aus Skandinavien, einer aus Königsberg und 5 aus weit entfernten Orten des deutschen Binnenlandes.

Möglicherweise waren einige wenige Besatzungsmitglieder verheiratet, doch lassen sich darüber anhand der Musterrolle keine Angaben machen. Man darf wohl annehmen, daß von den abgemusterten RICKMER-RICKMERS-Leuten vielleicht ein halbes Dutzend, vielleicht auch noch ein paar mehr, in Bremerhaven/Geestemünde blieben, um sich dort erstens einen wohlverdienten Urlaub zu gönnen und zweitens ein Schiff für die nächste Reise zu suchen. Zusammen mit anderen Seeleuten von den vielen Schiffen, deren Endstation Bremerhaven war, gaben sie in der Hafengegend den Ton an, nachdem sie in einem Logierhaus oder einem Seemannsheim Unterkunft gefunden hatten.

Weil die Seeleute während der langen Seereisen abstinent leben mußten, vertrugen sie anfangs nicht viel Alkohol und fingen oft schon nach dem zweiten Glas Bier an, ziemlich laut ordinäre Lieder zu singen. Aber die ständigen Bewohner der Hafengegend nahmen ihnen das nicht übel, im Gegenteil, manche Menschen beiderlei Geschlechts zeigten ihnen freundliche Gesichter, solange sie ihre Heuer noch nicht verbraucht hatten.

Mißfallen erregten die in den Straßen grölenden Seeleute aber bei den Mitgliedern der »Sittlichkeitsvereine«, die im Deutschen Reich zur Zeit der raschen industriellen Entwicklung gegründet worden waren, um der zunehmenden Trunksucht und Prostitution in den Industriestädten entgegenzuwirken. Auf dem neunten Kongreß der deutschen Sittlichkeitsvereine im Jahre 1897 befaßte man sich auch mit der Unsittlichkeit der Seeleute. »Die sittlichen Gefahren und Mißstände des Seemannslebens« war das Thema eines Vortrags, der am 21. September 1897 auf einer Delegiertenversammlung in Hamburg gehalten wurde. Es sprach ein Konteradmiral a. D., der vor seiner Marinekarriere sieben Jahre auf Segelschiffen nach Ostindien gefahren war. Er brach eine Lanze für die Segelschiffsleute, wie er sie an Bord und auf See kennengelernt hatte, lobte ihren Charakter und bat seine Zuhörer, diese Menschen nicht nach ihrem Benehmen an Land zu beurteilen, das er selber auch mißbilligen müsse. Ebenso mißbilligte er die

obszönen Redensarten und Erzählungen, mit denen die Matrosen auf See ihre Unterhaltung bestritten, und führte das auf eine gewisse geistige Leere zurück. Deshalb empfahl er dringend, den Schiffen kleine Bibliotheken mitzugeben; denn nach seinen Erfahrungen seien Seeleute sehr lesehungrig. Da er seine Pappenheimer kannte, fügte er hinzu, daß Traktate und ähnliche tendenziös religiöse Schriften nicht in diese Bibliotheken passen würden.

Einige Reeder haben diesen Vorschlag um die Jahrhundertwende auch befolgt und ihren Schiffen Mannschaftsbibliotheken mitgegeben, aber später ist die Sache wieder eingeschlafen. Daß Matrosen lesehungrig sind, fand ich 30 Jahre später in meiner eigenen Matrosenzeit bestätigt. Ein Seemann hatte ein billiges Buch mitgebracht, das den originellen Titel trug »Ein Buch für geile Leute und solche, die es werden wollen«. Es fand bei den Matrosen großes Interesse.

Bevor dem Seemann an Land das Geld ausging, mußte er sich wieder um einen Heuervertrag bemühen. In Bremerhaven/Geestemünde war das Angebot an Seeleuten meistens reichlich, so daß nur mit Hilfe eines Heuerbaases ein Schiff zu bekommen war. Manche dieser gewerblichen Stellenvermittler standen in schlechtem Ruf, auch in Bremerhaven und Geestemünde, weil sie in hinterlistiger Weise mit den Logierwirten, auch Schlafbaase genannt, und mit den Händlern von Seemannsausrüstung zusammenarbeiteten, um dem treuherzigen Seemann nicht nur den Rest der letzten Heuer, sondern auch noch den Vorschuß für die bevorstehende Reise abzuknöpfen.

Die Seeleute, die für eine lange Segelschiffsreise anmusterten, hatten Anspruch auf einen Vorschuß für zwei Monate. Weil die Reeder schlechte Erfahrungen gemacht hatten, wenn sie den Vorschuß in bar vor dem Auslaufen des Schiffes zahlten, hatte sich das System der »Advancenoten« eingebürgert; das heißt, der Seemann erhielt einen Scheck des Reeders, der erst nach dem Auslaufen eingelöst wurde, wenn der Reeder wußte, daß der betreffende Seemann sich an Bord befand.

Mit den Advancenoten konnten die Seeleute ihre Schulden bei den Heuerbaasen, den Logierwirten und den Händlern zahlen, die mit dieser Methode sehr zufrieden waren. Aber für den ehrlichen Seemann war es höchst unerfreulich, daß ihm die Verfügung über sein Geld sozusagen aus der Hand genommen wurde. Der gewerkschaftliche »Seemannsverband«, der 1897 gegründet worden war und viele Jahre von dem Matrosen Paul Müller geleitet wurde, hat viel Zeit und Mühe darauf verwendet, um das System der Advancenoten und die üblen Machenschaften mancher Heuer- und Schlafbaase in Bremen und Hamburg allmählich auszurotten. Im Jahre 1902, als die neue Seemannsordnung verkündet wurde, gab es auch ein neues Gesetz über die gewerbsmäßige Stellenvermittlung für Schiffsleute.

Der Norddeutsche Lloyd mit seinen vielen Passagierschiffen hatte in Bremerhaven ständig soviel Leute an- und abzumustern, daß er ein eigenes Heuerbüro eingerichtet hatte; er vermied dadurch auch eine Menge Ärger mit den Heuerbaasen. Die renommierten Bremer Segelschiffsreedereien bedienten sich des Heuerbaases Möhlenbrock, später Möhlenbrock & Blank, der in Bremerhaven als ehrbar und zuverlässig galt. Bei Rickmers hatte man soviel Vertrauen zu ihm, daß er in Vertretung des Kapitäns die Musterrolle unterschreiben durfte, falls der Kapitän verhindert war.

Der Heuerbaas Möhlenbrock hatte einen jüngeren Bruder, der in der Grabenstraße ein Logierhaus für Seeleute betrieb. Nach den Aufzeichnungen eines ehemaligen Lloydkapitäns, der dort in den 1890er Jahren logiert hatte, ging es bei Möhlenbrocks vorbildlich zu. Die Hausfrau mit ihren drei Töchtern hielt den Betrieb in Schwung, und die Seeleute fühlten sich dort wie bei Muttern zu Haus. Jeder Logiergast hatte seine eigene Bodenkammer mit Bett; die Hausordnung verlangte, daß jeder Gast spätestens um 23 Uhr im Hause war. Gegessen wurde gemeinsam mit der Familie; der Preis für Kost und Logis war mäßig.

Gute Unterkunft fanden Seeleute auch im Bremerhavener Seemannsheim, das von der Deutschen Seemannsmission betreut wurde. Es war im Jahre 1900 eröffnet worden, angeblich als erste Einrichtung dieser Art in Deutschland, und es befand sich in der Schifferstraße nicht weit vom Seemannsamt entfernt.

Sobald der Seemann einen neuen Heuervertrag unterzeichnete, wurde es höchste Zeit, daß er auch seine Zeugausrüstung für eine lange Reise in Ord-nung brachte und vervollständigte. Was er brauchte, kaufte er besser in einem soliden Ausrüstungsgeschäft an Land als während der Reise beim Kapitän, der meistens eine sogenannte »Schlapskiste« in Kommision für einen Geschäftsmann mitnahm. Für eine Reise nach dem Fernen Osten brauchte der Seemann Zeug für warmes Wetter, für kaltes Wetter und für nasses Wetter. Für letzteres waren langschäftige Lederstiefel unentbehrlich, ebenso Ölzeug. Bei der Arbeit trugen die deutschen Segelschiffsleute gerne die dunkelblauen Köperkittel mit einem eckigen Kragen in Marineform. Als Hosen wurden Dungaree-Hosen bevorzugt; sie waren aus dem gleichen Stoff wie heute die »Jeanshosen«, nur nicht so eng.

Als unentbehrliches Werkzeug brauchte der Seemann, unabhängig vom Dienstgrad, ein Arbeitsmesser, das in einer Scheide am Gürtel getragen wurde. Ob der Seemann für sein Zeug eine Seekiste brauchte, hing davon ab, ob es im Logis an Bord für jeden Mann einen Spind gab; meistens war das nicht der Fall. Für die Koje mußte sich der Segelschiffsmann in der Regel seine eigene Matratze mitbringen, Bültsack genannt und mit Seegras gefüllt.

Die meisten Seeleute waren Raucher und manche nahmen ihre 10 bis 15 Päckchen Tabak mit auf die Reise, dazu dann auch die Streichhölzer. Andere holten sich die Rauchwaren lieber aus der Schlapskiste des Kapitäns, die nicht so leicht überflutet wurde wie die Seekiste im Logis. Es soll auch Matrosen gegeben haben, die sich in ihrer Seekiste einen kleinen Demijohn voll Genever mitnahmen, doch kann ich dafür keinen Beweis beibringen; ich weiß nur, daß es verboten war.

Die Rickmers-Reederei 1900–1914

Unter dem Druck des Norddeutschen Lloyd

In den 1890er Jahren hatte Peter Rickmers die Werft und die Reederei zielstrebig modernisiert. Die Werft wurde vom Holz- auf den Stahlschiffbau umgestellt und konnte um 1900 moderne Frachtdampfer bis zu 6000 t Tragfähigkeit bauen. Sie hatte damit wieder Anschluß gefunden an die führenden Schiffswerften in Bremen und Bremerhaven. Durch die fürsorgliche Behandlung der Belegschaft hatte sich Peter Rickmers einen Stamm zuverlässiger Werftarbeiter herangezogen.

Bei der Modernisierung der Reederei gab es jedoch schwere Rückschläge, als Peters Pläne mit den Interessen des Norddeutschen Lloyd kollidierten. Bei der Auseinandersetzung mit der Großreederei fand er keine Unterstützung durch seinen Bruder Andreas, der als Familienältester und Firmenchef vor allem am Reisgeschäft interessiert war. Die Dampferlinie nach Ostasien schien ihm nicht so wichtig; er wollte einen Kampf gegen die mächtige Großreederei vermeiden. Die Verträge, die er dieserhalb mit dem Norddeutschen Lloyd und der Hapag abgeschlossen hatte, machen den Eindruck von »ungleichen« Verträgen, bei denen die eine Seite die Bedingungen diktiert hat.

Auf diese Weise verlor Peter Rickmers seine modernen Dampfer, und die Rickmers-Reederei war zu Beginn des 20. Jahrhunderts wieder auf den Stand einer mittleren Segelschiffsreederei zurückgefallen. Für die große Fahrt geeignet waren zu diesem Zeitpunkt nur 9 Segler, von denen 2 noch aus der Zeit des Holzschiffbaus stammten; der erste Dampfer kam erst wieder im Herbst 1901 hinzu. Es war eine deprimierende Situation für den Reeder Peter Rickmers, der so kühne Pläne gehabt hatte, sich aber mit dem von seinem älteren Bruder gesteuerten Kurs abfinden mußte.

Wie die ungleichen Verträge, die die Handlungsfähigkeit der Rickmers-Reederei so stark beschränkten, sich für den Ostasiendienst des Norddeutschen Lloyd auswirkten, läßt die folgende Begebenheit erkennen: Im Winter 1901/02 machte ein Teil des deutschen Kreuzergeschwaders von Kiautschou eine Informationsreise nach SO-Asien. Beim Einlaufen des Geschwaders nach Bangkok im Januar 1902 zählte der Geschwaderchef, Vizeadmiral Bendemann, die auf der Reede liegenden Kauffahrteischiffe: 1 norwegischer Dampfer, 2 britische Dampfer und 13 deutsche Dampfer, die alle dem Norddeutschen Lloyd gehörten. Die deutsche Übermacht erstaunte den Admiral, so daß er mit »den Leuten an Land« darüber sprach. Als er am 23. 1. 1902 seinen Bericht über die Informationsreise nach Berlin schickte, stand darin folgender Absatz:

»Beim Einlaufen auf die Reede von Bangkok wurden 13 deutsche, 1 norwegischer und 2 englische Dampfer passiert. Die Kaufleute, auch die deutschen, sehen dieses Schiffahrtsmonopol des Norddeutschen Lloyd nicht gern und wünschen, daß ein von der Firma Butterfield & Swire geplantes Konkurrenzunternehmen zustande kommt.«

Peter Rickmers starb am 15. Dezember 1902 im Alter von 64 Jahren. Sein ältester Sohn Robert war im Reisgeschäft die rechte Hand seines Onkels Andreas, der keine männlichen Nachkommen hatte; deshalb übernahm der zweite Sohn Paul den Reedereibetrieb und die Werft. Er war erst 29 Jahre alt und hatte schon bald heftige Meinungsverschiedenheiten mit seinem Onkel Andreas, der den Kurs der Familien-AG bestimmte. Verärgert schied Paul 1904 aus dem Vorstand der Aktiengesellschaft aus und gründete in Hamburg eine eigene Firma unter dem Namen »Rickmers & Co.«, die jedoch wenig in Erscheinung trat.

Im Reisgeschäft konstatierte man um die Jahrhundertwende eine Verringerung der Gewinne infolge der wachsenden Konkurrenz. Als Gegenmaßnahme betrieb Andreas Rickmers einen Zusammenschluß aller norddeutschen Reismühlen, und 1901 wurde unter seiner maßgeblichen Beteiligung die »Reis- und Handels-Aktiengesellschaft« mit dem Sitz in Bremen gegründet. Aus der »Rickmers Reismühlen, Rhederei und Schiffbau A. G.« wurden alle Reisbetriebe und -beteiligungen ausgegliedert und in die neue Gesellschaft eingebracht, ohne daß die ältere Familien-Aktiengesellschaft ihren Namen vorerst änderte.

1903 wurde zwischen der neuen Reis- und Handels-AG und der Familien-AG ein Vertrag geschlossen, aufgrund dessen alle vorhandenen und noch zu bauenden Schiffe der Rickmers-Reederei auf 10 Jahre an die Reis- und Handels-AG verchartert wurden. Auch das war wieder ein ungleicher Vertrag; denn für den Reedereibetrieb war er für 10 Jahre unkündbar, während die Reis- und Handels-AG jährlich kündigen konnte. Ein weiterer Nachteil für die Rickmers-Reederei war der Vertrag mit dem Norddeutschen Lloyd, der den Rickmers-Schiffen bis 1913 das Anlaufen von Häfen in Ostasien verbot. Der Leitung der Rickmers-Reederei waren weitgehend die Hände gebunden, und es ist verständlich, daß Paul Rickmers mit der Situation unzufrieden war. Die Reis- und Handels-AG setzte also ab 1903 die Rickmers-Schiffe ganz nach ihren Interessen ein und hatte wahrscheinlich auch ein Mitspracherecht bei den Bauplänen der Werft. Von 1900 bis 1903 hatte die Rickmers-Werft acht kleine Dampfer von je 2 500 t Tragfähigkeit für die chinesische Küstenfahrt gebaut, die in den folgenden Jahren allesamt vom Norddeutschen Lloyd aufgekauft wurden. Als 1903 der Chartervertrag mit der Reis- und Handels-AG geschlossen wurde, plante die Werft nach Zeitungsmeldungen den Bau von 6 Segelschiffen und 8 Dampfern. Wenig später konnte man lesen, daß die Zahlen auf 10 Segler und 14 Dampfer erhöht worden seien. Bei den Seglern handelte es sich um Vollschiffe des Typs RICKMER RICKMERS. 1904, als der erste Segler dieser neuen Serie bereits im Bau war, gab es eine neue Abmachung zwischen den Vertragspartnern, daß statt der noch zu bauenden 9 Segler von je 3 000 t Tragfähigkeit drei große »Auxiliarsegler« von je 8 000 t Tragfähigkeit gebaut werden sollten. Unter den Auxiliarseglern muß man sich Fünfmaster mit einer Hilfsdampfmaschine vorstellen, ähnlich wie die unglückliche MARIA RICKMERS, aber noch größer. Die Baupläne, soweit sie die Segelschiffe betrafen, kamen nur teilweise zur Ausführung. Der 1904 begonnene Dreimaster vom Typ RICKMER RICKMERS, der bei Baubeginn noch als Vollschiff bezeichnet wurde, lief 1905 als Bark vom Stapel und erhielt den Namen ALBERT RICKMERS. Im folgenden Jahr

wurde der erste der geplanten drei Auxiliarsegler fertig; getakelt als Fünfmastbark war das Schiff etwa gleich groß wie das Hamburger Fünfmast-Vollschiff PREUSSEN, vielleicht auch noch ein wenig größer, je nachdem welche Maße man miteinander vergleicht. Das Schiff erhielt den Namen R. C. RICKMERS und wurde mit einer Dampfmaschine von 1 150 indizierten Pferdestärken ausgerüstet. Es war das letzte Segelschiff, das die Rickmers-Werft für die eigene Reederei gebaut hat.

Durch den Chartervertrag mit der Reis- und Handels-AG blieben die Rickmers-Segler noch etliche Jahre an die Reisfahrt gebunden, obgleich allgemein die Segelschiffe aus der Fahrt nach Süd- und Ostasien verhältnismäßig früh verdrängt wurden. Zuletzt waren es nur noch die Petroleumladungen in Kisten, die eine kleine Flotte großer Segler in der Fahrt von USA nach Fernost bis zum Ersten Weltkrieg beschäftigten. Auch die Rickmers-Segler reihten sich in die Flotte der Petroleumsegler ein; denn mit den Kohlen von Wales nach Singapore und Hongkong war nach der Jahrhundertwende für ein Segelschiff kaum noch etwas zu verdienen.

Die meisten Segelschiffe bevorzugten zuletzt die Ladungen nach und von Australien und den Westküsten beider Amerikas, weil auf diesen Routen die Konkurrenz der Dampfer weniger fühlbar war.

Auch bei Rickmers schrumpfte die Seglerflotte während des ersten Jahrzehnts des neuen Jahrhunderts, obgleich die beiden Neubauten ALBERT RICKMERS und R. C. RICKMERS den Verkauf der beiden hölzernen Segler mehr als wettgemacht hatten. Die Reduzierung der Rickmersschen Seglerflotte von neun auf sechs Schiffe ergab sich aus dem Totalverlust von drei Viermastern. 1902 blieb die große Viermastbark PAUL RICKMERS auf der Heimreise von Bangkok verschollen, nachdem sie zuletzt im Juli in der Sundastraße gesehen worden war. Zwei Jahre später verschwand ROBERT RICKMERS auf der Reise von Philadelphia nach Japan; wahrscheinlich war die Viermastbark einem Taifun östlich der Philippinnen zum Opfer gefallen. 1908 ging das Viermastvollschiff PETER RICKMERS durch eine Strandung verloren, die nicht durch Naturgewalten, sondern durch menschliches Versagen verursacht worden war.

Die verringerte Zahl der Segelschiffe hatte jedoch für die Leistungsfähigkeit der Reederei keine so große Bedeutung mehr, da die Flotte bis 1910 durch eine Reihe von neuen Dampfern verstärkt worden war, mit Tragfähigkeiten von 6 000 bis 6 500 t.

Wegen der langanhaltenden Flaute auf dem Frachtenmarkt kündigte die Reis- und Handels-AG den für zehn Jahre abgeschlossenen Chartervertrag schon vorzeitig, so daß Paul Rickmers ab Januar 1910 wieder das Verfügungsrecht über den Einsatz der Rickmers-Flotte hatte. Damit war die Reisfahrt der Rickmers-Segler beendet; sie tummelten sich statt dessen – wie die meisten deutschen Segler – in der Salpeterfahrt und den damit verbundenen Zwischenreisen. Glücklicherweise begannen die Frachten 1910/11 nach langer Depression zu steigen, so daß die Segler keine Verlustreisen zu machen brauchten.

Eine weitere wichtige Veränderung für die Rickmers-Reederei ergab sich aus der Tatsache, daß der 75jährige Andreas Rickmers aus der Familien-AG austrat und sich im November 1910 seine Anteile auszahlen ließ. Dadurch wurde Paul Rickmers Chef des Hauses Rickmers und konnte endlich seine Pläne hinsichtlich der Linienfahrt verwirklichen. Weil die Rickmers-Schiffe China und Japan wegen der vertraglichen Abmachungen mit dem Norddeutschen Lloyd bis 1913 nicht anlaufen durften, eröffnete Paul Rickmers mit fünf eigenen Dampfern zunächst die Rickmers-Sibirien-Linie, deren erste Abfahrt am 31. Januar 1911 erfolgte, als der Dampfer SOPHIE RICKMERS von Hamburg nach Wladiwostok auslief. Seinen Anteil an der Hamburger Firma Rickmers & Co., die auch Im- und Export sowie Assekuranz betrieb, brachte Paul Rickmers sobald wie möglich wieder in die Familien-AG ein.

Um alle Mittel der Firma für den Aufbau der Linienfahrt einsetzen zu können, war Paul Rickmers entschlossen, sich von seinen Segelschiffen baldmöglichst zu trennen. Nur so lange die gute Verfassung des Frachtenmarktes anhielt, waren noch Käufer zu finden, die für Segelschiffe mehr als den Schrottpreis zahlten. Fünf Segelschiffe verkaufte die Rickmers-Reederei in den Jahren 1911/13, darunter auch RICKMER RICKMERS.

Nicht zu verkaufen war der fünfmastige Dampfsegler R. C. RICKMERS, denn keiner wollte das unhandige Schiff haben. So machte Paul Rickmers aus der Not eine Tugend: Der Fünfmaster – auf dem 1907/08 schon mal ein Jahrgang belgischer Kadetten ausgebildet worden war – sollte als Frachtschulschiff die Ausbildung von Offizieren und Ingenieuren für die Rickmers-Reederei übernehmen. Am 8. Juli 1914 verließ das Schiff, zum ersten Mal mit 15 Kadetten an Bord, den Hamburger Hafen, um in Cardiff eine Ladung Kohlen zu übernehmen. Aber der Erste Weltkrieg stand vor der Tür, und am 4. August wurde das Schiff in Cardiff als Prise beschlagnahmt.

Weil Hamburg als Basis für Liniendienste besser als Bremen geeignet war, verlegte Paul Rickmers das Reederei-Kontor nach Hamburg. 1912 wurde die Firma unter ihrem alten Namen »Rickmers-Reismühlen, Rhederei und Schiffbau A. G.« in das Hamburger Handelsregister eingetragen, 1914 wurde das Wort »Reismühlen« aus dem Firmennamen gestrichen. Im Juli 1914 wurden erstmalig zwei Rickmers-Schiffe in Hamburg registriert; es waren der Fünfmaster R. C. RICKMERS und der werftneue Dampfer MABEL RICKMERS.

Insgesamt besaß die Reederei 1914 einschließlich des Fünfmasters 17 eigene Schiffe mit 125 000 t Tragfähigkeit und beschäftigte außerdem 5 Charterschiffe. Neben der Sibirien-Linie, die die Häfen Dalny, Wladiwostok und Nikolajefsk am Amur bediente, hatte man nun auch eine Rickmers-Ostasien-Linie eingerichtet und von der englischen »Bell Line« einen regelmäßigen Dienst nach Häfen in der Levante und am Schwarzen Meer übernommen, der als Rickmers-Orient-Linie annonciert wurde. Weitere Schiffe waren im Bau; aber der Krieg machte alles zunichte.

Über den Wiederaufbau und die weitere Geschichte der Rickmers-Unternehmen zu sprechen, ist hier nicht der Platz. Die Tatsache, daß das Haus Rickmers 1984 sein 150jähriges Jubiläum feiern konnte, zeugt von der Lebenskraft der Familie und der von ihr gegründeten Firmen.

Vollschiff Rickmer nach Oregon

Weizen für Irland

Im November 1899 löschte RICKMER RICKMERS seine Reisladung im Hafen von Geestemünde, wo sich ein großer Reisschuppen befand. Wenn der Reis nicht direkt vom Schiff in die Leichter umgeladen werden konnte für die Fahrt weseraufwärts nach Bremen, wurde er zunächst in dem gut gelüfteten Schuppen gelagert.

Kapitän Ahlers, der im September 65 Jahre alt geworden war, bereitete sich auf den Ruhestand vor und ließ seine Sachen an Land bringen. Er wurde von Kapitän Albert Baake abgelöst, auch einem Oldenburger, der am Weserufer groß geworden war. Am 12. September 1861 in Oberhammelwarden bei Elsfleth geboren, war er 38 Jahre alt, als er die RICKMER RICKMERS im November 1899 übernahm. Über seinen Werdegang hat uns sein Neffe Kapitän Georg Baake einiges erzählt, der als Lehrer an und schließlich Leiter der Elsflether Seefahrtschule bekannt geworden ist. Er weiß, daß sein Onkel Albert, der in einer ungewöhnlich kinderreichen Familie aufwuchs, eigentlich Lehrer werden sollte, weil er einen hellen Kopf hatte. Für die Ausbildung besuchte er schon einige Zeit das Lehrerseminar in Oldenburg, als sich dort Schlimmes ereignete: Ein Mädchen aus einer achtbaren Oldenburger Familie geriet, angeblich durch einen Seminaristen, in andere Umstände. Der unbekannte Verführer hielt sich jedoch bedeckt und schwieg; vielleicht hatte er die gesellschaftliche Norm, daß ein Kavalier zu schweigen habe, mißverstanden. Die Leitung des Seminars wollte Klarheit und verlangte von den Lehrgangsteilnehmern, den Missetäter anzugeben. Aber die gesamte Klasse schwieg wie ein Mann, mit dem Erfolg, daß alle geschaßt wurden; so einfach war das damals.

Durch diese Umstände wurde Albert Christian Baake dann doch noch Seemann, wie es sich für einen Baake aus Oberhammelwarden eigentlich auch gehörte. Ebenso wie seine sechs Brüder machte er nach Ableistung der vorgeschriebenen Seefahrtszeit das Schifferexamen in Elsfleth und wurde schließlich bei der renommierten Rickmers-Reederei ein geachteter Kapitän.

Aber er blieb den Segelschiffen und der Rickmers-Reederei nicht treu, weil ihm die Reisen zu lange dauerten. Er war zwar nicht verheiratet, aber nach dem frühen Tod seiner Eltern betrachteten ihn seine vielen Geschwister als das Familienoberhaupt. Dieser Aufgabe konnte er besser gerecht werden, als er in den letzten Jahren seines Lebens den 2 000 Tonnen tragenden Dampfer FALKENBERG der Bremer Reederei Kimme führte. Doch er lebte nicht lange; im Alter von 49 Jahren erlag er im russischen Kronstadt einem Gehirnschlag, bei einem Landgang in sengender Sommerhitze. Von seinen Leistungen als Kapitän der RICKMER RICKMERS berichtet der folgende Abschnitt.

Kapitän Albert Baake.   *(Sammlung Kapt. G. Baake)*

Am 20. November 1899 verließ das Vollschiff Geestemünde für die Fahrt nach Cardiff. Nicht nur der Kapitän, auch die beiden Steuerleute waren neu an Bord und mußten sich erst mit dem Schiff vertraut machen. Die Musterrolle war am 9. November in Bremerhaven ausgestellt worden »für die Fahrt von Geestemünde nach Cardiff und weiter«. Von der Mannschaft waren drei Mann schon auf der vorhergehenden Reise an Bord gewesen, nämlich der Segelmacher, der Donkeymann und der 19jährige Karl Gobrecht aus Altona, der vom Schiffsjungen zum Leichtmatrosen aufgerückt war und nun 20,- Mark Heuer im Monat erhielt. Die Matrosenheuern betrugen 55,- Mark wie auf der vorhergehenden Reise. Auffallend war, daß ein 20jähriger Matrose aus dem Rahmen fiel und nur 50,- Mark erhielt; bisher hatten stets alle Matrosen, die im Heimathafen musterten, die gleiche Heuer bekommen. Von den vier Schiffsjungen, die wieder für 5,- Mark monatlich gemustert hatten, entwichen 3 bereits in Cardiff; als Ersatz kamen ein ungarischer Leichtmatrose und zwei englische Jungen an Bord, letztere erhielten 15,- Mark monatlich. Zum Schluß wurde noch ein finnischer Matrose für 60,- Mark angeheuert, obgleich die Besatzung mit den üblichen 11 Matrosen bereits vollzählig war.

Warum Kapitän Baake einen überzähligen zwölften Matrosen mitnahm, ist heute nicht mehr aufzuklären. Denkbar ist, daß einer der zwölf Matrosen nur auf dem Papier stand und die Reise gar nicht mitgemacht hat. »Er ließ nur sein Seefahrtsbuch ums Kap segeln«, sagten die Seeleute etwas geringschätzig von solchen Papierkameraden, die auf diese Weise die Vorschriften über die Segelschiffsfahrzeit für das Steuermannspatent umgingen, weil sie den strapaziösen und gefährlichen Dienst auf dem Segelschiff scheuten.

Manchmal waren es die Eltern, die ihrem Sohn diesen krummen Weg vorschlugen und durch ihre »Beziehungen« ebneten. Die Sache mag unglaublich klingen, und der bekannte Herr Palmström würde sicher folgern, messerscharf, daß nicht sein kann, was nicht sein darf. Aber ich habe von mehreren solcher Fälle gehört und glaube deshalb, daß so etwas vorgekommen ist, im Kaiserreich wie auch in der Weimarer Republik. Einen dieser Fälle erwähnt zum Beispiel der Lloydkapitän Georg

Schönau in seinen Lebenserinnerungen. Er hatte 1890/91 als Leichtmatrose auf dem Bremerhavener Schoner ARION gefahren und erzählt, daß damals ein Verwandter des Kapitäns »nur sein Seefahrtsbuch auf diesem Schiff fahren ließ«.

Unser Vollschiff RICKMER RICKMERS, das im Dezember 1899 in Cardiff mit Kohle beladen wurde, verließ den Hafen am 22. des Monats mit der Bestimmung nach Hongkong. Über den Reiseverlauf weiß man nicht mehr viel; denn es gibt keine Briefe von Kapitän Albert Baake, und er hat auf dieser Reise auch kein meteorologisches Tagebuch für die Deutsche Seewarte geführt. Die Ladung wog 3 075 t (à 1 000 kg).

Ende März wurde unser Vollschiff in der Sundastraße gesichtet und am 27. des Monats von der Signalstelle Anjer gemeldet. Segelschiffe, die nach Ostasien wollten, durchfuhren die Sundastraße nicht im Winterhalbjahr, wenn der NO-Monsun im Südchinesischen Meer wehte. Ende März gehörte RICKMER sicher zu den ersten Seglern der Saison, die nordwärts durch die Enge strebten. Aber Kapitän Baake brauchte seinen Frühstart in der Sundastraße nicht zu bereuen; er kam im Südchinesischen Meer gut voran und erreichte Hongkong am 28. April 1900. Die Reisedauer von 127 Tagen lag zwei Wochen unter dem Mittelwert für diese Jahreszeit.

In Hongkong wurde die Kohle von den Kulis gelöscht, und schon am 17. Mai lief RICKMER RICKMERS in Ballast wieder aus, aber nicht, wie gewohnt, nach einem der Reishäfen, sondern nach der Westküste Nordamerikas, wo das Schiff Weizen laden sollte. Auf den internationalen Frachtenmärkten herrschte zu der Zeit immer noch rege Nachfrage nach Frachtraum, obgleich der spanisch-amerikanische Krieg vorüber war. Jetzt war es der Burenkrieg, der den Frachtraten Auftrieb gab, so daß Segelschiffe für Weizen von der Westküste Nordamerikas nach Großbritannien bis zu 44 Shilling per Tonne erhalten konnten, wenn sie den Chartervertrag zu einem günstigen Zeitpunkt abschlossen. Das waren 2-4 Shilling mehr als für Reis von Burma zu erzielen war.

Für die Ballastreise von Hongkong nach Astoria an der Mündung des Columbia River brauchte RICKMER RICKMERS 47 Tage. Anfangs wurde das Schiff durch den SW-Monsun begünstigt; nachdem es die japanischen Inseln passiert hatte, kam es mit den vorherrschenden Westwinden der gemäßigten Zone in 40°-45° Nordbreite ganz gut voran, so daß sich eine durchschnittliche Reisedauer ergab.

Hatte RICKMER RICKMERS ihre Reise von Hongkong nach dem Columbia River ohne viel Aufhebens in 47 Tagen erledigt, so zeigte PETER RICKMERS, das schnelle Flaggschiff der Reederei, daß sich aus einer Reise über den Pazifik wesentlich mehr machen ließ. Auch PETER RICKMERS sollte in jenem Jahr von Hongkong nach Astoria segeln, um in Portland, Oregon, Weizen zu laden. Kapitän Schober ging am 28. September in See, nachdem er in Hongkong 118 000 Kisten mit Petroleum gelöscht hatte. Außerhalb der großen Bucht von Hongkong wurde PETER RICKMERS sogleich von einem kräftigen NO-Monsun empfangen; er wehte genau von vorn; denn man mußte zunächst zwischen Formosa, dem heutigen Taiwan, und den Philippinen hindurch, um den offenen Pazifik zu erreichen. Nach 5tägigem Kreuzen gegen den Wind, das so gut wie gar nichts einbrachte, gab Kapitän Schober auf 20° N, 115° O die Kreuzerei auf und drehte ab, um einen anderen Weg zu nehmen. Mit südlichem Kurs steuerte er die Sundastraße an und passierte am 7. November, nach 40 Tagen von Hongkong, Java Head am Südausgang der Straße. Von dort steuerte Kapitän Schober weiter südwärts, um südlich von Australien mit den braven Westwinden nach Osten zu laufen. Auf diesem Weg brauchte der Schnellsegler insgesamt 142 Tage für die Fahrt von Hongkong nach Astoria.

Aber nun zurück zu unserer RICKMER RICKMERS, die am Abend des 2. Juli in Astoria eintraf, wo sie am nächsten Tag einklariert wurde. 5 Tage vorher hatte MABEL RICKMERS den Columbia River verlassen, mit der letzten Weizenladung der Saison 1899/1900. Am 3. Juli berichtete die Zeitung »The Morning Oregonian« über die Getreideverschiffungen und kündigte an, daß die neue Saison bereits für den Monat Juli mindestens sechs Abfahrten verspräche; RICKMER RICKMERS würde auch dabei sein und solle am 4. Juli flußaufwärts nach Portland geschleppt werden.

Damals waren an der Westküste Nordamerikas Arbeitskräfte Mangelware; man suchte vor allem Leute, die arbeiten konnten und wollten. Deshalb lockte man gern die Seeleute mit hohen Löhnen von den Segelschiffen, entsprechend hoch waren dann auch die Heuern, die von den Kapitänen für Ersatzleute gezahlt werden mußten. RICKMER RICKMERS verlor in Portland durch die sogenannten »Crimps«, die illegalen Anwerber, insgesamt 10 Mann, nämlich 5 Matrosen, alle drei Leichtmatrosen und die beiden Schiffsjungen aus London, die man in Cardiff angeheuert hatte. Als Ersatz dafür lieferte der Boardinghouse Master dem Schiff 9 Mann, die am 20. Juli vor dem deutschen Konsul angemustert wurden, Matrosen für 100 Mark monatlich, Leichtmatrosen für 80 Mark.

Kapitän Baake hatte außer den hohen Heuern für die meist minderwertigen Matrosen noch allerhand Nebenkosten zu zahlen, um überhaupt zu einer Mannschaft zu kommen. Der Boardinghouse Master, Heuerbaas und Schlafbaas in einer Person, war ein mächtiger Mann in Portland.

Schlimmer noch als der RICKMER RICKMERS war es der Hamburger Bark PALAWAN ergangen, die zwei Jahre zuvor in Portland geladen hatte. Ihr Kapitän Rickert berichtete über die Mißstände in Portland folgendermaßen an die Deutsche Seewarte:

Die Seeleute wurden mit List und Gewalt von den Schiffen geholt, wobei die Kapitäne machtlos waren, weil sie von der Polizei und sonstigen Amtspersonen keine Hilfe zu erwarten hatten. Der Boardinghouse Master war der einzige Heuerbaas in Portland, und sein Bruder war der einzige Hafenlotse. Beide arbeiteten Hand in Hand, indem sie sich gegenseitig über die Mannschaftsverhältnisse auf den Schiffen und die geplanten »Transaktionen« informierten. Manchmal gelang es dem Boardinghouse Master, die Matrosenheuern bis auf 40 Dollar hinaufzutreiben, was rund 160 Mark entsprach. Und für jeden an Bord gelieferten Mann mußte der Kapitän dem Heuerbaas mindestens zwei Monatsheuern als »Blood Money« zahlen. Damit die in Portland an Bord gebrachten Leute während der Fahrt flußabwärts nicht wieder entwichen, nahm der Kapitän der PALAWAN einen bewaffneten Wächter mit, für den er 22,50 Dollar zu zahlen hatte.

Als RICKMER RICKMERS am 21. Juli mit einem Tiefgang von 6,7 m flußabwärts geschleppt wurde, geriet sie für kurze Zeit auf einer Sandbank fest, ohne Schaden zu nehmen. Beladen war das Schiff mit 111 630 bushels Weizen in Säcken, deren Wert 64 200 $ betrug. »Bushel« ist ein angelsächsisches Raummaß von 35,3 Liter, das Wort entspricht unserem »Scheffel«. Das Gewicht von RICKMER RICKMERS' Ladung betrug 3 010 t. Das Schiff war in üblicher Weise nach Queenstown oder Falmouth für Order bestimmt, da der Empfänger der Ladung noch unbekannt war. Mit dem endgültigen Verkauf der Ladung war erst während der Heimreise zu rechnen.

Am 25. Juli brachte der Schlepper unser Vollschiff seewärts über die Barre, die vor der Flußmündung liegt und nur bei gutem Wetter passierbar ist.

RICKMER RICKMERS hatte einen Weg von rund 16 000 sm vor sich, der um das Kap Horn führte; denn einen Panama-Kanal gab es damals noch nicht. Für unseren RICKMER war es die erste Umseglung des Kap Horns, allerdings von West nach Ost, was meistens nicht so schwierig ist wie der umgekehrte Weg. Über den Verlauf dieser Reise liegen keine Positionsmeldungen und Berichte vor, mit Ausnahme einer Eintragung in dem großen Buch »Ehrenmal deutscher Seeleute«, die besagt, daß der 32jährige Matrose Gustaf Sutiner aus Helsingfors am 6. Oktober 1900 ertrunken sei. Er gehörte zu den in Portland angemusterten Matrosen.

Von dem tödlichen Unfall abgesehen, nahm die Reise einen günstigen Verlauf. Kapitän Baake trieb das Schiff nach bestem Vermögen auf einer Route, auf der die Reisedauer bei Ankunft im Orderhafen von den sportlichen Engländern mit Interesse registriert und verglichen wurde, um den jeweiligen Jahressieger dieses »Weizenrennens« zu ermitteln. Sieger des Jahres wurde die große Viermastbark CEDARBANK, die am 9. Dezember nach 103tägiger Reise in Queenstown ankam. RICKMER, der vier Wochen früher in Falmouth war, belegte mit 107 Tagen einen guten zweiten Platz. Den dritten Platz erreichte das britische Vollschiff CLACKMANNANSHIRE mit 109 Tagen. Der Reeder Peter Rickmers anerkannte die Leistung seines Kapitäns Baake und ließ folgenden Brief nach Falmouth absenden:

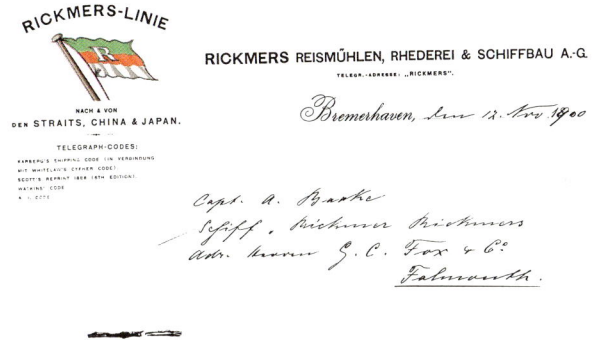

*Erfreut waren wir, Ihre glückliche Ankunft nach so schneller 107tägiger Reise in Falmouth zu erfahren, und will Ihnen unser Herr P. Rickmers, wenn die Ladung gut herauskommt und Schiff etc. zu unserer Zufriedenheit ausfallen, eine Gratifikation von **M. 100,-** bewilligen.*

Bezüglich des verunglückten Matrosen G. Suti-
ner wollen Sie ohne Verzug vor dem nächsten
deutschen Consul Verklarung ablegen und uns
ebenfalls die gelben Unfallanzeigen einsenden.

Journalauszug, Trackkarte etc. bleiben erwar-
tend & zeichnen

Achtungsvoll
(Unterschrift und Stempel)

Das haben Sie gut gemacht! Fahren Sie so fort!
Hoffentlich kommt auch die Ladung gut & schnell
heraus, daß ich auch in dieser Beziehung mit Ih-
nen zufrieden sein kann.

(Unterschrift und Nachsatz sind anscheinend ei-
genhändig von Peter Rickmers geschrieben.)

Für RICKMER RICKMERS lag in Falmouth die Order, die Ladung in Limerick in Irland zu löschen.
Die Fahrt nach Limerick war bei den winterlichen
Stürmen aus westlichen Richtungen sehr mühsam
und dauerte bis zum 23. November. Nach Ankunft musterte die Mannschaft ab. Da das Schiff
nicht nach der Weser zurückkehrte, galt der nord-
europäische Löschhafen als Endhafen der Reise
im Sinne des Heuervertrages. Im Dezember verließen auch die beiden Steuerleute das Schiff.

Unterdessen hatte der Heuerbaas Möhlenbrock
& Blank in Bremerhaven zwei Steuerleute, vier
Handwerker und vier Schiffsjungen angeheuert
und in Geestemünde anmustern lassen. Sie wurden
anschließend auf Kosten des Reeders nach Limerick geschickt; nur die Schiffsjungen mußten die
Reisekosten selber tragen, so stand es in der Musterrolle. Die Schiffsjungen auf den Rahseglern
kamen damals zum großen Teil aus gutsituierten
Elternhäusern mit der Absicht, das Steuermanns-
und Kapitänspatent zu erwerben. Um die stark ge-
fragten Schiffsjungenstellen zu bekommen, waren
manche Eltern bereit, dem Reeder ein Kostgeld
oder eine Prämie zu zahlen, wie es einige Segelschiffsreeder für die Einstellung von Schiffsjungen verlangten.

Der Heuerbaas in Limerick besorgte unserem
Schiff 10 Matrosen, die vor dem Konsul für 60
Mark monatlich angemustert wurden, und zwei
Leichtmatrosen. Die Matrosen waren alle Skandi-
navier, 6 aus Schweden, 3 aus Finnland und 1 aus

Norwegen. Von den Leichtmatrosen stammte einer aus Antwerpen, so daß die Hälfte der Mannschaft Ausländer waren. Den dritten Leichtmatrosen fand Kapitän Baake unter den Matrosen, die
er in Portland für 100 Mark monatlich hatte anmustern müssen; jetzt war einer von ihnen bereit,
für 35 Mark als Leichtmatrose die nächste Reise
mitzumachen. Der 18jährige leistete noch nicht,
was man von einem Matrosen verlangen konnte.

Die erste Petroleumreise

Nachdem RICKMER RICKMERS ihre ersten vier Reisen nach dem Fernen Osten mit Kohlenladungen vom Bristol-Kanal gemacht hatte, setzte man das Schiff fortan in der Petroleumfahrt ein. Schon seit einigen Jahren hatte die Rickmers-Reederei gelegentlich Charterverträge für »case oil« von New York oder Philadelphia nach Ostasien abgeschlossen. Dieses »Kistenpetroleum« befand sich in 5-Gallon-Kanistern, die paarweise in Holzkisten verpackt waren. Ende der 1890er Jahre entwickelte sich mit diesem Kistenpetroleum auf der langen Route um das Kap der Guten Hoffnung ein letztes lohnendes Geschäft für ein paar Dutzend großer Frachtsegler, die Japaner und Chinesen mit Brennstoff für ihre Petroleumlampen belieferten. Um die Jahrhundertwende sind noch ein paar große Viermastbarken speziell für den Transport von Kistenpetroleum gebaut worden.

RICKMER RICKMERS wurde 1901 aufgrund von Charterverträgen in die Flotte der Petroleumsegler eingegliedert und transportierte in den folgenden neun Jahren 7 Petroleumladungen nach Japan. Im Vergleich zur Kohle waren es saubere Ladungen, deren Verschiffung jedoch gewissenhafte Vorsichtsmaßnahmen erforderte. Der Transport von Kistenpetroleum auf Segelschiffen ging nach 1910 schnell zu Ende, weil die großen Ölgesellschaften damals auch in Ostasien den Bau von Tankanlagen »anpackten«, um das Petroleum mit Tank-Dampfern transportieren zu können.

Am 22. Dezember 1900 verließ RICKMER RICKMERS den Hafen von Limerick zur Ballastreise über den winterlichen Nordatlantik. Schlechtes Wetter mit stürmischen westlichen Winden hielt das Schiff noch bis zum 5. Januar auf Scattery Roads fest. Auch während der Überfahrt wurde das Schiff nicht vom Wetter begünstigt, so daß die Reise 51 Tage dauerte. Am 3. März 1901 machte RICKMER RICKMERS zum ersten Mal im Petroleumhafen von Philadelphia fest, um die Petroleumkisten überzunehmen, wobei strenge Feuerschutzmaßnahmen zu beachten waren. Keine Zündhölzer an Bord, kein Feuer im Herd, gekocht wurde an Land.

Während der einmonatigen Hafenliegezeit entwichen zwei Matrosen und ein Leichtmatrose, für die am letzten Tag drei Ersatzleute angemustert wurden. Der angemusterte Leichtmatrose »segelte jedoch achteraus«, das heißt, er kam nicht rechtzeitig an Bord und blieb in Philadelphia zurück.

Die in Philadelphia angeheuerten Matrosen, beides Skandinavier, erhielten eine Heuer von je 72 Mark.

Philadelphia liegt am Delaware River ziemlich weit oberhalb seiner Mündung, so daß RICKMER RICKMERS noch eine lange Schleppfahrt bevorstand, als sie den Hafen am 3. April verließ. Erst am nächsten Tage wurde die freie See erreicht; Lotse und Schlepper wurden entlassen, nachdem der Delaware-Wellenbrecher passiert war. Über den Verlauf der rund 17000 sm langen Reise nach Kobe in Japan gibt es wenig zu berichten. Geladen hatte das Schiff nur 69600 Kisten mit Petroleum. Es war das erste Mal, daß RICKMER RICKMERS im südlichen Winter ihren Weg durch den südlichen Indischen Ozean absegeln mußte. Und in dieser Jahreszeit machen die Roaring Forties oder Brüllenden Vierziger, das heißt die Breitengrade zwischen 40° und 50° S, ihrem Namen alle Ehre. Bei den schweren Stürmen wurde das Deck des tiefbeladenen Schiffes von großen Mengen kalten Wassers überflutet, das sich mit kolossaler Wucht bewegte. Die Leute waren während der Wache naß bis auf die Haut, vier Stunden lang und manchmal auch noch länger. Wenn es dann endlich hieß: »Freiwache zur Koje!«, so stand ihnen nur das kalte und feuchte Logis unter der Back zur Verfügung. Es war alles andere als gemütlich, zumal wenn bei außerordentlich schlechtem Wetter der Koch in der Kombüse keine warmen Mahlzeiten mehr zustande brachte.

RICKMER RICKMERS hatte den langen Ostkurs nahezu hinter sich und war im Begriff, allmählich etwas nördlicher zu steuern, als Sturm und schwere See sich noch ihr Opfer holten. Am 23. Juni 1901, auf 39° S und 74° O, wurde der Zimmermann Heinrich Jonas über Bord gespült und konnte nicht gerettet werden. Kapitän Baake machte über den Unfall folgende Eintragung in das Schiffsjournal:

»Den 23. Juni 1901 um 7 Uhr Ortszeit Abends, Bekamen drei über alle Maßen heftige Brechseen über das Schiff, welche das Steuerbord-Rettungs-

Kistenpetroleum und MEE-FUH-Lampe

In den 1890er Jahren hatten die amerikanischen Ölgesellschaften begonnen, die Petroleumausfuhr nach dem Fernen Osten besonders zu fördern, weil die großen Bevölkerungen der asiatischen Länder einen guten Markt versprachen, den sie nicht an das russische Öl aus dem Gebiet von Baku verlieren wollten.

Während die Japaner sich gleich für das Petroleum interessierten und es gern für Beleuchtungszwecke verwendeten, waren die Chinesen zurückhaltender und blieben zumeist bei ihren traditionellen Funzeln, die sie seit alters her mit vegetabilischem Öl tränkten. Die Standard Oil Company of New York (SOCONY), die 1893 in Shanghai eine Filiale gegründet hatte, war anfangs mit dem Absatz ihres Petroleums nicht zufrieden, obgleich sie als Markenzeichen zwei chinesische Schriftzeichen gewählt hatte, die MEE und FUH (englisch MEI FOO) gesprochen wurden und in unserer Sprache so viel bedeuteten wie »Guter Gefährte«.

Erst als man bei der »Socony« um die Jahrhundertwende auf die Idee kam, eine einfache, praktische Petroleumlampe herzustellen und in großen Mengen nach China zu schicken, um sie dort noch unter den Herstellungskosten abzugeben, wurde der Durchbruch erzielt. Da in den Lampen das Markenzeichen MEE FUH in chinesischen Schriftzeichen eingeprägt war, wurden sie bei den Chinesen schnell bekannt und beliebt. Schon im ersten Jahr wurden 875 000 Lampen abgesetzt, und es hieß in China bald, daß ein Mensch »sein Gesicht verlöre«, wenn er keine MEE-FUH-Lampe besäße. Wer aber die Lampe hatte, der benutzte sie auch und brauchte dafür das »Kerosine« der »Socony«. – Inzwischen sind die Lampen in die Geschichte der Mineralölwirtschaft eingegangen, als Denkmal des Fortschritts oder der Zivilisation.

»Menschliche Elevatoren« beim Hafenumschlag in Ostasien (Nagasaki 1908).

(National Maritime Museum, San Francisco)

boot mitnahmen. Nach der letzten Brechsee hörte ich den Zimmermann Heinrich Jonas aus Bremerhaven jammern. Derselbe ist ganz gewiß über Bord gespült. Schiffsort 39° 25' S.-Br. und 74° 10' O.-Lg. Zunehmender Sturm. Rettungsversuche vorzunehmen, sind bei solcher über alle Maßen hohen See nicht auszuführen.

gez. A. Baake, Kapitän
gez. Cassens, Steuermann

Nach Ankunft des Schiffes in Kobe meldete der Kapitän den Vorfall dem Kaiserlichen Deutschen Konsulat in Hiogo, das die vorschriftsmäßige Regelung der Angelegenheit übernahm. Der 20jährige Zimmermann Jonas war in Bremerhaven ge-

boren, wo seine Mutter zur Zeit seines Todes als Witwe lebte. Sie erhielt das Heuerguthaben ihres Sohnes in Höhe von 236,92 Mark sowie 31,77 Mark als Erlös aus dem an Bord verkauften Nachlaß des Toten. Die im Nachlaß vorgefundenen Briefe und Photographien, verschiedene Papiere und das Seefahrtsbuch wurden der Mutter ebenfalls gegen Quittung ausgehändigt. Das wertvollste Stück im Nachlaß des Zimmermanns war seine Werkzeugkiste, die sich weder an Bord noch in Japan ihrem Wert entsprechend verkaufen ließ. Mit Erlaubnis des Konsulats behielt Kapitän Baake deshalb die Kiste an Bord, um sie nach Rückkehr des Schiffes dem Seemannsamt in Bremerhaven zu getreuen Händen abzuliefern.

RICKMER RICKMERS war laut Chartervertrag nach Hiogo bestimmt, einem Distrikt an der japanischen Binnenlandsee. Die Hafenstadt Kobe gehörte zu Hiogo; es war deshalb kein Widerspruch, wenn es hieß, daß ein Schiff nach Hiogo bestimmt sei und nachher seine Ankunft in Kobe gemeldet wurde. Unser RICKMER hatte auf der Reise nach Hiogo um den 15. Juli herum die Sundastraße passiert und war am 12. August 1901 in Kobe angekommen. 131 Tage war das Schiff in See gewesen, was etwa dem Mittelwert der Jahreszeit entsprach. Einen Monat lag das Schiff auf der Reede und löschte während dieser Zeit seine Petroleumkisten nach altjapanischer Art, das heißt ohne maschinelle Hilfe.

Weizen nach Hamburg

Wie auf der vorhergehenden Reise segelte RICKMER RICKMERS in Ballast über den Pazifischen Ozean nach dem Columbia River, wo in Portland wieder große Weizenmengen auf die Verschiffung nach Europa warteten, so daß die Reeder günstige Frachtraten bis zu 40 Shilling und mehr erzielen konnten. RICKMER verließ Kobe am 13. September 1901 und erreichte Astoria am 12. Oktober nach nur 29tägiger Überfahrt. In der Lokalzeitung »The Morning Astorian« war am 13. Oktober zu lesen: »*Yesterday was a busy one along the waterfront, ... There was one other arrival, the* RICKMER RICKMERS *from Hiogo, Japan. The* RICKMER *did not reach port till very late and at once proceeded to quarantine. A grain cargo awaits her. The* RENÉE RICKMERS *and the* MABEL RICKMERS *have also loaded here this season.*« Am 17. Oktober war RICKMER in Portland und ging bereits 8 Tage später wieder flußabwärts, beladen mit 49 615 Sack Weizen. Wahrscheinlich lag es an der schnellen Abfertigung in Portland, daß dieses Mal nur ein Matrose desertierte. Statt seiner musterte Kapitän Baake einen 24jährigen Amerikaner an, der als Leichtmatrose eine Heuer von 80 Mark bekam, also wesentlich mehr als die Matrosen, die in Limerick für 60 Mark gemustert hatten. Viel seemännische Erfahrung hat der Amerikaner sicher nicht gehabt, sonst hätte er sich nicht als Leichtmatrose mustern lassen.

Die Zeit, die RICKMER in Portland durch die schnelle Beladung gewonnen hatte, ging in Astoria wieder verloren; drei Wochen mußte das Schiff dort liegen, bevor es auslaufen konnte. Die Herbststürme waren schuld daran, und die hohe See und Dünung, die sie auf der Barre vor der Flußmündung erzeugten. Infolgedessen war die Barre meistens unpassierbar, so daß sich in Astoria eine ganze Flotte beladener Segelschiffe angesammelt hatte, die alle auf eine passierbare Barre und den Schlepper warteten, der sie über die Barre bringen mußte. RICKMER RICKMERS kam erst am Nachmittag des 18. November in See, nachdem der Schlepper vormittags eine italienische Bark seewärts getaut hatte.

Damit war RICKMER wieder auf dem langen Seglerweg um Kap Horn, am 28. Februar kreuzte er
den Äquator im Atlantik und signalisierte mit einem anderen Schiff, das die Begegnung im nächsten Hafen meldete. 30 Tage später kam RICKMER
in Falmouth an, um dort die Order für den Bestimmungshafen seiner Ladung zu erfahren. Die
Reisedauer von Astoria bis Falmouth betrug 132
Tage, ein mittelmäßiges Resultat. Die Besatzung
war erfreut, als sie erfuhr, daß RICKMER in Hamburg löschen sollte.

Kapitän Baake verlor keine Zeit, um die Anfang
April herrschende Westwindwetterlage zu nutzen.
Am 3. April um 11 Uhr vormittags passierte RICK-
MER RICKMERS Cuxhaven im Tau des Schleppers
FAIRPLAY V; es wehte ein leichter SW-Wind, der
Himmel war bedeckt. In der folgenden Nacht erreichte das Schiff unter Ausnutzung der Fluttide
den Hamburger Hafen und wurde im Segelschiffhafen vertäut. Schon am 4. April fand die Gene-
ralabmusterung vor dem Seemannsamt in Altona
statt.

Die »Altonaer Nachrichten« berichteten am
Freitag, dem 4. April: »Eine ganze Anzahl großer
Segelschiffe sind jetzt durch den frischen westli-
chen Wind nach Hamburg geweht. In vergangener
Nacht sind nicht weniger als vier große Segler nach
Hamburg gekommen, und zwar die deutsche Bark
DORADE, das französische Vollschiff BLANCHE, die
deutsche Viermastbark HENRIETTE und das deut-
sche Vollschiff RICKMER RICKMERS.«

Einen Tag später traf die französische Bark MA-
RÉCHAL DAVOUT in Hamburg ein, mit 50 000 Sack
Weizen von Portland kommend, und am Abend
des 8. April machte die Viermastbark RENÉE RICK-
MERS im Hamburger Hafen fest, die 54 000 Sack
Weizen von Portland brachte. Innerhalb von 5 Ta-
gen waren vier Segler mit Weizen von Oregon in
Hamburg eingetroffen; den Verlauf ihrer Reisen
zeigt die Tabelle auf S. 85. Siegerin in dem »Wei-
zenrennen« war ohne Zweifel die große Viermast-
bark HENRIETTE des Reeders Hans Hinrich
Schmidt, die von Kapitän Rasch geführt wurde.

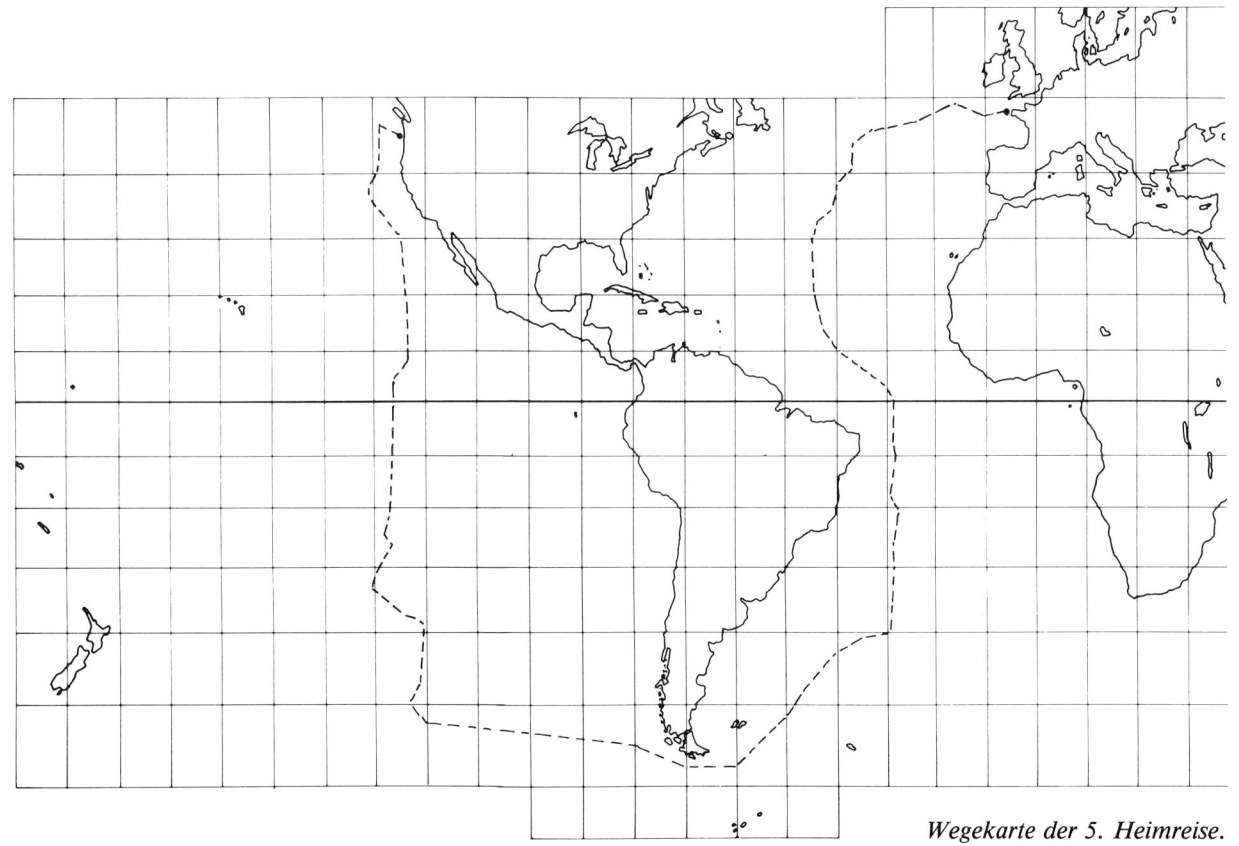

Wegekarte der 5. Heimreise.

Einer der großen Eisberge des südlichen Weltmeeres, beobachtet auf 55° Südbreite westlich von Kap Horn.

RICKMER RICKMERS nimmt in dieser Aufstellung keinen hervorragenden Platz ein. Kapitän Baake konnte sich nur damit brüsten, daß er das Reedereischiff RENÉE RICKMERS überholt und deutlich geschlagen hatte. Kapitän Schulze, der Führer der RENÉE RICKMERS, war auf der gesamten Rundreise vom Unglück verfolgt worden. Auf der Ausreise nach Japan waren vier Mann von einer schweren See über Bord gespült worden, und auf der Ballastreise von Japan nach dem Columbia River fiel der Zweite Steuermann in den Laderaum; er starb nach wenigen Tagen an den dabei erlittenen Verletzungen. Auf der Heimreise von Portland schließlich hatte die Viermastbark wohl kein Glück mit den Winden; denn auf anderen Reisen hatte sie sich RICKMER RICKMERS in bezug auf die Segelfähigkeit als durchaus ebenbürtig erwiesen.

RICKMER RICKMERS löschte die Weizenladung von 3030 t im Segelschiffhafen. Als das leere Schiff am 25. April dort noch an den Pfählen lag, ereignete sich an Bord ein tödlicher Unfall, der im »Hamburger Echo« folgendermaßen beschrieben wurde:

»Der Ballastarbeiter Heinrich Jans aus Altona fiel in den Unterraum auf den dort liegenden Steinballast und blieb bewußtlos liegen. Seine Kollegen brachten ihn mit einer Jolle nach dem Ponton am Baumwall. Der Verunglückte ist jedoch auf der Fahrt dahin bereits verstorben, so daß die Sanitätskolonne nur noch die Leiche ins Hafenkrankenhaus bringen konnte.«

Außer dem tragischen Unfall ist aus dem Zeitungsbericht zu entnehmen, daß RICKMER RICK-

MERS neben ihren 1 000 t Wasserballast noch einigen Ballast in Form von Steinen an Bord genommen hat. Wir wissen nicht, ob sie den Ballast nur zusätzlich für ihre Atlantiküberquerung brauchte oder ob man die Steine unter dem Kistenpetroleum in die Bilge stauen wollte. Da Kistenpetroleum zu den etwas leichteren Ladungen zählte, nahm man auf vielen Seglern 100 bis 200 t Steinballast in die Bilgen, um die Stabilität des Schiffes zu verbessern.

Als sich der Unfall im Segelschiffhafen ereignete, war die neue Besatzung erst zum Teil an Bord. Die Musterrolle war bereits am 11. April vom Seemannsamt Bremerhaven ausgestellt, ein Schiffsjunge wurde angemustert, an Stelle des Kapitäns Baake unterschrieben die Schiffsmakler Möhlenbrock & Blank, und dann wurde die Musterrolle an das Seemannsamt Altona geschickt, wo später der größte Teil der Mannschaft anmusterte.

Auffallend ist, daß diese Musterrolle eine andere Speiserolle enthielt als alle anderen, die das Schiff vorher gehabt hatte. Dieses Mal war die alte bremische Speiserolle vom 15. März 1873 eingefügt worden. Wenn auch die Unterschiede zu den vorher auf RICKMER verbindlichen Speiserollen nicht groß waren, was die Verpflegungsrationen betrifft, so fällt doch auf, daß nach dieser alten Bremischen Verordnung pro Mann und Tag 6 Liter Wasser auszugeben waren, während bisher auf RICKMER RICKMERS nur 4$^{1}/_{2}$ Liter vorgeschrieben waren. Das Wasser ging zum größten Teil zum Koch in die Kombüse, der es zum Bereiten der Speisen und Getränke verbrauchte. Für den individuellen Verbrauch der Seeleute blieb da nicht viel über; starke Regengüsse wurden deshalb stets benutzt, um Waschwasser anzusammeln.

Zwischen dem 21. und 24. April schickte man noch 8 Mann Besatzung von Bremerhaven nach Hamburg; die Reederei und der Kapitän wollten sich wohl nicht ganz und gar den Hamburgern ausliefern. Von Bremerhaven kamen also 6 Matrosen, der Koch von der vorhergehenden Reise und der Erste Steuermann Ludwig Kohlmann aus Lehe. Mit Ausnahme des letzteren mußten die Leute die Reise nach Hamburg auf eigene Kosten machen und waren gehalten, sich sofort nach Ankunft an Bord zum Dienst zu melden.

Der Rest der Besatzung wurde in Hamburg oder Altona angeheuert, darunter ein dänischer Segelmacher aus Äresköbing und ein Matrose mit schwedischem Namen. Die vereinbarten Heuern waren einheitlich für gleiche Dienstgrade; alle Matrosen erhielten 60 Mark, alle drei Leichtmatrosen 30 Mark und die vier Schiffsjungen je 15 Mark. Der Erste Steuermann, der 32 Jahre alt war, bekam 140 Mark.

Reisen von Portland/Oregon nach Hamburg 1901/02:

Schiffsname:	MABEL RICKMERS	RENÉE RICKMERS	RICKMER RICKMERS	MARÉCHAL DAVOUT	HENRIETTE
ab Portland	8 Okt	23 Okt	25 Okt	5 Nov	24 Nov
ab Astoria	11 Okt	26 Okt	18 Nov	25 Nov	12 Dez
Linie Pazifik		22 Nov			2 Jan
Kap Horn		3 Jan			31 Jan
Linie Atlantik		19 Feb	28 Feb		28 Feb
Orderhafen	13 Feb	31 Mär	30 Mär	31 Mär	29 Mär
an Hamburg	21 Feb	8 Apr	4 Apr	5 Apr	3 Apr
Reisedauer ab Astoria	**133 Tage**	**164 Tage**	**137 Tage**	**131 Tage**	**112 Tage**

Ab 1903 wieder Reisladungen

Mit Petroleum nach Osten, mit Reis nach Westen

Am 30. April 1902 bekam RICKMER RICKMERS im Elbe-Dock einen neuen Bodenanstrich. Am 2. Mai verließ sie den Hamburger Hafen mit der Bestimmung nach Philadelphia in USA, wo sie Petroleum laden sollte. Die Führung des Schiffes lag wieder in den Händen des bewährten Kapitäns Albert Baake. Im Tau des Schleppers ENAK passierte das Vollschiff Cuxhaven am 4. Mai morgens um 05.30 Uhr. Das Wetter war regnerisch mit leichtem SW-Wind, der tagsüber auf Stärke 4 zunahm und auf WNW drehte. Nachmittags wurde Helgoland passiert, immer noch mit Schlepperhilfe, mit der die Reederei Rickmers nicht geizig war. Manchmal schleppten die firmeneigenen Fischdampfer die Segler durch die Nordsee und den Ärmelkanal.

Vier Tage später schon passierte RICKMER RICKMERS das Kap Lizard und segelte mit einem steifen NNW-Wind in den offenen Atlantik. Die Fahrt über den Nordatlantik machte Kapitän Baake auf der direkten Route zwischen 50° und 40° Nordbreite bei meist gutem Wetter, ausgenommen ein SW-Sturm von Stärke 10, der jedoch nur einen halben Tag dauerte. Die größte Distanz, die das Schiff auf dem Nordatlantik während einer Wache lief, betrug 46 sm, nicht sehr viel für ein Ballastschiff mit frisch gestrichenem Boden.

Am Morgen des 5. Juni nahm RICKMER RICKMERS vor dem Delaware River den Lotsen an Bord und wenig später machte man den Schlepper fest. Am Mittag des folgenden Tages wurde das Vollschiff in Philadelphia vertäut. Von Hafen zu Hafen hatte die Reise 35 Tage gedauert, von Lizard bis zur Delaware-Mündung nur 28. Es war ein gutes Resultat; denn die mittlere Reisedauer für den Monat Mai, berechnet von der Deutschen Seewarte für die Jahre 1883/98, war 9 Tage länger. Die Viermastbark RENÉE RICKMERS hatte die Elbe am selben Tag wie RICKMER verlassen und den Delaware-River ebenfalls am 5. Juni erreicht; die Reisedauer beider Schiffe unterschied sich nur um Stunden. Wenn zwei Segelschiffe gleichzeitig auf dieselbe Bahn gingen, so wirkte das fast immer lei-

stungsfördernd auf die Besatzungen, nicht selten wurde dadurch die Reisedauer verkürzt.

Während der Liegezeit in Philadelphia desertierte von der RICKMER RICKMERS ein 17jähriger Schiffsjunge aus Halberstadt, nachdem am Tag zuvor der Schiffsjunge Hans von Klitzing aus Hamburg ordnungsgemäß abgemustert worden war. Auch der Koch Harmsen aus Bremerhaven wurde ohne Angabe von Gründen abgemustert. Als Ersatz für die Abgänge kamen ein Leichtmatrose und ein Junge an Bord. Die Aufgaben des Kochs wurden vermutlich von einem Matrosen übernommen; manche Seeleute sind vielseitig verwendbar.

Am 25. Juni gab das Konsulat die Musterrolle an das Schiff zurück, das am nächsten Tag Philadelphia mit 79006 Kisten Petroleum für Japan verließ. Das Konsulat hatte sich für seine seemannsamtlichen Dienstleistungen Gebühren in Höhe von 31,42 US-Dollar berechnet. RENÉE RICKMERS lag 16 Tage länger in Philadelphia und ging erst am 12. Juli auf die lange Reise nach Japan. Aber RENÉE konnte seinen Rückstand von 16 Tagen bereits im Nordatlantik aufholen; vom Äquator ab begann dann ein offenes Rennen zwischen RENÉE und RICKMER, bei dem auf dem langen Weg nach Japan mal der eine und mal der andere einen kleinen Vorsprung ersegelte, doch enthält das meteorologische Journal des RICKMER keine Angaben, daß die beiden Rivalen während des langen Rennens einander in Sicht gehabt hätten.

Im Indischen Ozean ostwärts steuernd, ging der RICKMER bis auf 43° Südbreite hinunter und erlebte in den »Brüllenden Vierzigern« einige schwere Stürme bis Stärke 11, die Kapitän Baake zum Beidrehen zwangen. Aber das Schiff kam mit den starken Winden auch gut voran und erreichte den SO-Passat im Indischen Ozean am 5. Oktober auf 25° S, 109° O. Damit hatte RICKMER wieder die Führung übernommen, RENÉE stand am selben Tag auf 27° S, 108° O mehr als 120 sm zurück.

Am 14. Oktober durchsegelte RICKMER die Allas-Straße, nachdem man in der Einfahrt wegen starken Gegenstroms für acht Stunden hatte ankern müssen. Mehr treibend als segelnd gelangte das Schiff dann mit nördlichem Kurs in die Macassar-Straße, die westlich an Celebes vorbei in die Celebes-See führt. Die Wind- und Stromverhältnisse in der Macassar-Straße waren trostlos; in 10 Tagen kam RICKMER insgesamt nur um 30 sm voran, das heißt etwa 5 km pro Tag. An einem dieser 10 Tage steht im Wetter-Journal:

»Treiben immer weiter auf Borneo zu, ohne etwas dagegen tun zu können.«

Der einzige Trost in solchen Situationen ist die Tatsache, daß eine Strömung, die aufs Land zusetzt, normalerweise ihre Richtung ändert, bevor sie das Land erreicht.

Nachdem das Vollschiff das NW-Ende von Celebes am 4. November endlich gerundet hatte, steuerte es mit östlichen Kursen nördlich von Celebes und Halmahera entlang, um so bald wie möglich den Stillen Ozean zu erreichen. Im offenen Ozean auf 3° N, 131° O liegt die kleine Insel Tobi, auch Lord North Island genannt, deren Bewohner damals sehr eifrig den Kontakt mit Schiffen suchten, die vorbeisegelten oder -trieben. Die Lage der Insel am Weg der Segelschiffe, die das Inselmeer verlassen hatten, um ihre Reise nach Japan oder China fortzusetzen, kam den Insulanern zugute. Mit ihren Kanus, die bis zu 20 Menschen faßten, segelten und paddelten sie oft viele Seemeilen weit hinaus, um die großen Segler zu erreichen, mit denen sie Tauschhandel treiben wollten: Kokosnüsse und dünne Leinen aus Kokosfasern gegen Nägel und eiserne Werkzeuge.

Die Tobi-Insulaner hatten im vorigen Jahrhundert einen schlechten Ruf, weil sie im Jahre 1832 Schiffbrüchige eines amerikanischen Walfängers mißhandelt und jahrelang zu Sklavenarbeiten gezwungen hatten. Seitdem hieß es in den Segelhandbüchern, daß man den Tobi-Insulanern nicht trauen dürfe. Die Folge war, daß noch in den 1880er und 90er Jahren von den Segelschiffen auf die Insulaner geschossen wurde, wenn sie sich allzu hartnäckig den Schiffen näherten. *»Wir schossen mit gutem Erfolg,«* schrieb 1897 ein deutscher Kapitän in der Bremer »Weserzeitung«.

Über Kontakte der RICKMER RICKMERS mit den Tobianern wissen wir nichts; denn Schiffstagebücher sind nicht mehr vorhanden. Da aber der Weg des RICKMER auf seinen Reisen nach Fernost fünf-

mal durch das Seegebiet um Tobi führte, haben wahrscheinlich auch Seeleute des RICKMER die Tobi-Insulaner zu Gesicht bekommen. Vom Schwesterschiff MABEL RICKMERS wissen wir, daß am 3. Dezember 1909 mehrere Boote mit etwa 70 Tobianern längsseit kamen, von denen man Kokosnüsse eintauschte.

Von einem Korallenriff umgeben, ist Tobi eine niedrige Sandinsel mit einem größten Durchmesser von etwa 1 sm. Als westlichste der Karolineninseln gehörte sie 1899–1919 zum deutschen Schutzgebiet; am 12. April 1901 hatte eine feierliche Flaggenhissung stattgefunden. 1906 stellte ein Amtmann der deutschen Kolonialverwaltung anläßlich einer Inspektionsreise fest, daß damals etwa 1 000 Menschen auf der Insel lebten, von denen viele in schlechtem Gesundheitszustand waren, wegen Übervölkerung.

RICKMER RICKMERS traf Mitte November 1902 auf 8° N, 135° O einen frischen NO-Monsun an, der sie gut voranbrachte. Am 5. Dezember kam die japanische Küste in Sicht; am nächsten Tag aber mußte das Schiff bei Kap Hino Misaki im schweren Sturm beigedreht werden. Am 7. Dezember ankerte RICKMER vor der Einfahrt nach Kobe in der Isumi-Straße, nach einer langen Reise von 164 Tagen. RENÉE R. hatte am 5. Dezember ihren Bestimmungshafen Nagasaki erreicht.

In ostasiatischer Manier wurde die Ladung der RICKMER RICKMERS in Kobe in gut zwei Wochen gelöscht. Schon am 24. Dezember erfolgte die Rückgabe der Musterrolle an das Schiff, und das sollte nach dem Gesetz über die Schiffsmeldungen bei den deutschen Konsulaten tunlichst kurz vor Abfahrt des Schiffes geschehen. Aber ganz so schnell ging es dann doch nicht mit der Abfahrt. Nach dem meteorologischen Tagebuch erreichte RICKMER RICKMERS am Nachmittag des 30. Dezember den offenen Pazifik 75 sm südlich von Kobe, wo sie von einem frischen NO-Monsun empfangen wurde. Das Schiff war nach Rangoon bestimmt, um Reis für die Heimreise zu laden. Der winterliche Monsun versprach eine flotte Fahrt bis zur Malacca-Straße, also bis Singapore, und tatsächlich hat RICKMER diese 2 800 sm in 15 Tagen hinter sich gebracht. Am 7. Januar hatte der NO-Monsun seine größte Stärke von 8 Beaufort erreicht, dabei lief das Ballastschiff maximal 48 sm in einer

Das Vollschiff RICKMER RICKMERS, *gemalt in Hongkong auf der ersten oder zweiten Reise des Schiffes.*
(Sammlung Frau E. Reinemuth)

vierstündigen Wache und 268 sm in 24 Stunden. Für die Durchsegelung der Malacca-Straße brauchte das Vollschiff 6 Tage, nach weiteren 10 Tagen ließ man den Anker bei China Bakir fallen, vor der Mündung des Irrawaddy-Flusses. Das war am 30. Januar, drei Tage später erreichte RICKMER Rangoon mit Hilfe von Lotse und Schlepper. Die ganze Fahrt von Kobe bis Rangoon hatte nur 34 Tage gedauert.

Rund 3050 t Reis wurden in drei Wochen geladen; als besonderes Ereignis während dieser Zeit ist nur das Entweichen eines Leichtmatrosen zu vermelden, der in Philadelphia an Bord gekommen war. Die Viermastbark RENÉE RICKMERS, die auch in Rangoon lag, war noch mit der Ladung beschäftigt, als RICKMER RICKMERS am 25. Februar 1903 die Stadt im Tau eines Schleppers verließ und zwei Tage später in See ging. Es war morgens

4 Uhr am 27. Februar, als Kapitän Baake das Leuchtfeuer von China Bakir im Norden hinter der Kimm verschwinden sah. Der Februar gehörte noch dem NO-Monsun, der hier aber nicht mehr viel Kraft hatte; schwache Winde aus Richtungen zwischen NO und NW schoben den RICKMER südwärts. Am 16. März kreuzte das Schiff den Äquator bei NW-Wind in Stärke 3. Den Gürtel des SO-Passats, den RICKMER zwischen 8° S und 28° S vorfand, durchsegelte er mit SW-lichem Kurs in 20 Tagen.

Ein schwerer Sturm aus West zwang unser Vollschiff Anfang Mai zum Beidrehen auf 33° S, 29° O. Am 5. Mai kam die afrikanische Küste in Sicht. RICKMER kam hier gut voran, weil die Agulhas-Strömung zeitweise mit 3–4 sm/h schieben half. Cap Agulhas, die Südspitze Afrikas, wurde am 12. Mai in 27 sm Abstand gesichtet, bei Windstille, die jedoch nicht allzulange dauerte. Von dort bis zum Äquator gab es die übliche ruhige Fahrt im SO-Passat, die 24 Tage in Anspruch nahm; St. Helena wurde in 25 sm Abstand passiert; anscheinend hatte Kapitän Baake nicht die Absicht, Frischproviant zu kaufen. 4 Tage später kam die Insel Ascension in Sicht, die RICKMER nachmittags um 16 Uhr in 5 sm Abstand passierte.

RENÉE RICKMERS hatte Rangoon 6 Tage später als RICKMER verlassen, konnte ihn aber dieses Mal nicht mehr einholen. Den Äquator im Atlantik kreuzte RICKMER am 5. Juni, RENÉE erst am 14. Juni, lag also hier 9 Tage zurück. Im sommerlichen Nordatlantik fanden die Schiffe nicht viel Wind, RICKMER brauchte von der Linie volle 40 Tage bis zum Eingang des Ärmelkanals und war 138 Tage in See, als man am 15. Juli abends das Leuchtfeuer von Lizard in Sicht bekam. Die Reisedauer war unbefriedigend; denn der Mittelwert für die im Februar angetretenen Reisen betrug nur 120 Tage. Am 24. Juli erreichte RICKMER RICKMERS den Löschhafen Geestemünde, einen Tag später kam auch RENÉE weseraufwärts, die im Nordatlantik einige Tage hatte aufholen können.

12 600 sm betrug die Länge des üblichen Segelschiffsweges von Rangoon zur Wesermündung. RICKMER RICKMERS hatte dafür 147 Tage gebraucht, also durchschnittlich 86 sm pro Tag zurückgelegt. Das ergibt eine mittlere Geschwindigkeit von 3,6 sm/h oder Knoten, wie man früher sagte. Aber das ist noch nicht die volle Wahrheit; denn der Weg durch den Suezkanal, den die Maschinenschiffe benutzen, ist von Rangoon bis zur Wesermündung nur 8 250 sm lang, und wenn man diese Distanz mit den 147 Reisetagen der RICKMER RICKMERS verrechnet, dann war das Windschiff auf jener Reise seinem Ziel täglich nur 56 sm und stündlich nur 2,3 sm nähergekommen. Ein damaliger Dampfer, der vielleicht 10 sm/h laufen konnte, hätte statt 147 Tagen nur 37 Tage gebraucht, womit eigentlich alles gesagt ist.

Die Geestemünder »Provinzialzeitung« schrieb am Montag, dem 27. Juli:

»Die Zufuhr von Reis ist augenblicklich eine recht starke. Die englischen Dampfer MOORA *und* RAAS-BARA *sowie die Segler* RICKMER RICKMERS *und* RENÉE RICKMERS *haben in den letzten Tagen*

zusammen 250 000 Sack angebracht. Fünf weitere Reisdampfer sind in nächster Zeit fällig.«

Die Zeitungsnotiz läßt erkennen, daß die Segelschiffe bei der Reiseinfuhr nur noch eine zweitrangige Rolle spielten, was nach dem oben Gesagten nicht weiter verwunderlich ist.

RICKMER RICKMERS hatte – ebenso wie RENÉE R. – für die Rundreise von Deutschland via USA, Japan, Burma nach Deutschland fast 15 Monate benötigt und während dieses Zeitraums eine Petroleum- und eine Reisladung befördert. Die ersten drei Reisen des Schiffes mit Kohle vom Bristol-Kanal und heimkehrend mit Reis hatten jeweils nur 12 Monate gedauert. Einen Monat länger dauerte die vierte Reise, auf der das Schiff Kohle nach Hongkong gebracht und dann Weizen von Oregon geholt hatte. Für die Reisen mit Kistenpetroleum von Nordamerika nach Japan und Reis heimwärts nach Deutschland mußte man für die gesamte Rundreise bei normalem Verlauf ungefähr 15 Monate rechnen. Diese Reisen dauerten also erheblich länger als die früheren Reisen, auf denen das Schiff die Ausreise mit Kohlen vom Bristol-Kanal gemacht hatte. Die längere Dauer der Rundreisen mußte durch höhere Frachteinnahmen aus dem Kistenpetroleum wettgemacht werden. 1900 wurden für Reisen von New York nach Japan um 24 Cents pro Kiste bezahlt; in der Depression 1903/04 nur 18 Cents, d. h. 2 Pf pro Liter.

Während der zuvor beschriebenen Reise der RICKMER RICKMERS war im November 1902 der Reederei-Chef Peter Rickmers gestorben; Kapitän Baake hatte die Nachricht wahrscheinlich in Rangoon erhalten. Aber erst jetzt in Bremerhaven erfuhr er, wie es weitergehen sollte. Nach dem Willen von Andreas Rickmers wurde die gesamte Flotte der Reederei auf zehn Jahre an die Reis- und Handels-AG verchartert, wodurch der Reederei und Paul Rickmers die Hände gebunden wurden, s. auch S. 72.

Havarie beim Kap der Guten Hoffnung

Im August 1903 übernahm Kapitän Ludwig Kohlmann das Kommando der RICKMER RICKMERS, nachdem er die vorhergehende Reise des Schiffes als Erster Steuermann mitgemacht hatte. Er war am 14. Januar 1870 in Lehe bei Bremerhaven geboren, wurde also mit 33 Jahren Kapitän, ein passendes Alter für die Übernahme der Verantwortung für ein Schiff und seine Mannschaft.

Für die bevorstehende Reise galten bereits die Bedingungen des langjährigen Chartervertrages, der zwischen der Reis- und Handels-AG und Rickmers Reismühlen, Reederei und Schiffbau A.G. abgeschlossen worden war. Da die Einzelheiten dieses Vertrages nicht bekannt wurden, weiß man nicht, nach welchem Modus die Chartersummen für die einzelnen Schiffe berechnet worden sind, und welche Anreize die Berechnungsart dem Reeder und dem Kapitän gab, um für möglichst schnelle Reisen der Schiffe besorgt zu sein. Übrigens ließ der 1903 erschienene Band des Lloyd's Register erkennen, daß die Klassifizierung der RICKMER RICKMERS in London erloschen war und das Schiff nur noch das Klassenzertifikat des Bureau Veritas besaß.

Am Sonntag, dem 16. August 1903, nach nur 23tägiger Liegezeit im heimatlichen Geestemünde, trat RICKMER seine siebte große Reise an, »*von der Weser nach Philadelphia und weiter*«, wie es in der Musterrolle hieß, die das Seemannsamt Geestemünde am 5. August aufgelegt hatte. Die Besatzungsstärke betrug unverändert 25 Mann einschließlich des Kapitäns. Der Erste Steuermann Dirk Dirks, 1877 in Emden geboren, wurde in der Musterrolle als »Obersteuermann« bezeichnet und erhielt die damals übliche Monatsheuer von 140 Mark. Der 22jährige Zweite Steuermann wurde als solcher in die Musterrolle eingetragen und nicht als Untersteuermann, wie es sich der Obersteuermann vielleicht gewünscht hatte. Der Zweite erhielt 85 Mark monatlich, das gleiche wie der Koch. Es waren zu Beginn der Reise nur zwei Ausländer an Bord, der dänische Segelmacher Rasmussen von der vorhergehenden Reise und ein Matrose aus Reval. Die Matrosen, Leichtmatrosen und Schiffsjungen erhielten die gleichen Heuern wie auf der vorhergehenden Reise, nämlich 60, 30 und 15 Mark. Der 31jährige Donkeymann aus Berlin fuhr für 75 Mark monatlich.

Der holländische Schlepper HOLLANDER brachte die RICKMER RICKMERS nicht nur die Weser abwärts, sondern schleppte sie auch durch die Nordsee und den Englischen Kanal; denn die Westwinde wehten zeitweise stürmisch, obgleich es Sommerzeit war. Schon auf der Weser beim Hoheweg-Leuchtturm hatte man für einen Tag ankern müssen, weil es mit Stärke 9 aus WSW blies. Am 20. August erreichte RICKMER den Kanal und passierte Dungeness um 6 Uhr in der Frühe. Gegen Mittag wehte der SW-Wind wieder mit Stärke 7/8, so daß der Schlepper nicht mehr vorankam und mit seinem Schützling zurücklief, um in den Downs zu ankern. Um 18 Uhr lag RICKMER vor Walmer Castle auf 16 m Wassertiefe vor Anker. Nachts steigerte sich der SW zu einem schweren Sturm mit orkanartigen Böen. Um 21 Uhr hatte man auch den zweiten Anker fallen lassen. Es waren etwa 50 große und kleine Schiffe, die wegen des Sturms in den Downs Schutz gesucht hatten. Am Nachmittag des 21. August setzte der Schleppzug die Reise fort. Der Schlepper wurde am 23. August entlassen, nachdem man vormittags Start Point passiert hattte. Am Nachmittag desselben Tages kreuzte RICKMER bei Kap Lizard gegen SW-liche Winde.

Der Beginn der Reise war nicht vom Windgott begünstigt. Erst nachdem RICKMER am 26. August noch einen schweren SW-Sturm abgewettert hatte, wurde es besser, und das Schiff hatte zwischen 50° und 40° Nordbreite eine verhältnismäßig glatte Überfahrt nach Philadelphia, die, von Lizard gerechnet, 32 Tage dauerte. Am Nachmittag des 23. September erhielt das Schiff vor dem Delaware River Lotse und Schlepper und machte am nächsten Tag im Hafen von Philadelphia fest.

Während der einmonatigen Liegezeit in Philadelphia verlor Kapitän Kohlmann 4 Leute; ein Matrose ging ins Hospital, die anderen drei in die Freiheit von »God's own Country«. Ersatzleute waren ohne allzu große Schwierigkeiten zu bekommen, für drei Matrosen mußte das Schiff je 72 Mark Heuer zahlen, für einen Leichtmatrosen 60 Mark. Letzterer stammte aus der Schweiz.

Das havarierte Vollschiff RICKMER RICKMERS *am Kai in Kapstadt, wo die Schäden repariert werden.*
(Sammlung Verein Windjammer für Hamburg)

Am 6. Oktober traf auch RENÉE RICKMERS in Philadelphia ein, und zwei Wochen später kam noch die MABEL RICKMERS hinzu. RENÉE hatte 35 Tage und MABEL 31 Tage von Lizard gebraucht. Wenn sich damals Segelschiffskapitäne trafen, drehten sich ihre Gespräche mit Vorliebe um Reisedauer und Reisewege.

RICKMER RICKMERS verließ Philadelphia am Sonntag, dem 25. Oktober, um 9 Uhr morgens, beladen mit 76606 Kisten für Kobe in Japan. Wegen des starken Stromes auf dem Delaware River wurde abends geankert. Am nächsten Tag ging man in See, der Lotse verließ das Schiff mittags bei Cape Henlopen. Es wehte ein frischer NW-Wind, der RICKMER anfangs gut voran brachte; aber bis zum Äquator brauchte er schließlich doch 33 Tage. Kapitän Kohlmann hätte es gern etwas

schneller gehabt, denn er wußte, daß sein Kollege Alex Schulze mit der RENÉE RICKMERS ihm auf den Fersen war. RENÉE war 10 Tage später in See gegangen, mit dem gleichen Ziel wie RICKMER. Aber er konnte dieses Mal den RICKMER nicht aufholen, Kapitän Kohlmann hielt seinen Rivalen bis Kobe auf Distanz, wo RENÉE genau 10 Tage nach dem RICKMER eintraf.

Ungewöhnliches berichtet das meteorologische Tagebuch RICKMER RICKMERS' im Februar 1904, als man durch die Lombok-Straße in den indonesischen Archipel einsegeln wollte. In der Nacht zum 4. Februar hatte man das Vollschiff bei mallendem Wind und Gewitterschauern vor der Straße beigedreht. Als man sich beim Hellwerden die Landschaft besah, gewann die Schiffsleitung den Eindruck, daß man nicht vor der Lombok-, sondern vor der Allas-Straße stehe, und folgerte daraus, daß das Chronometer zusätzlich um 3^{min} falsch gehen müsse. Unter ständigem Loten steuerte Kapitän Kohlmann in die vermeintliche Allas-Straße. Die Sicht war schlecht, der Strom war stark, und das Lot fand keinen Grund. Aber am nächsten Morgen hatte das Schiff die Straße passiert, wobei der Strom mehr geleistet hatte als der Wind. Unzufrieden war der Kapitän, daß alle Peilungen von Landmarken nicht stimmen wollten und die Vlack-Insel nicht in Sicht kam. Erst am folgenden Tag, am 6. Februar, erhielt die Schiffsleitung wieder eine sichere Ortsbestimmung, aus der sich ergab, daß das Chronometer doch nicht um jene 3^{min} falsch ging, die man vor zwei Tagen errechnet hatte. Der Kapitän beendete seine Eintragung im meteorologischen Tagebuch mit den Worten: »..., *was ich mir überhaupt nicht erklären konnte.*« Als ich diese Geschichte im Logbuch las, sträubten sich mir die Haare, und ich fand den alten Schnack bestätigt, daß auch ein bißchen Glück haben müsse, wer als Kapitän fahren wolle. Kapitän Kohlmann hatte es gehabt.

RICKMER steuerte nun längs der Küste von Sumbawa ostwärts, und man sichtete nachmittags die Vlack-Insel, nach der man am Tag zuvor vergeblich ausgeguckt hatte.

Die Fahrt durch den Archipel war wieder zeitraubend; erst am 19. Februar wurde in der Djilolo-Straße der Äquator gekreuzt. Richtig in Fahrt kam das Vollschiff erst wieder, als es am 4. März auf 8° N, 137° O den NO-Passat erreichte. Aber die Prüfungen, die Kapitän Kohlmann auf dieser seiner ersten Reise zu bestehen hatte, waren noch nicht zu Ende. Am 17. März mußte er, nur noch 60 sm von der japanischen Küste entfernt, einen orkanartigen NO-Sturm abwettern. Über die Nacht vom 17. zum 18. März schrieb er ins Wetter-Tagebuch:

»Schiff lag über Backbord-Halsen. Es weht zuweilen ein voller Orkan. Schiff nimmt schwere Sturzseen über, Deck und Luken beständig unter Wasser. Um 9 Uhr am 18. schlug eine schwere Sturzsee die Persennings der Achterluke auf; ölten die See. Am Abend etwas handiger, nach Mitternacht rasch abflauend auf 2 Beaufort. Hohe, gewaltige See aus allen Richtungen, dick von Regen, Schiff arbeitet furchtbar und ist ohne Steuerkraft.

Um 03.50 Uhr am 19. März setzte der Sturm mit erneuerter Kraft aus Südwest wieder ein. Sichteten einen Dampfer. Mittags abnehmender Sturm, setzten Segel.«

Am 21. März um 11 Uhr erhielt RICKMER RICKMERS nicht weit von Kap Hino Misaki entfernt einen japanischen Lotsen, von dem das Logbuch sagt, daß er nicht zu gebrauchen war. Trotz alledem erreichte unser Schiff am 22. März die Reede von Kobe.

Zwei Wochen in Kobe genügten, um die Ladung zu löschen. Während dieser Zeit wurden zwei Mann ohne Angabe von Gründen abgemustert, nämlich der dänische Segelmacher Rasmussen und ein Matrose aus Bremen. Als Ersatz wurde ein 27jähriger Japaner als Matrose angemustert, für monatlich 20 Yen, die damals etwa 38 Mark entsprachen.

Am Morgen des 6. April verließ RICKMER RICKMERS die Reede von Kobe, in Ballast nach Bangkok bestimmt; der Tiefgang betrug 14′ 0″ vorn und achtern. Abends begann es zu stürmen, so daß man bei den Isumi-Klippen ankern mußte. Erst am 10. April konnte man die Reise fortsetzen, durchsegelte die Isumi-Straße und entließ den Lotsen um 11 Uhr bei Hino Misaki. Da die Zeit des NO-Monsuns im April endete, mußte man sich auf eine schwierige oder langwierige Passage einrichten. Die Schwierigkeit kam am 30. April, als das Schiff, SO-lich von Saigon im Südchinesischen Meer stehend, einen schweren SW-Sturm mit orkanartigen Böen erlebte. Er war begleitet von heftigen Gewittern und Regengüssen, die die Sicht nahmen. Der Sturm war typisch für »*The Outburst of the Monsoon*«, wie die in Fernost tonangebenden Engländer sagten; trotzdem konnte Kapitän Kohlmann schon am 5. Mai Koh-si-chang erreichen, den Vorhafen von Bangkok. Mit 25 Tagen für rund 2 800 sm hatte man für die Jahreszeit ein recht gutes Ergebnis erzielt. Die Viermastbark RENÉE RICKMERS, die die gleiche Reise einen Monat später antrat, brauchte 47 Tage.

In Bangkok konnte Kapitän Kohlmann noch einen deutschen Matrosen für 60 Mark Heuer anmustern, so daß die Mannschaft für die Heimreise wieder vollzählig war. Mit Reis und 35 t Rattan beladen, verließ das Schiff Bangkok am 18. Juni

RICKMER RICKMERS *wurde nach der Havarie im August 1904 zur Bark umgetakelt, das heißt, sie führte am dritten Mast keine Rahen mehr.*

und steuerte südwärts nach der Sundastraße und dann auf dem üblichen Weg SW-wärts in Richtung auf das Kap der Guten Hoffnung. Bei der Annäherung an das Kap geriet RICKMER am 13. August auf 35° S, 22° O in einen orkanartigen Sturm aus westlicher Richtung. Da in diesem Gebiet die Agulhas-Strömung mit beträchtlicher Geschwindigkeit westwärts setzt, entsteht dort bei Stürmen aus der entgegengesetzten Richtung eine ungewöhnlich schwere, steile See, die schon manchem Segler Unheil gebracht hatte. Auch RICKMER RICKMERS erging es übel; die Ladung verrutschte leewärts und gab dem Schiff schwere Schlagseite. Um der Gefahr des Kenterns zu entgehen, wurden Stengen gekappt. Schwer gerupft erreichte RICKMER am 22. August die Tafelbucht; er wurde am 24. in den Hafen von Kapstadt geholt und am East Quay vertäut.

Der erste Bericht über die Havarie, der bei Lloyd's in London am 25. August eintraf, war am 22. August in Kapstadt datiert und lautete: »*German ship* RICKMER RICKMERS *put in with loss of mizzentopmast, maintopmast sprung, cargo shifted.*« Am 24. August berichtete der Lloyd's Agent von Kapstadt etwas ausführlicher, daß

wahrscheinlich ein erheblicher Teil der Ladung beschädigt sei, daß Stengen gekappt worden und beträchtliche Schäden an Deck entstanden seien. Boote wurden zerschlagen, Bootsgalgen und Laufbrücke fortgerissen und die Kajüte überflutet. Eine Seeamtsverhandlung über die Havarie hat nicht stattgefunden. Das Schiff wurde in Kapstadt repariert und lag dort mehr als fünf Wochen. Da im Kreuzmast beide Stengen und einige Rahen verloren gegangen waren, wurde das Schiff nur als Bark wieder hergerichtet, ohne Rahen am dritten Mast. Kapitän Kohlmann hatte dem Reporter der »Cape Times« nach dem Einlaufen erzählt, es sollten auch die Stengen des Großtopps gekappt werden, aber die Arbeiten seien eingestellt worden, als sich das Wetter besserte. Die Zeitungen berichteten auch, daß RICKMER am 25. August mit dem Löschen der Reisladung begonnen habe; bis zum 24. September sei die Ladung wieder eingenommen worden. Wieviel Reis durch Seewasser verdorben war, stand nicht in den Zeitungen und den Lloyd's Berichten; so etwas blieb bei Rickmers meistens »in der Familie«. Sobald die Ladung wieder im Schiff war, verholte es auf die Reede, um endgültig seeklar gemacht zu werden.

Aus der Musterrolle geht hervor, daß in Kapstadt ein Matrose aus Schottland abmusterte und durch einen Deutschen ersetzt wurde. Das Konsulat gab die Musterrolle am 27. September an das Schiff zurück, das aber erst am 30. September in See ging.

Die Insel Ascension wurde am 24. Oktober passiert, am 26. Oktober abends um 7 Uhr stand RICKMER RICKMERS auf 5° 12′ S, 17° 53′ W. Zu diesem Zeitpunkt sprang der 28jährige Koch in selbstmörderischer Absicht über Bord und ertrank. Die Seeamtsverhandlung ergab folgenden Tatbestand: Dem Kapitän war an jenem Abend gemeldet worden, daß sich der Koch sittlicher Verfehlungen gegen die Schiffsjungen schuldig gemacht habe. Der Kapitän stellte den Koch sogleich zur Rede und dieser war auch geständig. Als der Kapitän ihm sagte, er müsse den Tatbestand ins Schiffsjournal eintragen und dem Seemannsamt melden, sprang der Koch über Bord. Daraufhin wurde das Schiff an den Wind gebracht und ein Boot ausgesetzt, doch konnte der Mann nicht gerettet werden. Das Seeamt stellte kein Verschulden der Schiffsleitung fest. Es war kein Ruhmesblatt in der Geschichte der deutschen Kauffahrtei, aber wenn man derartige Vorkommnisse grundsätzlich verschweigen würde, entstünde ein falsches Geschichtsbild.

Die letzten acht Wochen der Heimreise verliefen ohne besondere Ereignisse. Am 16. Dezember passierte RICKMER die Isle of Wight im Englischen Kanal, von achterlichem Wind getrieben, und erreichte Bremerhaven/Geestemünde am 22. Dezember, noch gerade rechtzeitig zu Weihnachten. Die Reise von Bangkok hatte insgesamt 187 Tage gedauert; zieht man aber die 40 Tage in Kapstadt ab, so verbleiben nur 147 Tage in See, während das Schwesterschiff MABEL RICKMERS, das 3 Tage vorher auf der Weser eingetroffen war, 157 Tage von Bangkok gebraucht hatte. Einen Tag vor RICKMER war die Viermastbark RENÉE RICKMERS angekommen, ebenfalls von Bangkok. Sie war nur 137 Tage in See gewesen; aber sie hatte gemogelt – im sportlichen Sinn – , indem sie sich in den ostindischen Flauten 8 Tage lang vom Dampfer HELENE RICKMERS hatte schleppen lassen.

Übrigens erhielt Kapitän Kohlmann nach der Heimkehr der RICKMER RICKMERS vom Hamburger Verein »Seefahrt« die Vereinsmedaille als Anerkennung für sein umsichtiges Verhalten bei der Havarie, die zum Verlust des Schiffes östlich vom Kap der Guten Hoffnung hätte führen können.

Die Bremerhavener Lokalzeitung schrieb am 24. Dezember, daß die Dreimastbark RICKMER RICKMERS angekommen sei, ohne darauf einzugehen, ob die Umwandlung des Vollschiffes zu einer Bark als endgültig zu betrachten sei. Vielleicht war man sich in der Reederei auch noch nicht im klaren. Die alten Kapitäne empfanden die Umwandlung eines Vollschiffes in eine Bark als Degradierung des Schiffes. Aber solche Sentimentalitäten spielten bei der Reederei keine Rolle mehr; Rationalisierung hieß die Devise, eine Bark brauchte weniger Segel und Tauwerk, die Besatzung konnte von 25 auf 22 Mann reduziert werden. Allerdings ging die Rechnung nur auf, wenn durch die Umwandlung zur Bark, mit etwa 250 m² weniger Segelfläche, keine wesentliche Einbuße an Reisegeschwindigkeit verbunden war. Bei der Reederei entschied man sich für die Bark und teilte dem Bremer Schiffsregisteramt mit, daß die Bezeichnung Vollschiff in Bark zu ändern sei; damit war das Schicksal der RICKMER RICKMERS entschieden. In Zukunft gehörte sie zu jenem Typ moderner Dreimastbarken, die so groß waren, daß man sie sich auch als schmucke Viermastbarken vorstellen konnte, wie sie in den 1880er Jahren gebaut wurden; z. B. die POLYMNIA oder CHRISTINE.

Für seglerisch interessierte Leser stellt sich natürlich die Frage, wie sich die Segelfähigkeit durch die Umtaklung zur Bark geändert hat. Aber die Frage ist nicht leicht zu beantworten, weil die Reisegeschwindigkeit eines Frachtseglers, die auch die Rentabilität beeinflußte, von vielen Faktoren abhing und nicht auf einfache Weise meßbar war. Für die Bark RICKMER RICKMERS wurde die Segelfläche von einem Experten genauestens mit 2395,9 m² aus einem Segelriß herausgemessen; in der Praxis waren es wohl nicht viel mehr als 2350 m². Im Vergleich zu der Vollschiffs-Besegelung waren es also rund 10% weniger geworden.

Jedoch hängt die von der Besegelung gelieferte Schubkraft nicht nur von der Größe der Segelfläche ab; Art und Form der Segel und auch ihre gegenseitige Beeinflussung machen die Bestimmung der Schubkraft zu einem aerodynamischen Problem, das selbst durch pysikalische Versuche im Windkanal und auch durch Vergleichsfahrten ähnlicher Schiffe nicht restlos zu lösen ist. Bei der Entscheidung des Reeders, aus dem RICKMER eine Bark zu machen, mag eine Rolle gespielt haben, daß das Schiff mit seiner provisorischen Barktakelung auf dem Wege von Kapstadt nach Hause keine schlechte Figur gegenüber seinem Schwesterschiff MABEL R. und der Viermastbark RENÉE R. gemacht hatte, die zur gleichen Zeit den Atlantischen Ozean auf derselben Route durchsegelten und nur 2 oder 3 Tage früher die Weser erreichten. Die Insel Ascension im Südatlantik war von RICKMER am 24. Oktober passiert worden, von der Schwester MABEL einen Tag früher. Von dort bis zum Heimathafen hatte MABEL 57 und RICKMER 59 Tage gebraucht, ein geringer Unterschied, mit dem allein noch nichts zu beweisen war. Daher wird der Reeder sicher auch den Kapitän gefragt haben, wie sich RICKMER mit der Barktakelage gemacht habe. Die Schwester MABEL war noch als Vollschiff getakelt und hatte bisher ähnliche Segeleigenschaften gezeigt wie der RICKMER. Da sie in den folgenden Jahren ihre Reisen etwa zu den gleichen Zeiten nach denselben Lösch- und Ladehäfen machte wie unser RICKMER, ergaben sich in der Folgezeit weitere Vergleichsmöglichkeiten.

Abschließend soll hier noch Hans Szymanski zitiert werden, der sich zu Beginn dieses Jahrhunderts intensiv mit der Entwicklung der deutschen Segelschiffe beschäftigt und mehrere Bücher über die hölzernen Frachtsegler geschrieben hat. In dem 1934 erschienenen Buch »Deutsche Segelschiffe« schreibt er, daß bereits vor der Jahrhundertwende mehrere deutsche Vollschiffe nachträglich zu Barken umgebaut worden seien, und fügt wörtlich hinzu:

»von denen einige mit der verkleinerten Besegelung schneller als vorher segelten.«

Bei der Reederei Rickmers erwartete man wohl kaum, daß ihr RICKMER als Bark schneller segeln würde als vorher. Um Betriebskosten zu sparen, genügte es, wenn sie durch die Umtakelung nicht langsamer sein würde. Die nächsten Reisen sollten als Test dienen.

Während der 7. Reise der RICKMER RICKMERS war im November 1903 in Deutschland die erste Freibord-Verordnung erlassen worden, nach der alle Handelsschiffe auf großer Fahrt mit einer Freibordmarke versehen werden mußten. Die Marken wurden mittschiffs an beiden Seiten des Schiffes angebracht, für Segelschiffe nach folgendem Muster (Steuerbordseite):

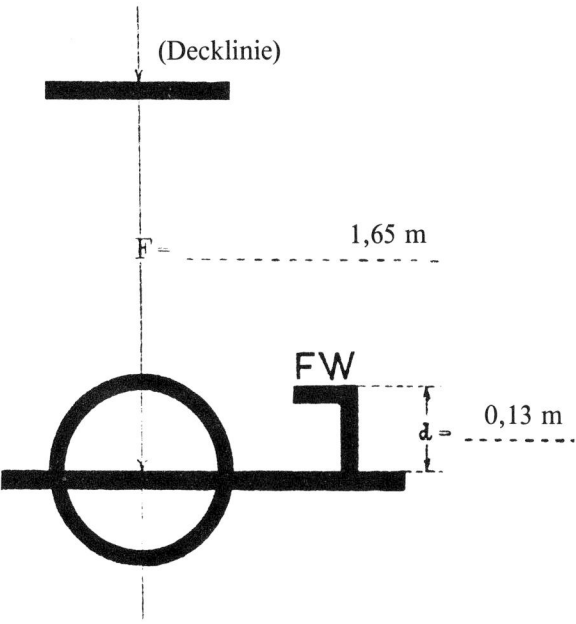

Das Schiff darf im Seewasser bis zur Mittellinie des Kreises, im Frischwasser bis zur FW-Marke beladen werden. Dem Mindestfreibord, der im Freibord-Zertifikat angegeben ist, entspricht der Abstand zwischen der Decklinie und der Mittellinie des Kreises; Freibord der RICKMER RICKMERS s. S. 127.

Als Bark setzt Rickmer seine Reisen fort

Wettsegeln mit MABEL RICKMERS

Nach der Havariereise des Jahres 1904 lag RICK-MER RICKMERS sieben Wochen in Geestemünde, etwa drei Wochen länger als gewöhnlich. Wahrscheinlich hing das mit Werftarbeiten zusammen, die noch mit Havarieschäden oder mit der Verwandlung vom Vollschiff zur Bark zu tun hatten. Daß unser RICKMER endgültig zur Bark geworden war, ging aus der schriftlichen Mitteilung hervor, die die Reederei am 25. Januar 1905 an das Schiffsregisteramt sandte. Man hatte dem Schiff statt des Kreuzmastes mit Rahen und zwei Stengen einen echten Besanmast gegeben, gekennzeichnet dadurch, daß der Untermast höher war als die beiden anderen Untermasten, dafür aber nur eine Stenge trug. Kapitän Kohlmann, der im August 1904 wegen der Sturmschäden Kapstadt als Nothafen anlaufen mußte, wurde im Januar 1905 von Kapitän Heinrich Schwegmann abgelöst, der am 7. Oktober 1866 in Delmenhorst geboren und in Elsfleth ansässig war. Da MABEL RICKMERS zur gleichen Zeit von einem Kapitän H. Schwetmann geführt wurde, kam es in den Schiffslisten gelegentlich zu Namensverwechslungen.

Am 18. Januar brachten die Schlepper RICKMER aus dem Geestemünder Hafen in das Schwimmdock der Tecklenborg-Werft, in dem man acht Tage mit ihm zu tun hatte, bevor er, mit einem neuen Bodenanstrich versehen, wieder in den Hafen verholt werden konnte.

Die Musterrolle wurde vom Seemannsamt Geestemünde am 26. Januar 1905 ausgestellt, für eine Reise »*von der Weser nach New York und weiter*«. Bei einem Vergleich mit den früheren Musterrollen bemerkt man, daß die Besatzung aufgrund der Umtakelung zur Bark um drei Mann verringert wurde. Statt 11 Matrosen gab es nur noch 9, und die Zahl der Schiffsjungen war von 4 auf 3 vermindert worden. Dadurch wurden monatlich 135 Mark an Heuer gespart; rechnet man noch die Verpflegungskosten hinzu, so betrug die Verminderung der Personalkosten rund 200 Mark monatlich; hinzu kam noch eine Ersparnis bei den Segeln mit ihrem Tauwerk.

Bei der Durchsicht der Musterrolle fällt auf, daß der Erste Steuermann Kückens aus Elsfleth mit 51 Jahren wesentlich älter als Kapitän Schwegmann war. Der Segelmacher Jürgensen aus Riga war mit 62 Jahren der älteste Mann an Bord. Der 56jährige Koch war bei stürmischem Wetter oder tropischer Hitze wahrscheinlich schon überfordert; denn ein Koch kann seine Arbeit nicht im Sitzen verrichten wie der Segelmacher.

Am 8. Februar sollte RICKMER RICKMERS ihre nächste Reise antreten, in Ballast nach New York, um dort Kistenpetroleum zu laden. Aber es herrschte dichter Nebel auf der Außenweser, so daß der Schiffsverkehr völlig ruhen mußte. Erst am nächsten Tag nahm der Dampfer ALBATROS unsere Bark in Schlepp; er brachte sie nicht nur aus der Weser, sondern auch gleich weiter durch die Nordsee und den Kanal bis zu den Scilly-Inseln, wo er am 12. Februar um 18 Uhr losgeworfen wurde. Es herrschte zu der Zeit NW-Wind in Stärke 2/3.

Kapitän Schwegmann wird für die weitreichende Schlepphilfe, die ihm der Reeder gewährte, dankbar gewesen sein, denn Winterreisen nach Nordamerika konnten sehr lange dauern, so daß die Gefahr bestand, daß ein Segelschiff das Kündigungsdatum des Frachtvertrages überschritt und dann auf die Gnade des Abladers oder Befrachters angewiesen war. Und es waren magere Zeiten damals, jedenfalls für die Reeder, die auf dem Frachtenmarkt seit 1903 in der schwächeren Position waren.

Die erste große Rundreise, die RICKMER RICK-MERS als Bark machte, konnte - und sollte wahrscheinlich auch - ein Test sein, wie sich ihre Segeleigenschaften durch die neue Takelung geändert hatten; denn das Schwesterschiff MABEL, noch als Vollschiff getakelt, hatte die Weser zwar 25 Tage früher verlassen, machte aber die gleiche Rundreise über dieselben Häfen.

Während der Fahrt über den Nordatlantik auf dem Weg zwischen 50° und 40° N mußte RICKMER mehrere sehr schwere Stürme vor Untermarssegeln abwettern; am 4 März riß ein neues Vorstengesegel aus den Lieken, mit denen es eingefaßt war. Am nächsten Tag wehte es noch mit Stärke 8 aus

Kapitän Heinrich Schwegmann als Pensionär; er hatte die RICKMER RICKMERS *von 1905–1907 geführt.*
(Aus »100 Jahre Rickmers«)

NNW, die Temperatur fiel auf -3 °C, starke Schneefälle brachten an Deck zeitweise Schneehöhen von 20 cm. Die Mannschaft wurde arg strapaziert, ohne den Mut zu verlieren. Am 10. und 11. März erlebte man auf den Neufundlandbänken dichten Nebel bei Westwinden in Stärke 7 bis 8. Trotz aller Schwierigkeiten konnte Kapitän Schwegmann sein Schiff nach 35tägiger Reise ab Ärmelkanal am 20. März bei Staten Island vor New York zu Anker bringen. MABEL RICKMERS hatte – drei Wochen früher – ebenfalls 35 Tage gebraucht und ähnliches Wetter gehabt.

Das Rennen der beiden Schwesterschiffe wurde fortgesetzt, als RICKMER am 9. April mit einer vollen Ladung Kistenpetroleum New York wieder verließ. MABEL war 9 Tage früher ausgelaufen, und beide Schiffe waren nach Yokohama bestimmt. Es war ein Rennen über 17 500 Seemeilen, mit einer Vorgabe von 9 Tagen für das Vollschiff. Auf dem ersten Abschnitt bis zum Äquator mußte

RICKMER zwar einmal einen schweren Südsturm vor Untermarssegeln abwettern, erreichte aber nach 12 Tagen einen frischen NO-Passat auf 33° N, 38° W und konnte schon nach 27 Tagen den Äquator kreuzen. Nach weiteren 31 Tagen stand RICKMER südlich vom Kap der Guten Hoffnung und steuerte zwischen 42° und 43° S nach Osten. Am 23. Juni wurde im Wetter-Journal notiert, daß zwei mitsegelnde Schiffe in Sicht seien. Drei Tage später wurde eine mitsegelnde Bark erwähnt, als RICKMER zwischen den einsamen Inseln St. Paul und Neu-Amsterdam hindurchsegelte. Die Segelschiffe liefen gern eine dieser Inseln in Sicht, um ihren Schiffsort und damit ihr Chronometer zu kontrollieren. Die beiden Inseln liegen auf 39° und 38° Süd zwischen 77° und 78° Ost in der Gegend, wo man auf den Segelschiffen, die vom Kap der Guten Hoffnung wochenlang ostwärts steuerten, daran dachte, den Kurs allmählich nordwärts zu ändern, wenn man nach Ostindien oder Ostasien wollte. St. Paul, die kleinere Insel, ist etwa 250 m hoch, Neu-Amsterdam erreicht 950 m Höhe. Zur Segelschiffszeit lebten zeitweise einige Fischer auf den Inseln, auf denen die französische Kolonialregierung Lebensmittel- und Kleiderdepots unterhielt und vielleicht auch noch unterhält.

Am 10. Juli, als RICKMER RICKMER mit einem freundlichen SO-Passat in Richtung Sundastraße steuerte, sichtete die Besatzung die australische Weihnachts-Insel oder Christmas Island, die 360 m hoch und bei klarem Wetter weit zu sehen ist. Sie liegt auf 10° Südbreite etwa 220 sm südlich der Sundastraße. In der Einfahrt der Straße geriet RICKMER mit vier Mitseglern für einen Tag in Windstille und Mallung. Auch in der Straße war der Wind flau, und es mußte mehrmals geankert werden, um während der Zeiten des Gegenstroms nichts zu verlieren. Am 15. Juli quälte sich RICKMER an Anjer vorbei, und wahrscheinlich erfuhr Kapitän Schwegmann dort zu seinem Bedauern, daß MABEL R. schon vor 16 Tagen vorbeigesegelt war, also ihren Vorsprung um 7 Tage hatte vergrößern können.

Aber das Rennen war noch nicht zu Ende; mehr als 3000 sm hatte RICKMER noch vor sich. Im Archipel kam unsere Bark mit dem SO-Monsun ganz gut voran, durchsegelte die Gasparstraße und kreuzte am 18. Juli den Äquator in 107° O. Im Südchinesischen Meer wehte ein verhältnismäßig stetiger SW-Monsun. Am 26. Juli, vor dem Balintang-Kanal, wurde der SW-Wind zeitweise stürmisch, so daß man sogar die Bramsegel festmachen mußte. Auf 23° N, 126° O machte der SW-Monsun leider eine dreitägige Pause; erst am 2. August begann die Bark wieder zu laufen und stand am Mittag des 6. August vor der Bucht von Yokohama. Um 14 Uhr kam der Lotse an Bord, und um 17 Uhr fiel der Anker auf der Reede. MABEL RICKMERS erreichte Yokohama am selben Tag, doch leider ist die genaue Ankunftszeit nicht mehr in Erfahrung zu bringen. Aber es ist gewiß, daß MABEL 128 Tage Reisedauer hatte, die Bark RICKMER dagegen nur 119 Tage.

Für RICKMER war es außerdem die beste seiner sieben Japanreisen; war er als Bark nun besser als sein vollgetakeltes Schwesterschiff MABEL? Das darf man aus der vorstehend geschilderten Wettfahrt nicht folgern; denn wäre die Ziellinie in der Sundastraße gewesen, hätte die MABEL das Rennen mit einem Gewinn von 7 Tagen zu ihren Gunsten entschieden. Kapitän Schwegmann war sicher zufrieden, daß sein RICKMER die Reise in der guten Zeit von 119 Tagen gemacht hatte; aber noch besser war die Reise der Viermastbark RENÉE RICKMERS verlaufen, die gleichzeitig mit RICKMER die Sundastraße durchsegelt hatte und Kobe am 5. August abends erreichte; das waren 110 Tage von Philadelphia.

RICKMER und MABEL löschten ihre Petroleumladungen in Yokohama zur gleichen Zeit und starteten beide am 10. September zu ihrer nächsten Wettfahrt, die von Yokohama nach Bangkok führte. RICKMER hatte Yokohama in der Frühe des 10. Septembers verlassen, mußte aber um 9 Uhr schon wieder ankern, weil der Wind in der Bucht recht gegenan stand. Am nächsten Morgen um 3 Uhr machte sie erneut einen Versuch, in Gang zu kommen, aber es war zwecklos. Erst am 12. September konnte sie aus der Bucht herauskrebsen und den Lotsen von Bord geben. In den folgenden Tagen kam die Bark wenig voran; man hatte es noch mit den Resten des SW-Monsuns zu tun und oft auch gar keinen Wind. Erst gegen Ende des Monats kam NO-licher Wind durch. Am 3. Oktober stand die Bark mittags auf 20½° N und

124½° O . Im Wetter-Journal steht unter diesem Datum:

»Sichteten gegen Abend MABEL RICKMERS, *die Yokohama am selben Tag verlassen hatte, auch nach Bangkok bestimmt.«*

Am 6. Oktober verzeichnet das Journal:

»MABEL RICKMERS *wieder in Sicht.«*

In der Mitte des Monats traf RICKMER im Golf von Thailand noch viel »Mallung«, also schwache, unstete Winde und Stille. Am Nachmittag des 20. Oktober ankerte er bei der Insel Koh Lam, nicht weit entfernt von der Insel Koh-si-chang, deren Reede einen Vorhafen für Bangkok bildete.

Im Journal ist zu lesen:

»Erreichten die Insel Koh-si-chang am Morgen des 21. Oktober. MABEL RICKMERS, *welche in der letzten Zeit tagtäglich in Sicht war, war einige Stunden früher an Anker gekommen.«*

Also dieses Mal einen halben Punkt für das Vollschiff MABEL, aber die Bark RICKMER mit der kleineren Besegelung hatte sich bei den zumeist schwachen Winden recht gut gehalten. Allerdings, zahlenmäßig betrachtet war die Leistung beider Segler nur kümmerlich, denn 40 Tage waren sie unterwegs auf einer Reise, für die ein Dampfer damals 13 Tage brauchte, wenn er 10 sm/h lief.

Bisher war nur von den seglerischen Ereignissen und Leistungen dieser achten Reise der RICKMER RICKMERS die Rede, aber die Vorfälle im Mannschaftsbereich sollen auch erwähnt werden, soweit sie noch belegbar sind: In Yokohama wurde der 56jährige Koch ohne Angabe von Gründen abgemustert, wahrscheinlich im gegenseitigen Einvernehmen, zumal ein Ersatzmann in Yokohama zur Verfügung stand. Allerdings erwies sich dieser als eine Enttäuschung, denn schon in Bangkok mußte er krankheitshalber wieder abgemustert werden. Solche Fälle waren auf den langen Reisen nichts Ungewöhnliches. Aber auf RICKMER RICKMERS passierte Schlimmeres: In Yokohama suchte der Erste Steuermann das Weite oder sonst etwas und

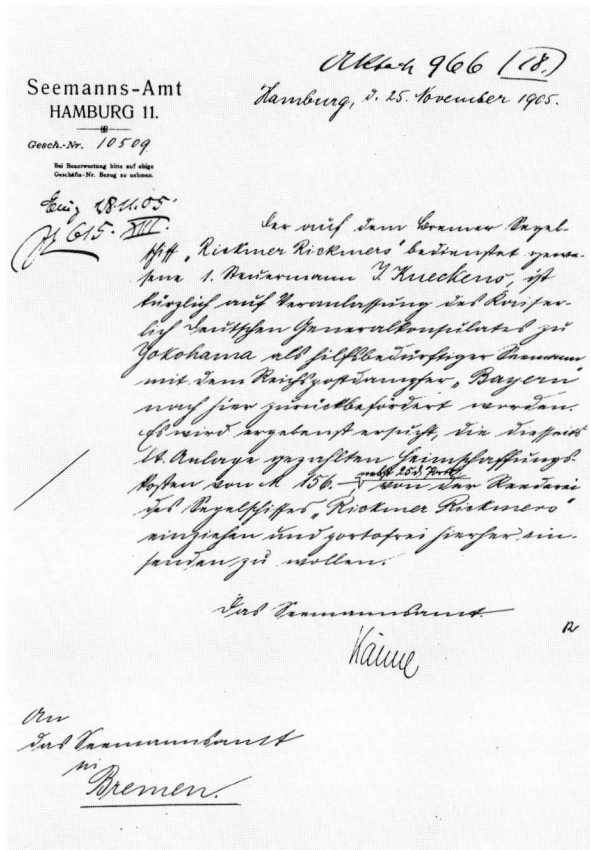

Seemannsamt fordert Kosten für Rückbeförderung des Ersten Steuermanns.

kehrte nicht an Bord zurück. Es war ein ernster Fall von Disziplinlosigkeit, weil der Steuermann der Stellvertreter des Kapitäns war. Der zornige Kapitän erklärte, sein Steuermann sei desertiert, wofür die Seemannsordnung den Ausdruck »entweichen« und die Seeleute das harmlosere Wort »aussteigen« benutzten. Schließlich gab es noch den Ausdruck »achteraus segeln«, damit aber war nicht das absichtliche Entweichen, sondern ein unabsichtliches Verpassen der Abfahrt des Schiffes gemeint.

Der Fall des Steuermanns Kückens bleibt etwas rätselhaft. Als RICKMER RICKMERS ein halbes Jahr später den Heimathafen erreichte, erfuhr Kapitän Schwegmann, daß sein Steuermann schon im November als Kajütspassagier in Hamburg eingetroffen war. Der Konsul in Yokohama hatte ihn als hilfsbedürftigen Seemann zur Heimbeförderung auf den Reichspostdampfer BAYERN geschickt. Die

Reederei verlangte dafür vom Seemannsamt in Hamburg einen Passagepreis von 156 Mark. Das Seemannsamt zahlte pflichtgemäß und forderte den Betrag von der Rickmers-Reederei zurück, die aber die Zahlung verweigerte, weil der Steuermann »vom Schiffe entlaufen«, also durch eigene Schuld in seine hilfsbedürftige Lage gekommen sei. Vielleicht aber lag die Schuld bei einer Geisha, man weiß es nicht, und in Bremen sind über den Ausgang der Angelegenheit keine Unterlagen mehr zu finden.

Die Fahrt von Yokohama nach Bangkok hatte Kapitän Schwegmann ohne Ersten Steuermann machen müssen, hatte aber das Glück, in Bangkok noch zwei Tage vor Abfahrt einen Ersatzmann zu bekommen; er hieß Stalmann, kam auch aus Elsfleth und war 38 Jahre alt. RICKMER RICKMERS nahm bei Ang Hin im Mündungsgebiet des Menam eine volle Ladung Reis an Bord. 3046 Tons hieß es im Journal, demnach waren es 3095 t à 1000 kg, und das war für unseren RICKMER eine Rekordladung. Allerdings verloren Reisladungen durch Verdunstung auf langen Segelschiffsreisen an Gewicht, so daß in Geestemünde wohl nicht viel mehr als 3000 t gelöscht worden sind.

Am 21. November 1905 trat RICKMER die Heimreise an; seine Rivalin MABEL war 8 Tage vorher in See gegangen. Auch die Viermastbark RENÉE RICKMERS lud in Bangkok und startete am 2. Dezember für die Heimreise. Die Wintermonate waren die Zeit des NO-Monsuns, doch fand Kapitän Schwegmann auf dem Seglerweg zur Sundastraße nicht viel davon. Schwache Winde und starke Strömungen erschwerten die Schiffsführung beträchtlich in dem Gebiet, das voller Inseln und Untiefen war. Zehn Tage nach Abfahrt erreichte RICKMER den Äquator in $105^{1/2}°$ O; am 3. Dezember stand die Bark abends vor der Einfahrt in die Banka-Straße, für deren Durchsteuerung das Schiff 72 Stunden brauchte. Wie das vor sich ging, zeigt ein kleiner Auszug aus dem Wetter-Journal:

»6. Dezember mittags auf 2° 55' S, 106° 7' O. Um 3^h p.m. flaue Brise aus SO, holten die Großrahen back und treiben mit dem starken Ebbstrom zur Banka-Straße hinaus. Braßten um $7^{1/2^h}$ wieder voll bei leichtem nördlichen Wind.«

Vom 7. nachmittags bis zum 8. Dezember vormittags wurde geankert wegen Windstille; man beobachtete in der Zeit einen SO-Strom von 2¹/₂ sm/h. Vom 8. bis zum 9. mußte erneut geankert werden, desgleichen noch mehrmals an den folgenden Tagen. Auf diese mühsame Weise gelangte man erst am 13. Dezember bei Anjer in die Sundastraße. Diese Art der Segelei verlangte viel Nervenkraft von den Kapitänen.

Nach einer angenehmen Fahrt durch den SO-Passat des Indischen Ozeans geriet RICKMER in einen jener tropischen Orkane, die von den Fachleuten als Mauritius-Orkane registriert werden. Es begann am 3. Januar 1906, als das Schiff auf 24° S und 64° O stand; mittags machte es noch prächtige Fahrt mit Ostwind in Stärke 6. Kapitän Schwegmann schrieb unter diesem Datum folgenden Bericht für das Wetter-Journal:

»Da das Barometer fällt, und das Wetter in den letzten Tagen eine ungewöhnliche Menge von Regen brachte, so vermute ich schlechtes Wetter voraus. Machten um 4 Uhr nachmittags alle Segel fest bis auf Großuntermarssegel und drehten dann bei auf Backbord-Halsen. Wind und See nehmen bis 8 Uhr schnell zu. Es regnet in Strömen. Eine hohe Woge wirft das Schiff um 9¹/₂ Uhr auf die Seite, und die Reisladung geht über. Kappten das Großuntermarssegel weg, aber das Schiff richtet sich nicht auf. Es liegt circa 40° über nach Steuerbord; das Wasser steht bis zur Höhe der Großluke. Von 10 bis 1 Uhr weht es orkanartig in Böen, Blitze in den Böen. Niedrigster Barometerstand um 12¹/₂ Uhr 750,5 mm; das Barometer pumpt stark. Der Wind raumte gegen 12 Uhr auf bis ONO, dann langsam weiter und um 4 Uhr ist er NzO, Stärke 10. Es läuft eine mächtige See und diese überflutet das Schiff, Alles mit sich fortreißend. Wäre die Ladung nicht übergegangen, so läge das Schiff sehr gut, weil aufraumender Wind, und See von vorne. Das Ruderhaus, Kappe, ein Rettungsboot, Brücke wird über Bord geschlagen. Gegen 2 Uhr ist die größte Gewalt des Sturmes vorüber, es kommen einzelne Sterne mit fahlem Schein durch, der Regen hört auf. Von 6 Uhr morgens nimmt der Wind rasch ab, ebenfalls die See. Herumtreibende gebrochene Eisen- und Holzteile reißen die Persenninge von den Luken, und eine Menge See-

wasser ist in die Ladung gelaufen. Eine schreckliche Nacht!

Bei Tagesanbruch am 4. Januar schoren neue Brassen, welche mit der Brücke über Bord gegangen waren, ein und legten das Schiff um 9 Uhr auf Steuerbordhalsen. Setzten einige Segel. Im Logis und Mittschiffshaus sind die Thüren eingeschlagen und ist alles darin befindliche herausgewaschen. Die Verschanzung an Steuerbord ist verbogen und eine Reihe Stützen gebrochen. Das Schiff liegt mit Wind von Steuerbord, eine Stärke, bis zu den Luken an Steuerbord unter Wasser. Setzten mehr Segel, um das Schiff damit aufzurichten und warfen circa 60 Tons Ladung aus Steuerbord-Zwischendeck über Bord.«

In den folgenden Tagen hatte die Mannschaft der RICKMER RICKMERS viel zu tun, um ihr Schiff wieder in Ordnung zu bringen, soweit das mit Bordmitteln möglich war. Es scheint, daß die Schäden in der Takelage nur leichter Art waren, so daß die Segelfähigkeit allenfalls in den ersten Tagen nach dem Sturm beeinträchtigt war. Am 4. Februar passierte die Bark das Kap der Guten Hoffnung und wurde von einem strammen Südwind mit 9–10 Knoten Fahrt in den Atlantischen Ozean getrieben. Gewiß freute sich Kapitän Schwegmann über diese gute Gelegenheit. Daß MABEL das Kap schon am 15. Januar gerundet und damit ihren Vorsprung von 8 auf 16 Tage erhöht hatte, wußte er zu dem Zeitpunkt noch nicht.

Auf der Morgenwache des 22. Februar passierte RICKMER die Insel St. Helena in geringem Abstand und zeigte der Signalstelle bei Jamestown das Unterscheidungssignal, damit das Schiff in London gemeldet würde. Außerdem gab Kapitän Schwegmann einem der Bootmänner einen Brief für seinen Reeder mit, in dem er über die Sturmschäden berichtete.

Vom Kap der Guten Hoffnung bis zum Äquator brauchte RICKMER 28 Tage, MABEL hatte 26 gebraucht, und RENÉE, die beim Kap noch drei Tage hinter RICKMER gelegen hatte, kreuzte den Äquator einen Tag vor ihm. RICKMER machte auf dieser Heimreise keine gute Figur. Im Nordatlantik trafen RICKMER und auch RENÉE ungünstige Verhältnisse, insbesondere anhaltende Ostwinde zwischen den Azoren und dem Ärmelkanal, so daß MABELS

Vorsprung noch wesentlich größer wurde. Im Endeffekt ergaben sich für die Reisedauer Bangkok-Weser folgende Zahlen:

MABEL RICKMERS	139 Tage
RICKMER RICKMERS	165 Tage
RENÉE RICKMERS	153 Tage

26 Tage hatte RICKMER gegenüber dem Schwesterschiff MABEL verloren; aber diese große Differenz läßt sich nicht nur mit der kleineren Barktakelung des RICKMER erklären.

RICKMER RICKMERS trat am 10. Juni 1906 ihre neunte Rundreise an, wieder unter der Führung des jetzt 39jährigen Kapitäns Schwegmann. Sein Erster Steuermann hieß Kausch, stammte aus der Umgebung von Geestemünde, war 28 Jahre alt und im Besitz des Schifferpatentes. Mit 150 Mark monatlich war seine Heuer 10 Mark höher, als die Reederei bisher gezahlt hatte. Die Matrosenheuern waren für die bevorstehende Reise erstmalig auf 65 Mark erhöht. Nur ein einzelner Matrose fiel mit 55 Mark aus dem Rahmen; er war erst 17 Jahre alt und machte seine erste Reise als Matrose. Oft waren es ehemalige Zöglinge vom Deutschen Schulschiffverein, die sich als junge Matrosen auf einem Frachtsegler mit einer Heuer begnügen mußten, die 5 oder 10 Mark unter der Norm lag.

Von den drei Leichtmatrosen dieser Reise ist Wilhelm Bußler der interessanteste für den Chronisten, weil er unterwegs ein Tagebuch schrieb, das noch erhalten ist und ein paar Einblicke in das Bordleben auf der RICKMER RICKMERS gestattet. Bußler war am 10. März 1887 in Pankow geboren; er war ein Jahr als Schiffsjunge auf dem Schulschiff GROSSHERZOGIN ELISABETH gewesen und wollte anschließend auch noch die beiden Kadettenjahre als Leichtmatrose und Matrose auf dem Schulschiff bleiben. Aber dieser Aufstieg auf dem Schulschiff war nur wenigen vergönnt, und Bußler gehörte nicht zu diesen Auserwählten. Statt dessen bekam er die »Chance« auf der RICKMER RICKMERS, vielleicht durch Vermittlung des Schulschiffvereins. Der Leichtmatrose Gustav Buchholz war denselben Weg gegangen; beide erhielten jetzt 30 Mark Monatsheuer und waren nicht mehr auf elterliche Zuschüsse angewiesen. Die beiden fanden bald heraus, daß der Frachtsegler mit der kleinen Besatzung manche Vorzüge hatte gegenüber dem kleineren Schulschiff, das mit 150 Menschen besetzt war. Wenn auch die Arbeit auf dem RICKMER manchmal hart und schwer war, so lobte Bußler dafür die beiden Steuerleute, die kräftig mit anpackten, wenn es nötig war. Auf dem Schulschiff hingegen trugen die Offiziere angeblich weiße Handschuhe und drillten die Zöglinge im scharfen Kommandoton.

Unter den drei Schiffsjungen dieser Reise war ein Johann Biet, der seinem Namen nach eigentlich nur aus Elsfleth stammen konnte. Aber er war dort nicht geboren, sondern am 26. März 1891 auf 6° N, 31° W mitten im Atlantik an Bord der Elsflether Bark DOROTHEA, die sich auf der Heimreise von San Francisco befand. Getauft wurde er in Elsfleth auf den Namen Neptun Dorothea Johann Hinrich. Geburten auf See kamen gelegentlich vor, wenn eine Kapitänsfrau eine Segelschiffsreise mitmachte, die nicht nach Fahrplan verlief. Zwar fehlten in solchen Fällen Hebamme, Arzt und Ultraschallgerät, statt dessen aber half der Kapitän mit Bordmitteln, während der Koch für heißes Wasser sorgte und die Mannschaft sich ernst und feierlich benahm, in der Hoffnung, daß dann alles gut gehen würde. Bei Johann Biet war das der Fall, sonst hätte er nicht 15 Jahre später als Schiffsjunge auf RICKMER RICKMERS anmustern können. Er fuhr noch bis zur Steuermannsschule auf großen Seglern, machte im August 1914 sein Schifferexamen und wurde 1933 Kapitän bei der Bremer Reederei »Hansa«. Er blieb bei der Seefahrt bis zu seinem 65. Lebensjahr und starb 1972 im Alter von 80 Jahren.

Unser RICKMER kam damals im Juni in nur 5 Tagen durch die Nordsee und den Ärmelkanal, doch die gesamte Überfahrt von der Weser nach Philadelphia dauerte 48 Tage, was für eine Reise im Sommer ziemlich lange war. Aber RENÉE RICKMERS, die 3 Tage später auf die Reise gegangen war, benötigte sogar 58 Tage bis New York; es mag Kapitän Schwegmann als Trost gedient haben.

In Philadelphia war anscheinend Hochkonjunktur für Segelschiffsleute; denn RICKMER verlor dort innerhalb weniger Tage zehn Mann, also grob gesagt entwich die halbe Mannschaft. Der Zimmermann ging, der Donkeymann ging, von den 9 Matrosen gingen 7, und schließlich verschwand auch noch ein Schiffsjunge. Die Ersatzleute, die der Heuerbaas für teures Geld besorgte, waren zumeist Ausländer verschiedenster Herkunft; drei von ihnen waren schon über 40 Jahre alt. Zwei USA-Bürger waren in dem Haufen vertreten, ein Ire, ein Engländer, ein Rumäne, ein Pole, zwei Skandinavier und ein Hamburger. Sie musterten *»für eine Fahrt nach Japan und weiter, zu entlassen an der Ostküste Nordamerikas nördlich von Cap Hatteras«.* Aber keiner von ihnen hielt es so lange aus an Bord; für den Reeder wurde dadurch die Verpflichtung hinfällig, die Leute wieder ins »Gelobte Land« zurückzubefördern. Die letzten drei der neun Philadelphia-Leute musterten 13 Monate später in Geestemünde ab; es waren die Skandinavier und der Pole, die vielleicht nach Hause fahren wollten.

Mit 78 006 Petroleumkisten nach Nagasaki bestimmt, verließ RICKMER am 16. August 1906 Philadelphia und erreichte am nächsten Tag die offene See. Das Schwesterschiff MABEL RICKMERS war bereits vor mehr als einem Monat von New York abgegangen, so daß es nicht zu einer Wettfahrt kam. RICKMER brauchte für die einzelnen Abschnitte der Reise folgende Zeiten:

Delaware-Mündung	–Äquator	45 Tage
Äquator	–0° Länge	34 Tage
0° Länge	–Lombok-Str.	43 Tage
Lombok-Str.	–Äquator 129° O	12 Tage
Äquator	–Nagasaki	24 Tage

Die gesamte Reisedauer von Hafen zu Hafen betrug 159 Tage, was für die Zeit des NO-Monsuns ein mittelmäßiges Resultat war.

Nach den Aufzeichnungen des Leichtmatrosen Bußler bestand die Mannschaft aus zwei Gruppen, die nicht miteinander harmonierten, weil die in Philadelphia angemusterten Leute großschnauzig waren, aber als Seeleute nicht viel taugten. Einer hatte versucht, den Steuermann mit dem Messer zu attackieren; aber der Steuermann war nicht von Pappe, so daß der Angreifer außer seinem Messer auch noch ein paar Zähne verlor. Nach diesem Vorfall war disziplinarisch alles in Ordnung. Wegen der Disharmonie in der Mannschaft kam es nicht zu einer zünftigen Äquatortaufe.

Den ersten schweren Sturm erlebte die Besatzung Anfang November südlich vom Kap der Guten Hoffnung. Obermarssegel und die Fock wurden festgemacht. Am Vorgeschirr gab es leichte Schäden durch eine schwere See, in die RICKMER die Nase zu weit hineinsteckte. Bei der Annäherung an die japanische Küste geriet die Bark nochmals in einen schweren Sturm, der in der Nacht vom 19. zum 20. Januar seinen Höhepunkt erreichte. Eine schwere See lief unter die Back und drang in die Logisräume ein. Die Unterkojen standen unter Wasser; die Seekisten gingen zu Bruch oder schwammen davon, und die Leute verloren einen Teil ihrer Ausrüstung. Wilhelm Bußler mußte tagelang in der Segelkoje schlafen, bis er sich in Nagasaki eine neue Matratze kaufen konnte. Das Schiff erreichte Nagasaki am 22. Januar und lag bis zum 7. Februar im Hafen; die Japaner löschten die Ladung in nur 14 Tagen. In Nagasaki verschwanden vier der Philadelphia-Leute, und ein fünfter entwich in Rangoon. Kapitän Schwegmann war nicht böse darüber, sondern musterte statt dessen sechs Japaner an, darunter einen Zimmermann, der 70 Mark Heuer erhielt. Die japanischen Matrosen erhielten nur 50 Mark monatlich und waren damit zufrieden.

Es wehte ein kräftiger NO-Monsun, als RICKMER Nagasaki verließ, um nach Rangoon zu segeln. So kam die Bark flott voran, durchfuhr die Singapore-Straße schon nach 14 Tagen und brauchte dann noch 17 Tage bis zur Irrawaddy-Mündung. Zwei Tage später, am 12. März, lag das Schiff an seinem Ladeplatz vor Rangoon. MABEL RICKMERS lag schon vier Wochen dort und wartete auf ihre Ladung. Die Abfertigung in Rangoon war schleppend, anscheinend nahm man die Segler dort nicht mehr so wichtig. Als die MABEL endlich am 30. März auslaufen konnte, dauerte es noch drei Wochen, bis RICKMER folgte. Kapitän Schwegmann war sehr bemüht, gegenüber der MABEL eine gute Figur zu machen, nachdem er auf der vorigen Heimreise schlecht abgeschnitten hatte. Dieses Mal gab es bei der Umrundung Afrikas keine Schwierigkeiten. Das Kap der Guten Hoffnung wurde am 26. Juni passiert; der markante Tafelberg war gut zu sehen. Am späten Abend des 10. Juli drehte RICKMER vor St. Helena bei. Am nächsten Morgen segelte man näher an Jamestown heran, setzte die Flaggen und erwartete ein Boot, das die Briefe mitnahm; dann setzte die Bark die Reise im SO-Passat fort. – Die folgende Aufstellung vergleicht die Reisen von RICKMER und MABEL:

Position	MABEL R.	RICKMER R.
ab Rangoon	30 Mär 1907	21 Apr 1907
Äquator	22 Apr	11 Mai
30° S	23 Mai	14 Jun
30° S	19 Jun	29 Jun
Äquator	14 Jul	23 Jul
Lizard	28 Aug	3 Sep
an Weser	6 Sep	9 Sep
Reisedauer	160 Tage	141 Tage

RICKMER hatte MABEL zwar nicht einholen, aber hatte 19 Tage aufholen können; auf allen Reiseabschnitten war sie ihr etwas näher gekommen. Also hatte dieses Mal die Bark wieder gegenüber dem Vollschiff Punkte gewonnen. In Bremerhaven mag manch einer vermutet haben, daß die Reederei nun wohl auch die MABEL zur Bark umtakeln würde, um die Besatzung reduzieren zu können. Aber es geschah nichts, MABEL lief schon nach drei Wochen wieder aus, besetzt wie immer mit 1 + 24 Mann.

Nach dem Beginn des neuen Jahrhunderts wurden auf dem Frachtenmarkt für Segler Reisladungen nach Europa kaum noch angeboten; es waren nur noch die grünen Segler der Rickmersflotte, die regelmäßig in Bangkok und Rangoon und manchmal auch in einem anderen Reishafen auftauchten, um Ladungen für die Reis- und Handels-AG aufgrund des langjährigen Chartervertrages zu übernehmen. 1905 hatte die Reederei noch einen Seglerneubau in Dienst gestellt, der die gleichen Hauptabmessungen wie RICKMER RICKMERS und MABEL RICKMERS hatte, aber von vornherein als Bark getakelt war. ALBERT RICKMERS hatte man diese Bark getauft; es war der zweite Segler dieses Namens, der erste war eine Viermastbark und trug seit 1900 den Namen HERZOGIN SOPHIE CHARLOTTE. Als ALBERT RICKMERS (II) 1905 ihre Jungfernreise antrat, wurde sie sogleich in den Törn eingereiht, den die Reis- und Handels-AG bestimmt hatte: In Ballast nach New York, mit Kistenpetroleum nach Hongkong und dann mit Reis zurück nach Deutschland.

Der amerikanische Petroleumsegler ATLAS *wurde 1902 in den USA speziell für den Transport von Kisten-Petroleum gebaut. 1906 segelte er mit 132 000 Kisten in 151 Tagen von New York nach Yokohama auf dem Weg östlich von Australien.*
(National Maritime Museum, San Francisco)

Bemerkungen zu RICKMER'S Petroleumreisen

Die meisten Petroleumsegler nahmen auf ihren Reisen nach Japan außer dem Kistenpetroleum noch kleine Mengen von verschiedenen Raffinerieprodukten als Beiladung mit, zum Beispiel Erdwachs, Schmierfett und Schmieröl. Es ist anzunehmen, daß auch RICKMER RICKMERS solche Beiladungen hatte, über die uns aber leider zuverlässige Angaben fehlen. Ähnlich ist es mit dem Steinballast, den die meisten Segler bei Ladungen von Kistenpetroleum in der Bilge mitnahmen, um die Stabilität des Schiffes zu erhöhen; denn Kistenpetroleum war keine schwere Ladung. Wir wissen, daß die Hamburger Viermastbark PISAGUA 1897 unter ihrer Petroleumladung 165 t Steinballast in der Bilge hatte. Die Viermastbark PITLOCHRY, ebenfalls der Reederei Laeisz gehörend, hatte 1898 sogar 195 t Steinballast genommen, und nachher schrieb der Kapitän, es sei eigentlich noch nicht genug Ballast gewesen. Von RICKMER RICKMERS wissen wir in dieser Hinsicht nichts Genaues, wir wissen nur, daß RICKMER im April 1902 vor seiner Abfahrt nach Philadelphia im Hamburger Hafen Steinballast an Bord genommen hat, so daß man annehmen darf, daß dieser Ballast für die Petroleumreise bestimmt war.

RICKMER RICKMERS hat von 1901 bis 1909 sieben Reisen mit Kistenpetroleum von Nordamerika nach Japan gemacht, wie die folgende Aufstellung zeigt:

In einer Abhandlung des amerikanischen Schiffahrtshistorikers Frank W. Thober über die Petroleumsegler in der Fahrt nach dem Fernen Osten, die 1956/57 veröffentlicht wurde, heißt es über die Reisedauer: In den frühen Jahren des 20. Jahrhunderts benötigten die Schiffe, die New York oder Philadelphia während der Monate Mai–November verließen, durchschnittlich mehr als 160 Tage für die Fahrt nach Japan; hingegen konnte bei Abfahrten von Dezember–April mit einem Mittelwert von etwa 135 Tagen gerechnet werden. Vergleicht man diese Zahlen mit den Mittelwerten der RICKMER RICKMERS, so findet man eine sehr gute Übereinstimmung, so daß man nicht umhin kann, die Segelfähigkeit der RICKMER RICKMERS als mittelmäßig zu bezeichnen. – Aber es soll hier noch hinzugefügt werden, daß ERIK RICKMERS, ein Schwesterschiff des RICKMER 1897/98 in der ungünstigen Zeit des NO-Monsuns eine Reise von Philadelphia nach Kobe in nur 123 Tagen gemacht hat. Die Zeitung »Kobe Chronicle« bezeichnete das damals als Rekordreise und fügte hinzu, daß die durchschnittliche Reisedauer der von Oktober–April ankommenden Segler in den letzten 14 Jahren etwa 170 Tage betragen habe.

Der Seeweg von der Ostküste Nordamerikas nach Japan, den RICKMER RICKMERS neun Jahre lang befuhr, war seinerzeit die längste von Segelschiffen befahrene Route. Auf dem üblichen Weg um das Kap der Guten Hoffnung und durch den Indonesischen Archipel waren 17–18 Tausend Seemeilen zurückzulegen, auf dem Weg um Australien waren es rund 20 Tausend Seemeilen. Entsprechend war die Dauer der Reisen sehr lang, aber auch sehr unterschiedlich; zwischen 100 und 200

Abfahrt	von	nach	Kisten	Reisedauer
3 Apr 1901	Philadelphia	Kobe	69 600	131 d
26 Jun 1902	Philadelphia	Kobe	79 006	165 d (im NO-Monsun)
25 Okt 1903	Philadelphia	Kobe	76 606	149 d (im NO-Monsun)
9 Apr 1905	New York	Yokohama	78 110	119 d
16 Aug 1906	Philadelphia	Nagasaki	78 006	159 d (im NO-Monsun)
20 Dez 1907	New York	Yokohama	77 457	149 d (um Australien)
6 Mai 1909	Philadelphia	Tsuruga	78 058	145 d

Mittelwert insgesamt 145 Tage
bei NO-Monsun 158, bei SW-Monsun 136 Tage

Tagen waren die Schiffe in der Regel unterwegs; aber auch Reisen von mehr als 200 Tagen kamen gelegentlich vor. Allein die Dauer dieser Reisen mit der primitiven Verpflegung war für die Seeleute unseres Jahrhunderts eine Belastung, die an die Strapazen auf Forschungsreisen in früheren Jahrhunderten erinnert.

Für die Kapitäne der großen Petroleumsegler, die nach Japan bestimmt waren, ergab sich oft die Frage, ob sie den für kleinere Schiffe herkömmlichen Weg durch den Indonesischen Archipel mit seinen navigatorischen Schwierigkeiten nehmen sollten oder den Weg südlich und östlich von Australien, der ihnen offenes Wasser bot, aber rund 2500 sm länger war. Die Engländer hatten diesen Weg »Great Eastern Route« getauft und schrieben in ihrem Segelhandbuch, daß diese Route mit großem Erfolg von Seglern benutzt worden sei, die das Kap der Guten Hoffnung im September passiert hätten. Das deutsche Segelhandbuch für den Indischen Ozean aus dem Jahre 1892 empfahl dagegen die östliche Route nur den Seglern, die den Meridian von 80° O im Indischen Ozean im März kreuzten, also im Februar das Kap der Guten Hoffnung gerundet hatten.

Als in den 90er Jahren der Petroleumtransport mit Seglern nach Japan schnell zunahm, hat sich die Deutsche Seewarte eingehend mit der Frage der Routenwahl beschäftigt und viele Seglerreisen nach Japan auf beiden Routen miteinander verglichen. Mehrfach wurden Ergebnisse dieser Auswertungen in den »Annalen der Hydrographie und maritimen Meteorologie« veröffentlicht, 1899 mit dem abschließenden Resultat:

»Es bleibt auch hiernach die Annahme berechtigt, daß für die Schnelligkeit der Reise der Weg durch die östlichen Durchfahrten (des Archipels) dem südlich und östlich von Australien führenden gegenüber den Vorzug verdient.«

Hier ist nicht der Raum, auf die vielen Reisevergleiche einzugehen, die von der Seewarte für ihre Auffassung ins Feld geführt wurden. Es soll hier nur die Wettfahrt erwähnt werden, die das Vollschiff ERIK RICKMERS und die Hamburger Viermastbark PISAGUA 1897/98 von Philadelphia nach Kobe veranstalteten. Die beiden Schiffe hatten

den Delaware River am 2. und 3. November im Abstand von 9 Stunden verlassen; ERIK R. nahm den Weg durch den Archipel und brauchte 123 Tage, PISAGUA erreichte Kobe auf der Great Eastern Route erst nach 131 Tagen. Den Meridian von 80° O, wo sich die Wege trennen, hatte PISAGUA am 5. Januar, ERIK R. erst am 9. Januar gekreuzt. Zu den beiden Konkurrenten hatte sich noch das Bremer Vollschiff CARL gesellt, das am 8. Januar auf 80° O stand und, nach Yokohama bestimmt, durch den Archipel segelte. Die Schiffe brauchten von 80° O bis zu ihren Bestimmungshäfen:

PISAGUA	67 Tage (um Australien)
CARL	81 Tage (via Archipel)
ERIK R.	56 Tage (via Archipel)

Das Vollschiff CARL war dem ERIK an Größe und Segelfähigkeit ebenbürtig; mittelt man die Zeiten von CARL und ERIK, so kommt man auf 68 Tage für die Fahrt durch den Archipel, so daß die PISAGUA auf dem östlichen Weg gegenüber dem Mittelwert der Vollschiffe noch um einen Tag besser abschnitt; aber PISAGUA war auch das schnellere Schiff.

ERIK RICKMERS war das Schwesterschiff der RICKMER RICKMERS, das 1897 vom Stapel lief und 1899 verlorenging. Auffallend waren die flotten Reisen, die das Vollschiff während seines kurzen Lebens machen konnte. Auf der Jungfernreise segelte ERIK in 33 Tagen von der Weser nach Philadelphia, dann folgte die oben erwähnte Petroleumreise nach Kobe im Rennen mit der PISAGUA, für die ERIK trotz des NO-Monsuns nur 123 Tage brauchte. Von Kobe segelte das Vollschiff um Kap Horn in 131 Tagen nach New York, um Petroleum für Hongkong zu laden. Obgleich es wieder gegen den NO-Monsun ging, dauerte die Reise nur 116 Tage. Die Heimreise mit Reis von Bangkok endete nach 138 Tagen auf einer Klippe der Scilly-Inseln. Das Schiff war verloren; die Besatzung konnte sich in den Schiffsbooten retten.

In Japan hatte die Mannschaft der RICKMER RICKMERS mit dem Löschen der Petroleumkisten nichts zu tun, auch der Donkeykessel und die Dampfwinden wurden nicht gebraucht. Die Entladung der Segelschiffe besorgten die japanischen Hafenarbeiter mit ihren »menschlichen Elevatoren«. Wenn auch keine Berichte darüber vom RICKMER vorliegen, so gibt es zuverlässige Informationen von der Bremer Viermastbark ANNA, die 1907 eine Ladung Kistenpetroleum gelöscht hat. Wie das geschah, hat der deutschamerikanische Kapitän Fred Klebingat berichtet, der damals als Leichtmatrose auf der ANNA fuhr. Er war ein aufmerksamer Beobachter und hat die Erfahrungen seines langen Seemannslebens sorgfältig aufgezeichnet, um sie dem National Maritime Museum in San Francisco zur Verfügung zu stellen. Sein Bericht über die Petroleumreise der ANNA nach Japan läßt manche Parallelen zu den Petroleumreisen der Rickmerssegler erkennen oder vermuten. Deshalb werden hier einige Abschnitte mit Erlaubnis von Mr. Karl Kortum zitiert, dem hilfsbereiten Chief Curator des Museums, nachdem wir den Text ins Deutsche übersetzt haben:

Liste der Heuerguthaben der in Nagasaki entwichenen Seeleute.

»Nachdem die gesamte Ladung von Dünkirchen aus dem Schiff war, verholten wir das Schiff nach den Tidewater Oil Docks in Bayonne, um die übliche Ladung zu übernehmen, die zur Hauptsache aus Kistenpetroleum bestand, mit Ausnahme von ein paar Tausend Kisten »Colza Oil« und etwa eintausend Fässern voll Paraffin, die als »Match Wax« markiert waren...

Nachdem wir das Kap der Guten Hoffnung passiert hatten und in den »Brüllenden Vierzigern« vor dem Winde segelten, stellte sich heraus, daß das Schiff sehr schlecht steuerte. Deshalb brachten wir einen Teil unserer Ladung von der Vorluke in die Segelkoje, die sich achtern im vorderen Teil der Poop befand. . . . .«

Kapitän Klebingat schildert dann, wie die Japaner die Ladung aus der Viermastbark ANNA herausholten und mit Leichtern an Land brachten. Da in jenen Jahren auch RICKMER RICKMERS seine Petroleumladungen in Yokohama und anderen japanischen Häfen löschte, darf man annehmen, daß auch auf unserem Rickmers-Segler in gleicher Weise gearbeitet wurde wie auf dem Bremer Wätjen-Segler. In Klebingats Bericht, der leicht gekürzt wiedergegeben wird, heißt es:

»In Yokohama löschten wir unsere zur Hauptsache aus Kistenpetroleum bestehende Ladung und nahmen 1500 t Ballast über. Die ANNA hatte

einen Donkeykessel und eine Dampfwinde; aber die Japaner interessierten sich nicht dafür. Zu jener Zeit vertraten die japanischen Stauer noch die Ansicht, daß Dampfwinden keinen Reis und keinen Fisch für hungrige Mägen lieferten, denn sie nahmen den Schauerleuten die Arbeitsplätze weg. Deshalb wurden die Petroleumkisten ausschließlich von Hand bewegt, im Laderaum aufwärts von Stellage zu Stellage, dann auf einer Planke zur Bordwand und außenbords wieder abwärts von Stellage zu Stellage.«

Beim Laden oder Löschen eines Schiffes wird die Ladungsmenge normalerweise durch Zählen oder Wiegen kontrolliert; in der Seemannssprache nennt man es »Tally«, und der Ladungskontrolleur heißt »Tallyman«. In Ostasien bediente man sich auch bei der Tally oft anderer Methoden wie im Westen. Kapitän Klebingat schildert in seinem Bericht, wie 1907 in Yokohama die Petroleumkisten gezählt wurden. In der Regel wird von zwei Tally-Männern gezählt; der eine ist vom Ladungsempfänger beauftragt, der andere zählt fürs Schiff, damit eine gegenseitige Kontrolle stattfindet. Auf der Viermastbark ANNA ging die Tally wie folgt vonstatten:

Bambusstäbchen zum Zählen von Petroleumkisten.

»Auf jeder Seite der Planke, auf der die Petroleumkisten an Deck zur Bordwand geschoben wurden, saß einer der Tallyleute. Als gemeinsames Gerät benutzten sie zwei kleine Holzkästen, die in 10 kleine Fächer unterteilt waren, und 100 kleine Bambusstäbchen. Die Stäbchen waren 25–30 cm lang, aus einem Bambusrohr geschnitten. Gezählt wurde folgendermaßen: Der eine Tallymann hielt das Kästchen, in dem sich die 100 Stäbchen befanden, je 10 in den einzelnen Fächern. Der zweite Tallymann hatte anfangs den leeren Kasten. Wenn auf der Planke eine Petroleumkiste an den beiden Männern vorbeigeschoben wurde, nahm Tallymann I ein Stäbchen aus seinem Kasten und legte es auf die passierende Kiste; Tallymann II ergriff das Stäbchen und behielt es in der Hand. So wechselte bei jeder passierenden Kiste ein Stäbchen von Tallymann I über die Kiste in die Hand von Tallymann II. Beim 10. Stäbchen sagte der erste Tallymann »Bamboo«, und der zweite Tallymann steckte die 10 Stäbchen in eines der Fächer seines Kastens. Das Spiel ging dann so weiter, bis alle 100 Stäbchen sich in dem Kasten des zweiten Tallymannes befanden. Das bedeutete, daß 100 Kisten das Schiff verlassen hatten und sich in dem längsseit liegenden Leichter befanden. Die beiden Tallyleute wechselten dann ihre Kästen, machten sich eine Notiz oder ein Zeichen, und das Spiel begann von neuem, bis die nächsten 100 Kisten von Bord waren.«

Rickmer auf der Great Eastern Route

Im Herbst 1907 hielt sich die RICKMER RICKMERS nur 23 Tage in Geestemünde auf, wo am 28. September die Musterrolle für die zehnte Reise ausgestellt wurde. Die Heuern waren ähnlich wie auf der vorhergehenden Reise. Der 29jährige Erste Steuermann namens Focke erhielt 150 Mark, er war im Besitz eines Schifferpatentes für die große Fahrt. Die Matrosen erhielten 65 Mark, mit Ausnahme eines Japaners, der mit 50 Mark zufrieden sein mußte. Zu den 65-Mark-Matrosen gehörten Wilhelm Bußler aus Pankow und Gustav Buchholz aus Posen, die auf der vorhergehenden Reise als Leichtmatrosen an Bord waren, nachdem sie ihre Seemannslaufbahn als Schiffsjungen auf dem Schulschiff GROSSHERZOGIN ELISABETH begonnen hatten. Sie waren jetzt beide 20 Jahre alt und brauchten noch eine 12monatige Fahrzeit als Matrose auf einem Rahsegler, um das Steuermannspatent erwerben zu können. Insgesamt wurde damals für das Steuermannspatent eine 45monatige Fahrzeit »vor dem Mast« gefordert und danach der 3/4jährige Besuch einer Navigationsschule.

Die Musterrolle für die 10. Reise der RICKMER RICKMERS enthielt zum ersten Mal als zusätzliche »Verabredung« den Satz: »*Die Mannschaft ist auf Verlangen verpflichtet, Überstunden zu leisten.*« Wie bisher wurden die Überstunden mit 30 Pfennigen pro Mann und Stunde bezahlt.

RICKMER verließ Geestemünde am 2. Oktober 1907 morgens um 8 Uhr, mußte aber nachmittags bei Hoheweg ankern, da der Wind westlich lief und auffrischte. Am nächsten Nachmittag, bei flauem SO-Wind, ging es weiter mit dem Schlepper, der das Schiff jedoch in der Deutschen Bucht verließ, so daß es seinen weiteren Weg durch Nordsee und Kanal allein machen mußte. In der Straße von Dover kreuzte RICKMER 5 Tage lang, ohne weiterzukommen; erst am 16. Oktober wurde Beachy Head passiert. Am nächsten Tag mußte die Bark beigedreht werden, weil es aus NNW mit 10 Windstärken wehte. Am 20. Oktober endlich stand RICKMER 23 sm südlich von Lizard und hatte den freien Atlantik vor sich. 18 Tage von Geestemünde bis Lizard, das hatte Zeit geko-

stet; die glücklichere MABEL hatte für diesen schwierigen Abschnitt nur 8 Tage gebraucht.

Auch die Fahrt über den Nordatlantik brachte RICKMER viel Wind und Sturm, aber am 18. November, nach 29 Tagen von Lizard, erhielt man mittags vor New York Schlepper und Lotse, mit deren Hilfe das Schiff nachmittags vor Staten Island zu Anker gebracht wurde. MABEL war 17 Tage früher angekommen.

In New York übergab Kapitän Schwegmann das Kommando des RICKMER an den Kapitän Dietrich Wilhelm Janssen, der am 14. Dezember 1869 in Bremerhaven geboren worden war. Heinrich Schwegmann ging in New York von Bord und hat wahrscheinlich von dort aus eine Japanreise mit dem Dampfer HELENE RICKMERS gemacht, um im Herbst 1908 den Neubau MADELEINE RICKMERS als Kapitän zu übernehmen. Der Führungswechsel auf RICKMER RICKMERS wurde vom Generalkonsulat am 20. November 1907 in der Musterrolle vermerkt. Kapitän Janssen besaß das Schifferpatent seit 1895.

Erstaunlich war, daß in New York keiner der Mannschaft desertierte; wahrscheinlich hing das mit der damals in Amerika herrschenden Wirtschaftsdepression zusammen, die 1908 sogar den Norddeutschen Lloyd in größte Zahlungsschwierigkeiten brachte.

Am 20. Dezember trat RICKMER RICKMERS die Reise nach Yokohama an, 20 Tage vorher war MABEL RICKMERS ebenfalls auf die Reise nach Yokohama gegangen. Die Reise des RICKMER verlief im Atlantik mittelmäßig, von New York bis zum Äquator 34 Tage, dann bis zum Meridian des Kaps der Guten Hoffnung 40 Tage.

Kapitän Janssen schnitt den Meridian des Kaps am 3. März in 44° Südbreite und war entschlossen, die Reise auf der Great Eastern Route zu machen, weil er die Gefahren im Archipel, die Strömungen und die Flauten scheute. Er kreuzte den Meridian von 80° O am 19. März in 45 1/2° Südbreite. Schon südlich des 40. Breitengrades mußten die Schiffe im Indischen Ozean mit der Gefahr treibender Eisberge rechnen. Da die Eisgefahr nach Süden hin größer wurde, überschritten die Segler nur selten und ungern den 45. Breitengrad. Ein deutscher Dampfer berichtete 1897 von einer Reise nach Australien: »... den ersten Berg sahen wir am 26. Ja-

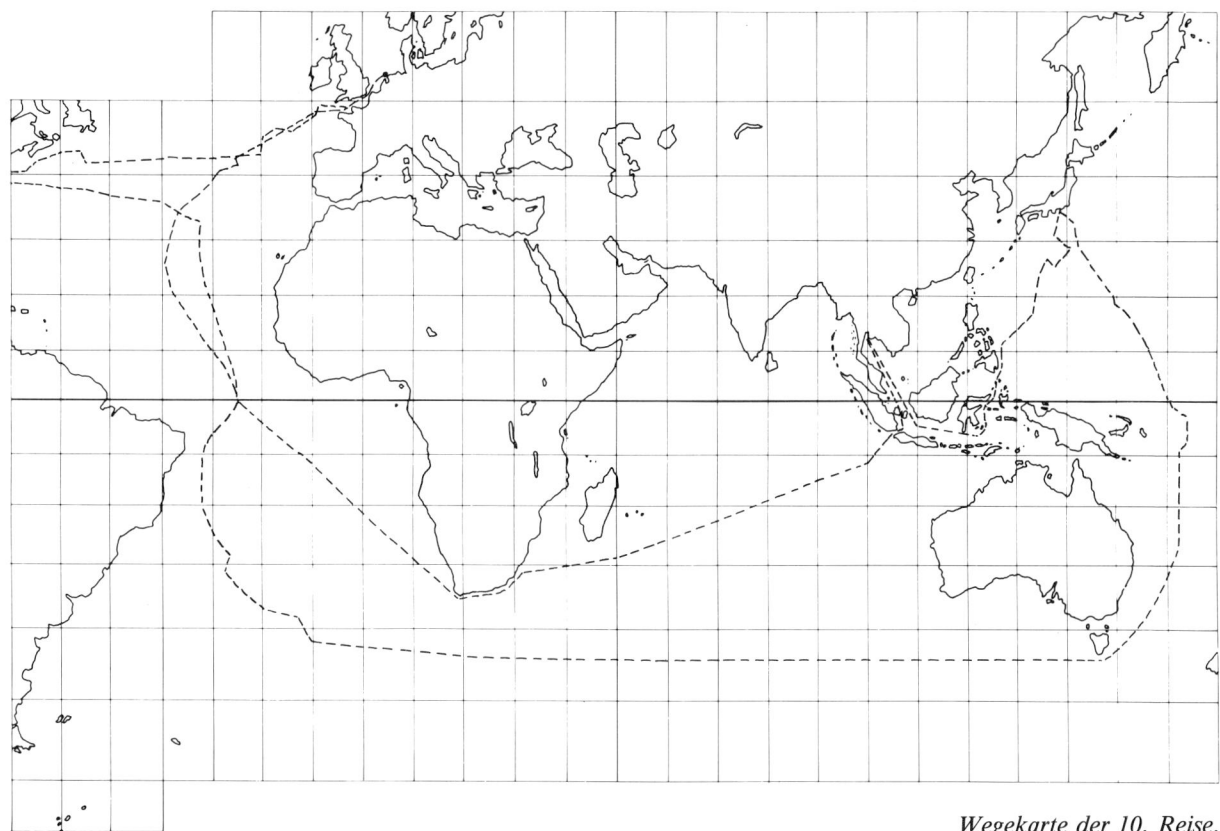

Wegekarte der 10. Reise.

nuar in 43° S, 44° O und passierten dann fortwährend Eisberge in 10–15 sm Abstand. Die Höhe betrug 90–120 m bei einer Länge von 1–4 sm. ...« In den südlichen Weltmeeren sind früher manche Segler verschollen, und man vermutet, daß nicht selten Kollisionen mit Eisbergen daran schuld waren.

Nachdem RICKMER RICKMERS am 1. April das SO-Kap Tasmaniens passiert hatte, steuerte man NO-wärts bis 30° S. Von dort segelte man mit nördlichem Kurs westlich an Neu-Kaledonien vorbei und schnitt den Äquator am 23. April in 161° O. Nach 4tägiger Mallung kam der NO-Passat durch, der dem Schiff einen NW-lichen Kurs erlaubte. Nach dem 10. Mai gab es wechselnde Winde und zum Schluß noch einen schweren Südsturm mit viel Regen. Am 17. Mai fiel der Anker in der Bucht von Yokohama. Als RICKMER RICKMERS in Yokohama eintraf, löschte die MABEL ihre letzten Kisten, und die Kapitäne hatten noch drei Tage Gelegenheit, ihre Erfahrungen auszutau-

schen. MABEL hatte ihren 20tägigen Vorsprung bei Abfahrt auf 31 Tage vergrößert, als sie den 80. Längengrad erreichte und dort auf die übliche Route durch den Archipel einschwenkte. In Yokohama traf sie 28 Tage früher ein als RICKMER, der ihr also auf der Great Eastern Route 3 Tage abgewonnen hatte. Aber das interessierte jetzt nur noch die Kapitäne. Die Seewarte, die vor zehn Jahren noch eifrig nach den günstigsten Segelschiffswegen geforscht hatte, nahm jetzt kaum noch Notiz von RICKMER RICKMERS Erfolg auf der östlichen Route.

Die Zeit der Segelschiffe ging zu Ende, das Interesse an ihnen verkümmerte auf der Seewarte ebenso wie auf den Schiffswerften. Nur kapitalschwache Reeder waren interessiert, die vorhandenen Windschiffe billig aufzukaufen, um sie für den Transport von Massengütern noch einige Jahre gewinnbringend nutzen zu können. Als Nebenprodukt konnte man dabei die Erziehung von seemännischem Nachwuchs verbuchen.

111

Nachdem RICKMER RICKMERS ihre Ladung gelöscht und währenddessen ihren vierteiligen Ballasttank gefüllt hatte, trat sie am 7. Juni die Fahrt nach Bangkok an. Das Schwesterschiff MABEL hatte Yokohama 22 Tage früher verlassen, ebenfalls nach Bangkok bestimmt. Es war mitten im Sommer, der SW-Monsun auf seinem Höhepunkt, so daß die Fahrt nach Bangkok einen großen Umweg erforderte; denn nur südlich des Äquators konnte man westwärts vorankommen. Kapitän Janssen hatte es in der ersten Woche mit leichten SW-lichen Winden, in der zweiten Woche mit SO-lichen Winden zu tun. Am 27. Juni trieb RICKMER auf 10° N, 127° O in Mallung und Stille. Bestrebt, weiter nach Süden zu kommen, segelte Kapitän Janssen durch die Molukkenstraße westlich von Halmahera, kreuzte am 16. Juli den Äquator auf 126^1/$_2$° O und fand auf 3° Südbreite den gewünschten SO-Monsun, mit dem er in die Java-See gelangte und dann NW-wärts steuerte. Am 2. August kreuzte er den Äquator zwischen Borneo und Sumatra. Es ging nur langsam voran, aber frühmorgens am 16. August konnte Kapitän Janssen den RICKMER vor Koh-si-chang zu Anker bringen, nach einer 70tägigen Reise. Er war erstaunt zu hören, daß MABEL noch nicht eingetroffen sei, obgleich sie schon 92 Tage in See war. Es dauerte noch mehr als zwei Wochen, bis MABEL schließlich auftauchte, nach 109tägiger Reise. Ein trauriges Resultat, das aber dieses Mal sicherlich nicht an der unterschiedlichen Takelung der Schwesterschiffe gelegen hatte, sondern an dem Weg, den Kapitän Schwetmann gewählt hatte, indem er weiter östlich durch die Djilolo-Straße in den Archipel gesegelt war, und das hatte sich hinterher als falsch erwiesen. 109 Tage für eine Reise, die von einem Maschinenschiff auf einer Distanz von nur 3 000 sm abgelaufen wird, ist weiß Gott zuviel und ein Beweis, daß die Segelschiffe in dieser Gegend eigentlich nichts mehr zu suchen hatten.

Knapp vier Wochen lag RICKMER RICKMERS in Bangkok und mußte dort einen Matrosen im Hospital zurücklassen. Am 12. September lag das Schiff segelfertig auf der Reede von Koh-si-chang mit 2 900 t Reis an Bord. Mit dem Dampfer ELISABETH RICKMERS, der sich auch in der Gegend befand, war vereinbart, daß er den RICKMER einige

Tage in Richtung Sundastraße schleppen solle, damit er schneller durch die Mallungen käme. Am 13. September morgens wurde die Schleppverbindung hergestellt, und dann ging es mit 5–6 sm/h SO-wärts. 8 Tage hatte der Dampfer Zeit für seinen Auftrag, am 21. September nachmittags verließ er den Segler auf 3° 40′ S, 107° 10′ O bei leichtem SO-Wind in Stärke 2.

RICKMER hate durch die Schlepphilfe mindestens eine Woche, wenn nicht noch mehr gewonnen. Er befand sich bereits am 24. September vor Anjer, wo er wegen des Gegenstroms um 12 Uhr ankern mußte. Am nächsten Tag passierte die Bark Java Head in 2 sm Abstand und hatte nun den freien Indischen Ozean vor sich. Auf 26° S und 54° O sah man die ersten Albatrosse, heißt es im Wetter-Journal.

Bei Annäherung an die afrikanische Küste bekam es RICKMER in der Nacht zum 5. November wieder mit einem schweren Sturm zu tun, der aus Norden wehte. Kapitän Janssen ließ alle Segel festmachen bis auf die Untermarssegel und die Fock. Die Fock ist das Rahsegel, das einem Schiff Leben gibt, und so lief RICKMER trotz hoher See und viel Wasser an Deck noch seine 9–10 sm/h auf SW-lichem Kurs. In der Nacht zum 16. November passierte die Bark Cape-Francis-Leuchtfeuer an der Südküste Afrikas in 18 sm Abstand.

Zwei Wochen später kam die Insel St. Helena in Sicht, vor deren Küste Kapitän Janssen am 2. Dezember vormittags beidrehen ließ, um Briefe loszuwerden und einigen Frischproviant zu kaufen. Mittags wurde wieder vollgebraßt; der SO-Passat war aber so flau, daß die Insel Ascension erst nach 7 Tagen passiert und der Äquator erst am 18. Dezember gekreuzt wurde. Dann dauerte es noch 42 Tage, bis die Bark querab von Kap Lizard stand; alles keine seglerischen Glanzleistungen.

Am 4. Februar 1909 erreichte RICKMER Bremerhaven/Geestemünde, nach 145tägiger Reise von Bangkok. Ohne die Schlepphilfe des Dampfers ELISABETH RICKMERS hätte die Reise mindestens 10 Tage länger gedauert. Die MABEL RICKMERS, die 11 Tage später von Bangkok ging und nicht geschleppt wurde, lag in der Sundastraße bereits einen Monat zurück und konnte nichts wieder aufholen. Als sie im Ärmelkanal heimwärts steuerte, war RICKMER bereits wieder auf der Ausreise. Zum

Schluß hatte MABEL noch das Pech, am 12. März auf der holländischen Insel Ameland zu stranden. Glücklicherweise war ruhiges Wetter; nach dem Leichtern von Ladung wurde das Schiff am nächsten Tag flottgemacht. Um die Schäden zu reparieren, lag die MABEL mehrere Wochen an der Werft in Geestemünde und wurde während dieser Zeit zur Bark umgetakelt.

Die Rickmers-Dampfer machten zwischen 1903 und 1910 meistens ähnliche Reisen wie die Segler; sie brachten Petroleum nach dem Fernen Osten und kehrten mit Reisladungen nach der Weser zurück. Nur gelegentlich wurde dieses Reiseprogramm ergänzt durch eine Zwischenreise mit Kohle von Japan nach Singapore. Natürlich brauchten die Dampfer für ihre Rundreisen erheblich weniger Zeit als die Segler; denn ihre Dreifach-Expansionsmaschine sicherte ihnen eine Geschwindigkeit von etwa 10 sm/h und außerdem hatten sie den Vorteil des kürzeren Weges durch das Mittelmeer und den Suezkanal. Einen guten Vergleich zwischen Segler und Dampfer gestattet die vorstehend beschriebene Reise der Bark RICKMER RICKMERS mit der Reise des Dampfers HELENE RICKMERS, der New York vier Wochen später verließ als der Segler; hier sind die Reisedaten beider Schiffe:

MABEL RICKMERS *als Bark getakelt.*
(Sammlung Dr. Jürgen Meyer)

		RICKMER R.	HELENE R.
New York	ab	20 Dez 1907	17 Jan 1908
Yokohama	an	17 Mai 1908	31 Mär 1908
Yokohama	ab	7 Jun 1908	24 Apr 1908
Bangkok	ab	12 Sep 1908	26 Mai 1908
Weser	an	4 Feb 1909	26 Jul 1908

Der Dampfer HELENE RICKMERS war 1903 gebaut worden; er hatte 3 662 BRT und eine Gesamttragfähigkeit von 6 000 t, von der jedoch nicht viel mehr als 5 000 t für Ladung genutzt werden konnte. Die Besatzung des Dampfers war insgesamt 41 Mann stark.

Der Leichtmatrose Friedrich Klenke ließ sich in den USA photografieren. *(Sammlung Heinz Burmester)*

Beriberi auf der elften Reise

RICKMER RICKMERS' elfte Reise begann wie die vorhergehenden Rundreisen mit einer Ballastfahrt nach Nordamerika; von dort ging es mit Petroleum nach Japan und dann mit Reis nach der Weser zurück. Es wurde die letzte Reise dieser Art; denn im Jahre 1909 kündigte die Reis- und Handels-AG vorzeitig den zehnjährigen Chartervertrag, den sie 1903 mit der Rickmers-Reederei abgeschlossen hatte. Der Vertrag hatte die Reederei sieben Jahre gebunden, gerade in jener Periode bis Ende 1909, in der es auf dem Frachtenmarkt für die Reeder trübe ausgesehen hatte. Da die Bedingungen des Chartervertrages im einzelnen nicht bekannt geworden sind, läßt sich nicht sagen, ob die Reederei oder die Reis- und Handels-AG mehr unter der Frachtenflaute gelitten hatte. Die vorzeitige Kündigung des Chartervertrages läßt darauf schließen, daß die Reis- und Handels-AG den von ihr benötigten Schiffsraum auf dem freien Markt billiger chartern konnte.

Die Rickmers-Reederei hatte das Glück, daß nach Beendigung der letzten Charterreisen sich die Lage auf dem Frachtenmarkt im Laufe des Jahres 1910 zu ändern begann und die Jahre 1911/12 der gesamten Schiffahrt einen sehr kräftigen Aufschwung brachten, von dem auch die Segelschiffe profitierten.

Aber zunächst sind wir noch im Jahre 1909; RICKMER RICKMERS verließ Geestemünde nach 24tägigem Hafenaufenthalt am 28. Februar, um in Philadelphia Kistenpetroleum zu laden. Das Kommando des Schiffes hatte Kapitän Janssen behalten. Als Erster Steuermann musterte Nikolaus Möller für 140 Mark monatlich. Er war 1876 in Oberhammelwarden geboren, stammte also vom oldenburgischen Weserufer, das der Rickmers-Reederei schon so viele brave Seeleute geliefert hatte. Nikolaus Möller war seit 9 Jahren im Besitz des großen Schifferpatentes, was auf der bevorstehenden Reise noch zum Tragen kommen sollte. Er wurde mir als stattlicher blonder Mann geschildert, der viel Humor besaß; doch auch sein Humor konnte nicht verhindern, daß die elfte Reise des RICKMER unglücklich verlief.

Die schlechte Lage der internationalen Schifffahrt, die 1908 sogar den Norddeutschen Lloyd in

Kapitän Nikolaus Möller übernahm die Führung der RICKMER RICKMERS *im Dezember 1909.*
(Sammlung Kapt. G. Baake)

finanzielle Schwierigkeiten brachte, schlug 1909 auch auf die Heuern durch; auf RICKMER RICKMERS erhielten die meisten Dienstgrade weniger als auf der vorhergehenden Reise. Die Matrosenheuern differierten zwischen 50 und 60 Mark; nur die Heuer der Schiffsjungen war mit 15 Mark monatlich unverändert geblieben. Von den drei Leichtmatrosen erhielt der 17jährige Friedrich Klenke aus Bremerhaven mit 27 Mark eine verhältnismäßig gute Heuer; er hatte die vorhergehende Reise als Schiffsjunge mitgemacht und hatte davor bereits ein halbes Jahr auf einer ostfriesischen Tjalk gefahren, einem einmastigen Küstensegler, auf dem ein Schiffsjunge normalerweise gut angelernt und erzogen wurde.

Mit Ausnahme des japanischen Matrosen Kubo

von der vorhergehenden Reise, der als Steward gebraucht wurde, hatte man dieses Mal keine Ausländer in Geestemünde angemustert. Zum Schluß soll noch der 15jährige Schiffsjunge Hugo Luchterhand aus Geestemünde erwähnt werden, dessen Vater Polizeikommissar in Geestemünde war. Hugo machte zwei Reisen auf der Rickmer Rickmers und bestand sein Steuermannsexamen im Juni 1914. Gleich nach Beginn des Ersten Weltkrieges meldete er sich als Kriegsfreiwilliger bei der Kaiserlichen Marine. In britischer Kriegsgefangenschaft hat er 1918/19 die Erinnerungen an seine Fahrzeit vor dem Mast zu Papier gebracht, aus denen hervorgeht, daß ihn vor allem seine jungen Jahre auf der Rickmer Rickmers stark beeindruckt hatten. Nach dem Krieg baute er sich eine Existenz an Land auf.

Rickmer Rickmers verließ die Weser am 28. Februar 1909 und traf, der Jahreszeit entsprechend, auf dem Nordatlantik viel stürmisches Wetter, mit dem sie jedoch gut fertig wurde. Am 14. April erreichte die Bark Philadelphia, nach einer 39tägigen Überfahrt von Kap Lizard. Während der Liegezeit in Philadelphia desertierten drei Matrosen und ein Schiffsjunge. Der Ersatz war international gemischt; den Matrosen mußte der Kapitän Heuern von 18 $ bewilligen, die etwa 75 Mark entsprachen. Ein russischer Pole unterschrieb die Musterrolle mit drei Kreuzen. Die Mannschaft nannte ihn bald »Popolski«, weil sein richtiger Name auch schwer zu sprechen war.

Am 6. Mai verließ Rickmer Philadelphia mit 78 058 Kisten Petroleum, die für Tsuruga bestimmt waren, einem ziemlich primitiven Hafen an der Westküste der japanischen Hauptinsel Hondo. Von dieser Ausreise sind keine besonderen seemännischen Vorkommnisse berichtet worden. Allerdings schrieb der bereits erwähnte Schiffsjunge Luchterhand später in seinen Memoiren:

»Der Kapitän machte seine zweite Reise mit dem Rickmer *und war zuerst in meinen Augen ein Held. Nett und freundlich war er zu Jedermann. Allerdings war seine Gesinnung nicht ganz einwandfrei. Vor allen Dingen roch er zeitweise verdächtig nach Alkohol. ... Die Leitung des Schiffes hatte eigentlich Herr Möller, der I. Steuermann, unter sich.«*

Auf den langen Segelschiffsreisen, auf denen der Kapitän oft unter der Einsamkeit litt, die ihm seine Dienststellung gebot, kam es gelegentlich vor, daß der einsame Mann im Alkohol Trost suchte.

Über den »Ersten« hat der ehemalige Schiffsjunge und Leichtmatrose Luchterhand folgendes geschrieben:

»Der I. Steuermann Claus Möller aus Hammelwarden war einer der tüchtigsten Seeleute, die ich kennen gelernt habe. Ein großer bulliger Mann mit Riesenkräften. Er hatte mich ganz gern und war ein strammer Erzieher. Manche Ohrfeige und Tracht Prügel habe ich von ihm erhalten. Aber ich habe ihm auch sehr viel zu verdanken. Vor allen Dingen hat er mir viele seemännische Kenntnisse beigebracht. Er war ein Mann, der ein Ziel vor Augen hatte, und ich habe immer mit einem Gefühl der Verehrung zu ihm empor gesehen.«

Schiffsjunge Luchterhand machte seine erste Reise nach Tsuruga

Rickmer Rickmers
als Museumsschiff in Hamburg

Zu den Ohrfeigen und Prügel, die der Erste Steuermann austeilte, muß gesagt werden, daß die Seemannsordnung »körperliche Züchtigungen« als Strafen und Disziplinarmaßnahmen untersagte; vgl. S. 67.

Zurück zur RICKMER RICKMERS, die gemäß der Jahreszeit den Weg durch die Sundastraße nahm. Am 18. August ankerte sie vor Anjer; Windstille und Gegenstrom zwangen dazu. Man nutzte die Gelegenheit, um Obst zu kaufen und Post abzugeben. Nach dem Verlassen der Sundastraße erkrankten drei Matrosen angeblich an Malaria, erholten sich aber wieder, bevor das Schiff seinen Bestimmungshafen erreichte. Nach einer Reisedauer von 145 Tagen lief RICKMER am 28. September in die Bucht von Tsuruga ein.

Die gleichnamige Stadt, am Südende der Bucht auf etwa $35^1/2°$ Nordbreite gelegen, hatte damals etwa 17000 Einwohner. Die Standard Oil Company of New York war am Ort vertreten und betreute die Schiffe, die Petroleum brachten. Sie wurden in der Nähe der Landungsbrücke verankert und löschten die Petroleumkisten in kleine Leichter mit einem Fassungsvermögen von 150–600 Kisten. Die japanischen Hafenarbeiter benutzten hölzerne Gleitbahnen, um die Kisten von der Reling in die Leichter rutschen zu lassen.

In Tsuruga beendete der japanische Matrose Kubo seinen Dienst vertragsgemäß. Kurz vor dem Ende der Liegezeit erlitt der irische Matrose Murray beim Aufnehmen des Steuerbord-Ankers einen ernsten Unfall und mußte im Hospital zurückgelassen werden. Um die Mannschaft zu vervollständigen, wurden in Tsuruga zwei japanische Seeleute angenommen.

Nachdem die Petroleumladung gelöscht war, versegelte RICKMER vom 1. bis 8. November von Tsuruga nach Miike Dock, einem Hafen auf der japanischen Südinsel Kiuschu, von dem Kohle ausgeführt wurde. RICKMER lud dort innerhalb von sechs Tagen 3050 t japanische Kohle, die für Singapore bestimmt war. Zum ersten Mal nahm das Schiff die Gelegenheit wahr, in Ostasien eine Zwischenladung zu transportieren, bevor es mit der üblichen Reisladung auf die Heimreise ging. Mit einem frischen NO-Monsun brauchte die Bark nur 17 Tage für die Fahrt nach Singapore, das am 1. Dezember erreicht wurde.

Während der RICKMER in Singapore lag, lief eines Sonntagmorgens der Reichspostdampfer YORCK ein, von Japan kommend. Die flotten Melodien der Bordkapelle schallten über das Hafengebiet, und das Schiff mit den vielen Passagieren an Deck bot einen prächtigen Anblick. Nach diesem erfreulichen Ereignis war auf unserer Bark noch eine ernste Angelegenheit zu regeln: Die Ablösung des Kapitäns durch den Ersten Offizier, die in der Musterrolle wie folgt bestätigt wurde:

»Es erscheint   1. Kapitän D. W. Janssen
*   2. der 1. Offizier N. Möller*

Der sub 1 Genannte erklärt, daß er wegen Krankheit die Führung des Schiffes heute an den 2. Genannten abgegeben habe. Der sub 2 Genannte bestätigt dies.

*   v. g. u.*
(gez.)   D. W. Janssen
(gez.)   N. Möller

*   g. w. o.*

18. Dez. 1909

*   Das Seemannsamt*
*   Kaiserliches Generalkonsulat«*
(Unterschrift)

Nach der Prozedur im Konsulat wurde an Bord die Besatzung auf das Achterdeck beordert. Dort gab Kapitän Janssen seine Ablösung bekannt und verabschiedete sich von seinen Leuten. In den Memoiren Hugo Luchterhands ist zu lesen:

»Wir weinten ihm keine Träne nach, als er das Schiff verließ; mit einem Passagierdampfer ist er dann nach Hause gefahren.«

Noch bevor RICKMER Singapore verließ, beförderte Kapitän Möller den Schiffsjungen Luchterhand durch seine Journaleintragung vorzeitig zum Leichtmatrosen; er mußte sich jedoch weiterhin mit der Schiffsjungenheuer von 15 Mark begnügen.

Durch das Aufrücken des Ersten Steuermanns zum Kapitän mußte der 26jährige Zweite Steuermann Wentzel die Aufgaben des Ersten übernehmen. Da in Singapore kein Patentinhaber als Zweiter Steuermann greifbar war, gestattete das Konsulat in seiner Eigenschaft als Seemannsamt, daß der 51jährige Zimmermann für die Fahrt von

Die Hafenbucht von Tsuruga um 1909. (*Sammlung Volker Luchterhand*)

Singapore nach Rangoon den Dienst eines Zweiten Steuermanns übernehmen dürfe, nachdem man ihn vorher einer Fachprüfung unterzogen hatte. Weil auch in Rangoon kein Steuermann mit Patent aufzutreiben war, hat der dortige Konsul die Genehmigung auf die Heimreise Rangoon–Bremerhaven ausgedehnt.

Für die Fahrt von Singapore nach Rangoon hatte Kapitän Möller nur 17 Tage gebraucht, vom 21. Dezember bis zum 7. Januar 1910; aber in Rangoon ging viel Zeit durch das Warten auf die Ladung verloren. Während dieser Zeit wurde einer der beiden Japaner abgemustert und der seit Philadelphia an Bord befindliche Pole. Nach Ansicht von Kapitän Möller war der letztere seine Heuer nicht wert. Aber die Mannschaft mochte ihren »Popolski« gern und mißbilligte die Maßnahme des Kapitäns. Der Verlauf der Heimreise erweckte den Eindruck, als ob mit Popolski auch das Glück den RICKMER verlassen habe. Statt des Polen wurde in Rangoon ein deutscher Matrose angemustert, der jedoch vor der Abfahrt des Schiffes krank wurde und im Hospital zurückbleiben mußte, natürlich auf Kosten des Reeders.

So kam es, daß bei der Abfahrt der Bark am 22. Februar statt der regulären 22 Mann nur 19 an

Bord waren, und von denen waren zwei geschlechtskrank, also nur beschränkt arbeitsfähig. Kapitän Möller war jedoch guten Mutes und hoffte trotz der geringen Besatzung auf eine gute Heimreise. Mit 3 075 t Reis hatte er den RICKMER voll abgeladen.

Von der Viermastbark WILLY RICKMERS, die im Hafen lag, wurde die auslaufende RICKMER RICKMERS mit drei Hurrahs verabschiedet. WILLY trat die Heimreise drei Wochen später an und überholte RICKMER schon im Indischen Ozean. Die Weser erreichte WILLY drei Wochen vor dem RICKMER, den das Glück verlassen hatte.

Zwei Monate nach der Abfahrt, am 27. April, stand die Bark südlich von Madagaskar auf 27° S und 48° O. Man traf dort einen Dampfer und tauschte mit ihm die üblichen Signale aus. Bei Ankunft in Kalkutta meldete der Dampfer die Begegnung mit RICKMER RICKMERS mit dem Zusatz *»Alles wohl an Bord«,* was jedoch nicht ganz richtig war. Schon seit Ende März litt der Steuermann Wentzel an Schmerzen in den Gelenken, die sich allmählich verschlimmerten. Der Kapitän hielt es für Gelenkrheumatismus und behandelte den Steuermann nach den Anweisungen, die er in dem Buch »Gesundheitspflege auf Kauffahrteischif-

119

fen« fand. Der Steuermann besaß selber ein Zeug-
nis, daß er die Prüfung in Gesundheitspflege bestanden hatte; aber auch ihm fehlte die Erfahrung,
daß seine Krankheit möglicherweise tödlich sein
könne, wenn nicht rechtzeitig eine Umstellung in
der Ernährung stattfinden würde.

Als das Schiff im Mai endlich das Kap der Guten Hoffnung rundete, verwarf der Kapitän den
Gedanken, wegen der Gelenkschmerzen des Steuermanns den Hafen von Kapstadt anzulaufen. Er

hielt die Krankheit nicht für lebensgefährlich und
wollte nicht den einzigen Patentinhaber verlieren,
der sich außer ihm an Bord befand. Einen Nothafen anzulaufen, bedeutet für einen Kapitän immer
einen schweren Entschluß, und ganz besonders,
wenn er seine erste Reise macht. Wie die Speiserolle vorschrieb, ließ Kapitän Möller täglich Zitronensaft an die Besatzung ausgeben, um dem Skorbut vorzubeugen, der auf langen Segelschiffsreisen durch Vitaminmangel verursacht werden

konnte. Von der Möglichkeit, bei St. Helena Frischproviant zu kaufen und Trinkwasser zu ergänzen, hat Kapitän Möller keinen Gebrauch gemacht.

Am 19. Juni stand die Bark auf 4° Nordbreite und 25° Westlänge und signalisierte mit einem Dampfer, der die Begegnung nach seiner Ankunft in Marseille meldete; dieses Mal jedoch ohne den Zusatz »An Bord alles wohl«. Es zeigten sich Krankheitsmerkmale auch beim Kapitän und einigen anderen Leuten. Der Steuermann wurde immer schwächer, hatte geschwollene Beine und war nicht mehr arbeitsfähig. Mit dem Wind hatte das Schiff auch kein Glück; wehte er aber einmal günstig, war die Mannschaft zu schwach, um ihn voll zu nutzen. Am 29. Juli, noch 300 sm westlich des Englischen Kanals, starb der Steuermann Wentzel und wurde auf See beigesetzt. Zu diesem Zeitpunkt hatte sich der Zustand des Kapitäns bedenklich verschlechtert, auch der Koch und der Donkeymann zeigten schwere Krankheitserscheinungen, während der Zimmermann, der Segelmacher und ein Matrose leichter betroffen waren.

Kapitän Möller, der jetzt der einzige Nautiker an Bord war, entschloß sich zum Anlaufen eines Nothafens und segelte sein Schiff am 2. August mit letzter Kraft in die Bucht von Falmouth, wo es mit Lotsenhilfe auf der Reede zu Anker gebracht wurde. Der Hafenarzt veranlaßte, daß Kapitän Möller sowie der Koch und der Donkeymann sogleich ins Hospital gebracht wurden, wo die Krankheit als Segelschiffs-Beriberi erkannt wurde.

Die an Bord verbliebene Mannschaft wurde sofort mit Frischproviant versorgt und erholte sich schnell. Bei den drei Schwerkranken im Hospital dauerte es etwas länger, bis man sie wieder aufgepäppelt hatte.

Als RICKMER RICKMERS nach 161 Tagen ab Rangoon in Falmouth einlief, war die von Kapitän Hinrich Friedrich Ahlers geführte Viermastbark WILLY RICKMERS bereits in Geestemünde angekommen. Um den RICKMER so schnell wie möglich in seinen Bestimmungshafen zu bringen, schickte die Reederei Kapitän Ahlers und einen Ersten Steuermann nach Falmouth. Auf dem Deutschen Konsulat in Falmouth wurde folgender Text in die Musterrolle eingetragen:

»Krankheitshalber bleibt Kapitän Möller in Falmouth zurück und Kapitän H. Ahlers wird laut brieflicher Order der Rhederei, datiert Bremerhaven, den 4. August 1910, mit der Führung des Schiffes nach dem Löschhafen Geestemünde beauftragt. Laut Meldung des Kapitäns ist der Steuermann Max Wentzel auf der Reise gestorben und auf See beigesetzt. Da das Schiff nach Geestemünde bestimmt ist, wird Kapitän Ahlers beauftragt, um Zeitverlust zu vermeiden, die Effekten des Steuermanns, Guthaben und Dokumente dem dortigen Seemannsamt zu übergeben.

Kaiserlich Deutsches Vizekonsulat
Falmouth, den 6. August 1910«
(Unterschrift)

Außerdem wurden in Falmouth zur Verstärkung der Mannschaft zwei englische Matrosen »for the run« angemustert; für die Fahrt nach Geestemünde erhielt jeder von ihnen 7 £, davon die Hälfte als Vorschuß. Sie traten ihren Dienst am 6. August an und beendeten ihn bei Ankunft in Geestemünde am 16. August, so daß sie in 11 Tagen rund 140 Mark verdient hatten; das waren nicht weniger als 7 Goldstücke.

Trotz seiner Unglücksreise mit der RICKMER RICKMERS blieb Kapitän Möller bei der Seefahrt. Nach dem Ersten Weltkrieg, als unsere Handelsflotte auf ein Minimum geschrumpft war, fuhr er als Supercargo auf Schiffen der Oldenburg-Portugiesischen Dampfschiffahrtsgesellschaft. Auf einer dieser Reisen erlitt er in Melilla einen tödlichen Schlaganfall und wurde im fremden Land begraben; er war nur 46 Jahre alt geworden. Sein Schicksal erinnert an das seines Schwagers Albert Christian Baake, der den RICKMER von 1899 bis 1903 geführt hatte und 1910 in St. Petersburg im Alter von 48 Jahren einem Schlaganfall erlag. Die gesundheitlichen Belastungen der Seeleute waren Anno dazumal ungewöhnlich groß; um das Pensionsalter zu erreichen, brauchten sie Glück und eine robuste Konstitution.

Am 18. August verhandelte das Seeamt in Bremerhaven in öffentlicher Sitzung über die Reise der RICKMER RICKMERS, oder genauer gesagt über den Tod des Steuermanns Wentzel und das Anlaufen von Falmouth als Nothafen. In dem Spruch des Seeamts hieß es wörtlich:

»Der 2. Steuermann Wentzel ist am 29. Juli abends um 7 Uhr auf 49° N, 12° 30 ' W verstorben. Wegen der schweren Erkrankung des Kapitäns hat das Schiff am 2. August 1910 Falmouth als Nothafen angelaufen.

Es ist festgestellt worden, daß der Proviant des Schiffes reichlich und ordnungsgemäß gewesen ist. Die Entstehungsursache der Erkrankung hat sich nicht feststellen lassen. Es liegt die Möglichkeit vor, daß das zum Brotbacken in Singapore beschaffte Mehl mit den Erkrankungen in Zusammenhang steht. Irgendein Verschulden der Schiffsleitung, Mängel des Schiffes oder der Ausrüstung haben nicht vorgelegen. Das Anlaufen eines Nothafens war geboten. Es ist anzumerken, daß Kapitän Möller ohne Steuerleute das Schiff sicher und unbeschädigt nach Falmouth gebracht hat.«

In der Begründung des vorstehenden Spruches ist unter anderem zu lesen, daß der als Sachverständiger zugezogene Kreisarzt Dr. Dreyer die an Bord aufgetretene Krankheit als »Segelschiffs-Beriberi« erklärt hatte, über deren Ursachen man nicht Genaueres wisse. Zwar habe der Dauerproviant Käfer enthalten, doch sei das auf den langen Reisen nichts Ungewöhnliches. Jedoch habe das in Singapore gekaufte Weizenmehl sehr viele Käfer enthalten und sei teilweise schlecht gewesen. Es bestände deshalb die Vermutung, daß die Krankheit durch dieses Mehl verursacht worden sei; denn der Koch habe es zum Backen von Weißbrot verwendet, und dieses Weißbrot sei zum größten Teil von dem Verstorbenen und den drei schwer Erkrankten gegessen worden. Mannschaftsmitglieder hatten ausgesagt, daß die Verpflegung an Bord gut gewesen sei, und 13 Mann hatten freiwillig eine entsprechende Erklärung unterschrieben.

Zum Schluß sei noch erwähnt, daß das Schiff als Frischproviant von Rangoon zwei lebende Schweine mitgenommen hatte, die mit Küchenabfällen gefüttert wurden, damit sie ein passables Schlachtgewicht erreichten. Man konnte jedoch nur eines der beiden Schweine schlachten und verzehren; das zweite krepierte ohne Angaben von Gründen und wurde den Haien zum Fraß vorgeworfen.

Da in dem vorstehenden Absatz von Käfern im Proviant die Rede ist, sollen hier auch die Käfer erwähnt werden, die mit den Reisladungen an Bord kamen. Sie waren harmlos in bezug auf Krankheiten, wurden aber zur Plage durch ihre große Zahl und die Dreistigkeit, mit der sie zu Tausenden und Abertausenden den Laderaum durch die geöffneten Luken verließen, um die Decksaufbauten einschließlich der Logisräume zu bevölkern. Sie interessierten sich Gott sei Dank nicht für die Menschen, aber in der Suppenschüssel und in der Margarinedose gehörten sie sozusagen zum täglichen Brot. Sie waren nicht viel größer als ein Stecknadelkopf und hatten nach der Beschreibung der meisten Reisfahrer eine rötlichblonde Farbe. In einem Bericht las ich allerdings, sie seien schwarz; vielleicht war das eine andere Rasse, oder der Berichterstatter hat sie mit den kleinen Koprakäfern verwechselt, die ähnliche Lebensgewohnheiten haben. Sympathisch waren die Reiskäfer nur den Hühnern des Kapitäns, die sie als Delikatesse verspeisten.

Außer den kleinen niedlichen Reiskäfern kamen in den Häfen Hinterindiens auch kakerlakenartige Tiere an Bord, die bis zu 5 cm groß waren. Die Seeleute lagen im ständigen Kampf mit ihnen, da sie Textilien und Leder fraßen und in kurzer Zeit die besten Seestiefel so zernagten, daß sie nicht mehr brauchbar waren. Glücklicherweise traten sie nicht so massenhaft auf wie die Reiskäfer.

Die letzte Reise als Rickmer Rickmers

Chile–Australien–Chile und heimwärts

Die Beriberi-Reise war RICKMER RICKMERS' letzte Fahrt nach dem Fernen Osten gewesen. Inzwischen war der zehnjährige Chartervertrag mit der Reis- und Handels-AG vorzeitig gelöst worden, und Paul Rickmers konnte endlich selber über seine Segler und Dampfer verfügen. Außer dem fünfmastigen Dampfsegler R. C. RICKMERS besaß die Rickmers-Reederei 1910 noch zwei Viermastbarken und drei Barken, die nun in weltweiter Trampfahrt eingesetzt wurden. Den Schwerpunkt der Trampfahrt für Segelschiffe bildete seinerzeit der Salpetertransport von Chile, gekoppelt mit dem Kohlentransport nach Chile.

Nachdem RICKMER im August seine letzte Reisladung in Geestemünde gelöscht hatte, sollte auch er eine Ladung Kohle nach Chile bringen. Zum Kapitän des Schiffes wurde Hinrich Friedrich Ahlers ernannt, derselbe, der das Schiff nach der Erkrankung Kapitän Möllers von Falmouth nach Geestemünde gebracht hatte. Der Zufall wollte es, daß der erste und der letzte Kapitän des Schiffes Ahlers hieß, ohne daß die beiden näher verwandt waren. Aber sie stammten beide aus dem Oldenburger Land und waren am Weserufer aufgewachsen, allerdings Hinrich Friedrich 36 Jahre später als Hermann Hinrich. Da über das Leben des ersten Kapitäns der RICKMER RICKMERS ausführlich berichtet wurde, soll hier auch der Werdegang des letzten Kapitäns kurz beschrieben werden; denn durch den großen Altersunterschied und die veränderten Zeitläufe nahm er doch einen wesentlich anderen Verlauf als der seines älteren Vorgängers.

Hinrich Friedrich Ahlers wurde am 25. Januar 1870 in Elsfleth geboren und besuchte dort bis zu seinem 14. Lebensjahr die Volksschule. Anschließend begann die Seefahrt vor dem Mast auf den hölzernen Barken und Briggs, die in den 1880er Jahren noch in großer Zahl in den oldenburgischen Weserhäfen beheimatet waren. Fast acht Jahre fuhr H. F. Ahlers vor dem Mast - darunter auch ein Jahr auf der hölzernen Bark ELISABETH RICKMERS - bevor er in Elsfleth mit Erfolg die Steuermannsschule besuchte. Anschließend diente

Kapitän Hinrich Friedrich Ahlers führte RICKMER RICKMERS *von 1910–1912.*   *(Sammlung Frau Herma Biet)*

er ein Jahr bei der Kaiserlichen Marine in Wilhelmshaven. Danach begann seine Fahrzeit als Steuermann. Er musterte als Zweiter Offizier auf dem Bremer Vollschiff COLUMBUS unter Kapitän Stöver und blieb gleich drei Jahre an Bord. H. F. Ahlers gehörte zu den soliden, seßhaften Leuten, die es meistens lange auf einem Schiff oder bei einem Reeder aushalten. Er verließ die COLUMBUS erst, als es Zeit wurde, die Schifferschule zu besuchen, und bestand am 23. Juli 1897 in Elsfleth das Examen als Schiffer auf großer Fahrt. Danach kam eine vierwöchige Übung bei der Kaiserlichen Marine, die mit der Ernennung zum Decksoffizier endete. Es folgten vier Jahre als Erster Steuermann auf der Elsflether Bark CHARLOTTE, einem eisernen Schiff, das dem Reeder J. H. Hustede gehörte. Im März 1902 erhielt H. F. Ahlers sein erstes Kommando, die kleine eiserne Bark ARNOLD, mit der er auf große Fahrt ging. Er war erst ein halbes Jahr Kapitän dieses Schiffes, als er es im September vor Port Elizabeth verlor, in jenem berüchtigten Orkan, der 18 Schiffe auf den Strand warf. Da Kapitän Ahlers schuldlos an dem Verlust des Schiffes war, vertrauten die Oldenburger Reeder ihm weiterhin ihre kleinen eisernen Barken an, deren Zahl sich allerdings nach der Jahrhundertwende schnell verringerte. Als die von ihm geführte Bark APOLLO 1906 verkauft wurde, bot ihm die Rickmers-Reederei die Führung ihrer Viermastbark WILLY RICKMERS an. H. F. Ahlers war zu dieser Zeit 36 Jahre alt und fühlte sich fähig, auch ein so großes Schiff zu führen, so daß er das Angebot der renommierten Reederei gern annahm. Vier Jahre lang hat er die WILLY RICKMERS zur Zufriedenheit seines Reeders geführt, nach Australien und nach dem Fernen Osten. Die Erkrankung Kapitän Möllers hatte im August 1910 zur Folge, daß er die RICKMER RICKMERS übernehmen mußte.

1912, als die Rickmers-Reederei mit ihren Segelschiffen Schluß machte, wurde H. F. Ahlers zur Einweisung für 14 Tage als Erster Offizier auf einen Dampfer kommandiert, anschließend wurde er zum Kapitän des Dampfers ELLEN RICKMERS ernannt. Bis zu seiner Pensionierung im Jahre 1936 führte er Rickmers-Schiffe, sofern die Zeitumstände es gestatteten. Den Ersten Weltkrieg mußte er in der Internierung verbringen, in den Jahren danach besaß Rickmers keine Schiffe für seine Kapitäne, und in der großen Krise zu Beginn der 30er Jahre mußte auch Rickmers viele seiner Schiffe auflegen und zahlte während dieser Zeit den Kapitänen nur geringe Heuern für die Bewachung der Schiffe. Kapitän H. F. Ahlers ist im April 1948 in Elsfleth gestorben, im Alter von 78 Jahren. In dem schmucken Städtchen Elsfleth, das eine so große Schiffahrtstradition hat, galten in der Zeit zwischen den Kriegen Kapitän H. F. Ahlers und Kapitän H. F. C. Schwegmann als die wohlhabendsten Männer. Ich habe meinen Gewährsmann nicht nach den Quellen des Reichtums gefragt; aber als ehemaligem Seemann kam mir das Wort »Cumshaw« aus dem Pidgin-Englisch in Erinnerung; es bezeichnet ein Geschenk, das meistens mit einer Gefälligkeit des Beschenkten in Verbindung steht. Zum Geldverdienen der Kapitäne auch noch

ein Hinweis aus Elsfleth: Früher war es bei der Fahrt zwischen fernöstlichen Häfen Usus, daß dem Kapitän das Geld zustand, das Decksladung und Deckspassagiere einbrachten. Für manchen Dampferkapitän war es sozusagen »die Butter aufs Brot«, wenn er das Glück hatte, zur rechten Zeit am rechten Ort zu sein.

Die Anmusterung fand in Geestemünde vom 3. bis 5. September 1910 statt, für eine

»Reise von der Weser via Wales nach Iquique und direkt oder nach einer oder mehreren Zwischenreisen zurück nach der Weser oder Elbe laut Bestimmung des Kapitäns.«

Die Besatzungsstärke war unverändert 22 Mann einschließlich des Kapitäns. Die Heuern hatten sich noch nicht wieder erholt von dem Tiefstand des letzten Jahres. Die neun Matrosen wurden nach ihren Fahrzeiten und Fähigkeiten unterschiedlich bezahlt, ihre Heuern differierten zwischen 50 und 60 Mark. Der 19jährige ehemalige Realschüler Klenke aus Bremerhaven, der jetzt seine dritte Reise auf dem RICKMER machte, bekam 60 Mark monatlich. Die Heuer des Ersten Offiziers Adolf Wienecke, der 25 Jahre alt und sehr tüchtig war, betrug nur 140 Mark. Er war 1907 als III. Steuermann auf dem Fünfmaster R. C. RICKMERS angefangen und war auf dem großen Schiff bis zum Ersten Steuermann avanciert, bevor ihn die Reederei als Zweiten Offizier eine Dampferreise nach Ostasien machen ließ. Der Zweite Steuermann Ahrenholz erhielt auf RICKMER RICKMERS nur 85 Mark; der Koch wurde mit 100 Mark gut bezahlt. Die Heuer der drei Schiffsjungen war auf 10 Mark monatlich reduziert, und geändert war auch die Bezahlung der Überstunden: Nur noch die Handwerker und die Matrosen erhielten 30 Pfennig für die Überstunde, die Leichtmatrosen lediglich 20 Pfennig und die Schiffsjungen 10 Pfennig. Der Reeder begann zu knausern, weil er viel Geld für die Einrichtung der Dampferlinie nach Sibirien brauchte.

Zur Mannschaft ist noch zu bemerken, daß sich genügend deutsche Seeleute anboten; es brauchten in Geestemünde keine Ausländer angemustert zu werden. Auffallend ist, daß während der 1¹⁄₂jährigen Reise keine Leute desertiert sind; nur der Donkeymann wurde in Valparaiso ordnungsge-

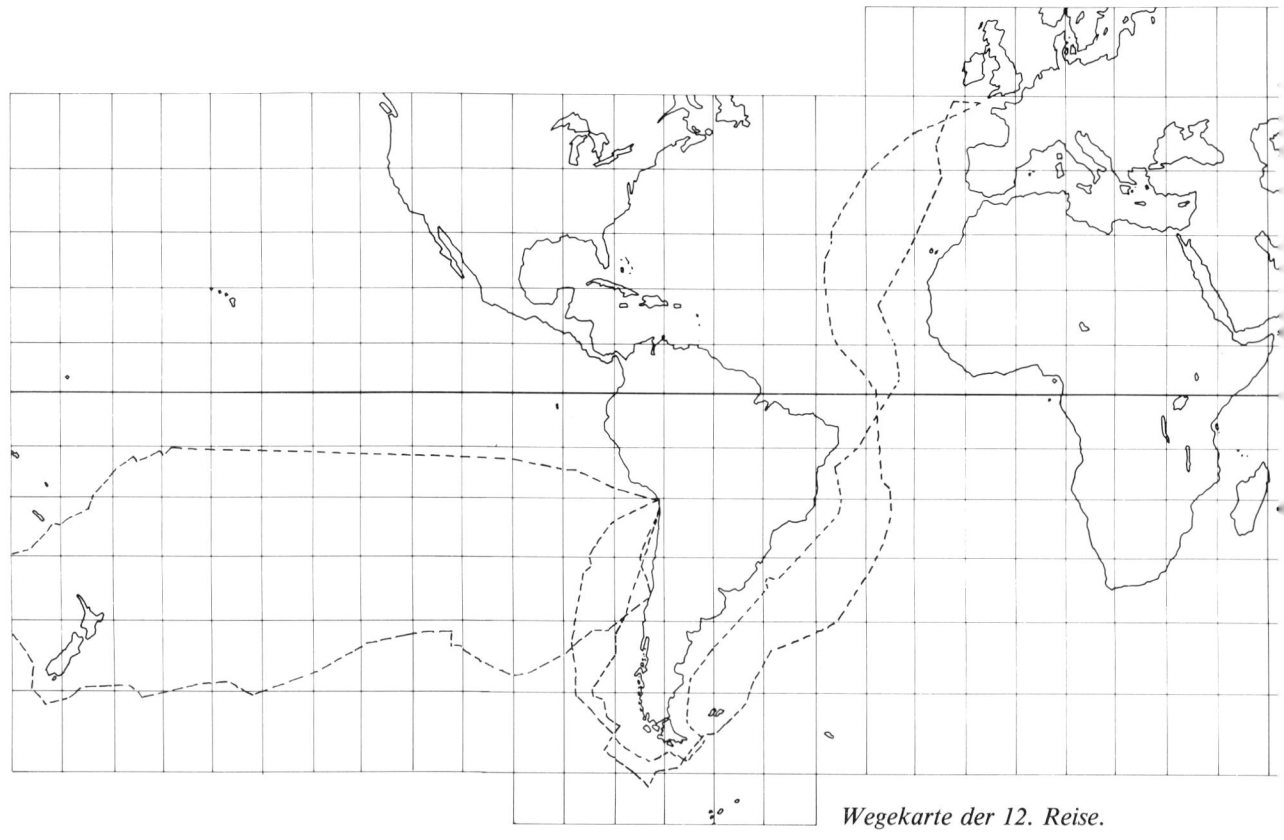

Wegekarte der 12. Reise.

mäß abgemustert, ohne Angabe des Grundes. Aber in der Strafliste ist eingetragen, daß der bereits erwähnte Matrose Klenke vom Konsulat in Valparaiso zu einer Geldstrafe von 60 Mark verurteilt worden ist; der Grund der Bestrafung ist in der Liste nicht angegeben. Da Klenke schon mehr als drei Jahre an Bord war, gehörte er sozusagen zu den Stützen der Gesellschaft, von denen man grobe Dienstverletzungen nicht erwartet. Aber an der Westküste Südamerikas gab es häufig Streit zwischen Mannschaft und Schiffsleitung, wenn letztere an Sonntagen Ladungsarbeiten verlangte. Nach der Seemannsordnung konnte Sonntagsarbeit nur in dringenden Fällen angeordnet werden. Die Seeleute vermochten die Dringlichkeit nicht einzusehen, wenn das Schiff noch wochenlang auf der Reede liegen würde, um Kohlen zu löschen. Weigerte sich aber ein Seemann, am Sonntag in der Ladung zu arbeiten, obgleich es befohlen worden war, so war es ein Fall von Ungehorsam und wurde nach § 100 der Seemannsordnung bestraft. Über die Dringlichkeit einer Arbeit hatte nämlich

nicht der Seemann zu entscheiden, der die Arbeit ausführen sollte. Möglicherweise war Friedrich Klenke ein Opfer dieses Dilemmas geworden.

Am vorgesehenen Abfahrtstag, als die Kompasse der RICKMER RICKMERS auf der Reede reguliert wurden, fiel ein Matrose in den Laderaum und brach sich die Arme, so daß er ins Krankenhaus gebracht werden mußte. Ein Ersatzmann wurde noch am selben Tag angemustert.

Am 6. September 1910 verließ RICKMER die Weser und erreichte seinen Ladeplatz Cardiff am Bristolkanal nach acht Tagen. Dort erhielt die Bark innerhalb von zehn Tagen eine Ladung von 3050 t Preßkohle, englisch »Patent Fuel« genannt, die für Iquique im Norden Chiles bestimmt war. Kapitän Ahlers hatte das Schiff auf ebenen Kiel trimmen lassen, der Tiefgang wurde vorn und achtern mit 21′ 11″ abgelesen, was etwa dem höchstzulässigen »Freibordtiefgang« des Schiffes entsprach. Seit 1903 gab es auch in Deutschland Vorschriften über den Mindestfreibord der Seeschiffe, ähnlich wie sie in Großbritannien bereits 1890 auf Betrei-

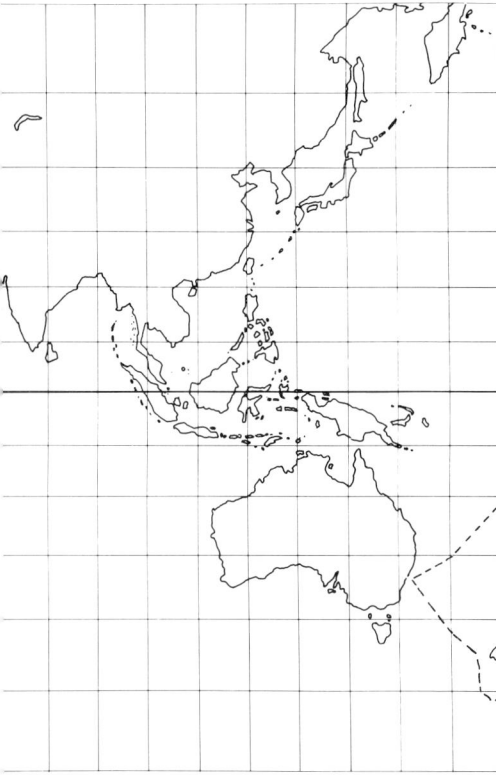

ben des Unterhausabgeordneten Plimsoll eingeführt worden waren.

Aufgrund der deutschen Vorschrift vom 27. November 1903 erhielten alle deutschen Seeschiffe in
den Jahren 1904/05 ein amtliches Freibordzeugnis von der See-Berufsgenossenschaft, und die
Freibordmarke, bis zu der ein Schiff höchstens
beladen werden durfte, mußte an beiden Seiten
in vorgeschriebener Form angebracht werden. Das
Freibordzeugnis der RICKMER RICKMERS ist nicht
mehr auffindbar, aber aus Journaleintragungen
und Vermerken einiger Hafenbehörden läßt sich
schließen, daß RICKMER RICKMERS' Freibordtiefgang im Seewasser um 21′ 10″ betragen
haben muß, also etwa 6,65 m. Im Süßwasser eines
Flußhafens durfte der Tiefgang 13 cm größer
sein.

Dem Freibordtiefgang von 6,65 m entspricht ein
Freibord mittschiffs von 1,60 m, wobei mit Freibord die Höhe des Decks über der Wasserlinie gemeint ist. 1,60 m entsprechen 62 Zoll; nur 61 Zoll
betrug der Freibord, den der britische Board of

Trade für RICKMER RICKMERS errechnet hatte, bevor es deutsche Freibordvorschriften gab.

Den Hafen von Cardiff verließ RICKMER RICK-
MERS am Morgen des 24. September 1910 im Tau
des britischen Schleppers WHITE ROSE, der die
Bark noch über Lundy Island hinaus SW-wärts in
den Atlantik brachte. In den ersten Tagen wehten
die Winde vornehmlich aus dem südlichen Halb-
kreis; erst am 29. September kamen sie aus nördlichen Richtungen und brachten RICKMER gut voran. Anscheinend war das Schiff recht steif mit seiner Brikettladung; denn immer wieder liest man
im Wetter-Journal »Schiff rollt stark«, obgleich
das Wetter gut war. Fast unmerklich glitt die Bark
in den NO-Passat, der allerdings recht flau war
und schon auf 10° Nordbreite am 18. Oktober endete. Anschließend an den Passat kamen Mallungen und dann ein schwacher SW-Monsun, so daß
die Bark noch 12 Tage brauchte, um die Linie zu
erreichen. Im SO-Passat kam Kapitän Ahlers ganz
gut voran. Auf der Höhe des La Plata mußte das
Schiff am 15. November einen Pampero mit
Windstärken von 10 bis 11 Beaufort abwettern.
Danach ließ Kapitän Ahlers weiterhin SW-liche
Kurse steuern, um das Schiff an der südamerikani-
schen Küste entlang in die Kap-Horn-Region zu
bringen, das gefürchtete Seegebiet, das RICKMER
RICKMERS bisher noch nicht in westlicher Richtung
hatte durchsegeln müssen.

Die eigentliche Umsegelung des Kap Horns, die
durch schwere westliche Stürme, einen gewaltigen
Seegang und den ostwärts setzenden Strom in der
Drake-Straße oft so beschwerlich war und so lange
dauerte, rechnete man vom 50. Breitengrad im Atlantik bis zum 50. Breitengrad im Pazifik. Nach
der Statistik der Seewarte dauerten die Umsege-
lungen 18,5 Tage im Jahresmittel; die Monatsmit-
tel variierten zwischen 15 und 22 Tagen. Aber
diese Mittelwerte sagen nicht alles; einzelne
Schiffe hatten es in 6 bis 7 Tagen geschafft, andere
hatten bis an die 100 Tage gebraucht, und manche
hatten es ganz aufgegeben, sie mußten zurück, um
einen Nothafen anzulaufen oder sie wählten den
langen Weg südlich an Afrika und Australien vorbei. – Die obigen Mittelwerte lieferte die Periode
1895/1908.

RICKMER RICKMERS kreuzte den 50. Breitengrad am
1. Dezember und hatte somit das Glück, daß sie

ihre erste Kap-Horn-Umsegelung im Sommer machen konnte, was die Sache doch beträchtlich erleichterte, schon durch die langen Tage und die kurzen Nächte. Den Zick-Zack-Weg, zu dem die häufig wechselnden Windrichtungen Kapitän Ahlers zwangen, zeigt die Wegekarte. Am 4. Dezember, als die Bark auf 54° S, 65° W stand, setzte Kapitän Ahlers den Kurs auf die Straße Le Maire, zwischen Feuerland und der Staaten-Insel, um den Weg zum Meridian des Kap Horn abzukürzen. Doch die Sicht war schlecht, und als man nachmittags um $15^1/_2$ Uhr immer noch kein Land sehen konnte, drehte der Kapitän ab, um östlich um die Staaten-Insel herumzusegeln; denn dort hatte er »offenes Wasser und Wind«, wie der unglückliche Kapitän Tack es sich immer gewünscht hatte, wenn er im Indonesischen Archipel herumkrebsen mußte.

Die Winde, die RICKMER RICKMERS in der Kap-Horn-Region antraf, gingen nicht über Stärke 9 hinaus, aber die Windrichtungen waren ungünstig, so daß Kapitän Ahlers weit nach Süden hinunter mußte, über den 61. Breitengrad hinweg, wo die Gefahr, Eisberge anzutreffen, besondere Vorsichtsmaßnahmen erforderte. Insgesamt brauchte der RICKMER 24 Tage, bis er die Breite von 50° S auf 83° Westlänge erreichte. Von dort waren es noch gut 1800 sm bis zum Bestimmungshafen Iquique, für die das Schiff noch 18 Tage brauchte. Am 12. Januar 1911 um $17^1/_2$ Uhr spannte sich der kleine Schlepper CAVANCHE vor den RICKMER, da es unter der Küste völlig flau wurde; um 18 Uhr kam der Lotse an Bord, und eine halbe Stunde später fiel der Anker auf der Reede von Iquique. Der Tiefgang wurde mit 21' 6" vorn und 21' 7" achtern abgelesen.

110 Tage hatte die Reise gedauert, und damit konnte man nicht prahlen. Die folgende Aufstellung vergleicht für die einzelnen Reiseabschnitte RICKMER RICKMERS' Zeiten mit den von der Deutschen Seewarte errechneten Mittelwerten:

	RICKMER RICKMERS 1910/11		Mittelwerte 1893/1904
ab Cardiff	24 Sep	36 Tage	28 Tage
Äquator	30 Okt	32 Tage	30 Tage
50° S Atl.	1 Dez	24 Tage	18 Tage
50° S Paz.	25 Dez	18 Tage	15 Tage
an Iquique	12 Jan		
Gesamtreise		110 Tage	91 Tage

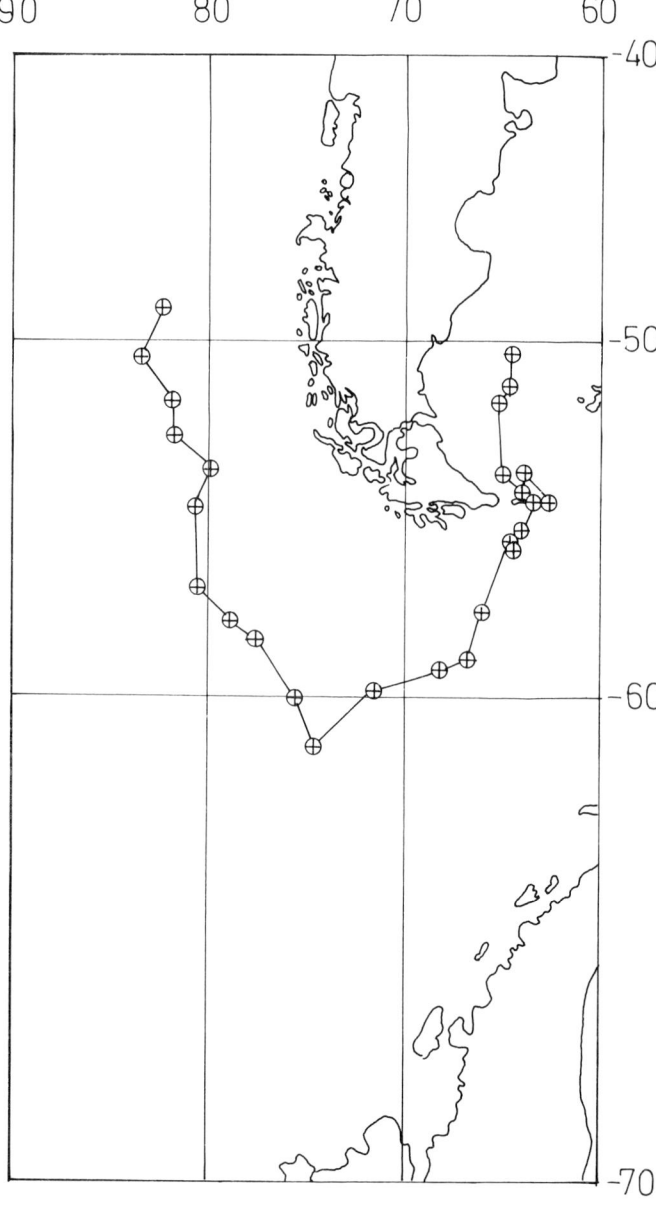

RICKMER um Kap Horn vom 1.–26. Dez. 1910.

Die Besatzung der RICKMER RICKMERS *auf ihrer letzten Reise 1910/12. In der Mitte Kapt. H. F. Ahlers, eingerahmt von seinen beiden Steuerleuten.*   *(Sammlung Dr. Jürgen Meyer)*

Iquique liegt auf 20° Südbreite im nördlichsten Teil Chiles, wo das Land öde und trocken ist; aber die Salpetergewinnung in der Wüste Atacama regte das Wirtschaftsleben an. Für die Salpeterausfuhr war Iquique einer der bedeutendsten Hafenplätze. Man brauchte den Chilesalpeter damals als Stickstoffdünger für die ausgelaugten Äcker Europas, daneben auch für die Herstellung von Schießpulver. Der geschützte Hafen von Iquique war klein und konnte nur von Leichtern und Küstenschiffen benutzt werden; die Schiffe der großen Fahrt ankerten vor der Küste auf der offenen Reede. Vor dem Ersten Weltkrieg ankerten die großen Segler oftmals zu Dutzenden vor Iquique. Zwar wurde die Reede damals auch schon von Dampfern angelaufen, aber sie waren in der Min-

derzahl, schon weil sie sich nicht so lange dort aufhielten wie die Segler, die oft mehr als zwei Monate zum Löschen und Laden auf der Reede verbrachten. – Eine Beschreibung der öden Küste im Norden Chiles und der kümmerlichen Ortschaft Iquique erübrigt sich, da über die Salpeterfahrt schon viele Bücher geschrieben worden sind.

Mit gefüllten Ballasttanks und einem Tiefgang von 13′ 5″ vorn und achtern verließ RICKMER RICKMERS die Reede von Iquique am 25. Februar 1911 um 6 Uhr morgens. Kapitän Ahlers ließ sich bis abends westwärts schleppen, um von der Küste freizukommen. RICKMER war nach Australien bestimmt und sollte in Newcastle NSW eine Ladung Kohle übernehmen, die wiederum nach Chile bestimmt war.

Von Nordchile nach Australien zu segeln, war, meteorologisch gesehen, eine einfache Angelegenheit, denn den weitaus größten Teil des Weges konnte man in der Region des SO-Passats absegeln, der das Schiff mit sanftem Druck über den Stillen Ozean brachte. Die Schiffsleitung hatte nur darauf zu achten, den vielen Südsee-Inseln und einem etwaigen Südsee-Orkan aus dem Wege zu gehen. Trotzdem war Kapitän Ahlers nicht glücklich über diese Fahrt; denn der Passat war so flau, daß RICKMER wochenlang nicht mehr als 2–3 sm/h lief, was der Geschwindigkeit eines Fußgängers entspricht. In der Hoffnung auf einen frischeren Passat war Kapitän Ahlers bis zum Breitenparallel von 10° S nach Norden gegangen, hatte aber auch dort mehr Flauten als Wind getroffen. Am 6. April stand die Bark mittags auf 10° 36′ S und 161° 36′ W. Der 25. April fiel an Bord aus, weil man – auf 14° S – die Datumsgrenze kreuzte und bei der Fahrt nach Westen einen Tag überspringen mußte, damit der Kalender im Lot blieb.

Je weiter südlich und westlich RICKMER kam, um so besser wurden die Windverhältnisse. Am 10. Mai kam morgens um 7 Uhr die australische Küste nördlich von Newcastle in Sicht, bei nördlichem Wind in Stärke 4/5. Nachmittags wurde das Wetter trübe, aber Kapitän Ahlers hatte Glück und konnte um 18 Uhr noch gerade rechtzeitig dem Schlepper IRRESISTIBLE die Trosse geben, der die Bark um 20 Uhr auf der Reede von Newcastle zu Anker brachte. Die Reise von Iquique hatte mit 74 Tagen recht lange gedauert. Als Trost diente Kapitän Ahlers die Reise der britischen Bark SOLWAY, die vier Tage später von Iquique abgegangen war und sechs Tage später in Newcastle ankam.

Am selben Tag wie RICKMER war auch seine Schwester MABEL in Newcastle eingetroffen, die in 41 Tagen von Honolulu gekommen war. Acht Tage später erhielten die beiden Rickmersschen Barken noch weitere Gesellschaft durch den großen Fünfmaster R. C. RICKMERS, der von San Francisco kam und 34 Tage unterwegs war, wobei seine Dampfmaschine wahrscheinlich kräftig mitgeholfen hatte. Alle drei Rickmers-Segler sollten Kohle von Newcastle nach Chile bringen und anschließend Salpeter für Europa laden. Kapitän Ahlers beförderte vor Abfahrt die Leichtmatrosen Röseler und Luchterhand zu Matrosen.

RICKMER RICKMERS wurde in Newcastle als erstes der drei Schiffe abgefertigt; sie wurde gleich unter die Kohlenschütten gelegt und war schon acht Tage nach Ankunft beladen. Die Mannschaft bedauerte die kurze Liegezeit; denn sie hatte im Hafengebiet eine Kneipe namens »Post Office« gefunden, in der sie es sehr gemütlich fand. Der damalige Leichtmatrose Konrad Röseler hat mir begeistert davon erzählt, anscheinend hatte die Wirtin den achtzehnjährigen blonden Jungen in ihr Herz geschlossen und ihn freundschaftlich bemuttert. Konrad Röseler hatte das in den folgenden 70 Jahren seines Lebens nicht vergessen; er war enttäuscht, als ich ihm sagen mußte, daß das Haus mit dem Lokal »Post Office« schon vor Jahrzehnten abgerissen worden war.

Beladen mit 3010 t Steinkohlen, ging RICKMER am Mittag des 19. Mai in See, mit einem mittleren Tiefgang von 21′ 10″. Im Hafenamt wurde notiert »Load Line awash«, was heißen sollte, daß sich die Freibordmarke genau in der Wasserlinie befand. Der Schlepper CHAMPION, der die Bark aus dem Hafen brachte, konnte nach zwei Stunden entlassen werden; der Wind wehte mit Stärke 2/3 aus NW. RICKMER war nach Valparaiso bestimmt, und der natürliche Weg dahin führte südlich um Neuseeland herum. Kapitän Ahlers wählte diesen Weg und ließ auch die Auckland-Insel noch an Backbord, so daß er schon vor dem Erreichen des 180. Längengrades auf einer südlichen Breite von 51° 43′ stand.

Der kürzeste Weg von Neusüdwales nach Südchile verlief zu einem großen Teil südlich vom 50. Breitengrad, und auf diesem südlichen Weg hatten gut segelnde Schiffe erstaunlich schnelle Reisen von weniger als 35 Tagen gemacht. Da aber in den hohen Breiten die Gefahr durch Eisberge größer war, vor allem im östlichen Teil des Weges, ging Kapitän Ahlers lieber nicht »aufs Ganze« und hielt sich, nachdem er am 5. Juni den 180. Längengrad gekreuzt hatte, zwischen den Breitenparallelen von 50° und 40° S. Allerdings war dort der Fortgang des Schiffes unbefriedigend, so daß die Reise bis Valparaiso nicht weniger als 57 Tage dauerte. Im Logbuch erscheint als größte Distanz für eine vierstündige Wache 44 sm, gelaufen bei Windstärke 7 Beaufort. Bei einem Sturm aus SW mit Stärke 10 erreichte das vor Sturmsegeln len-

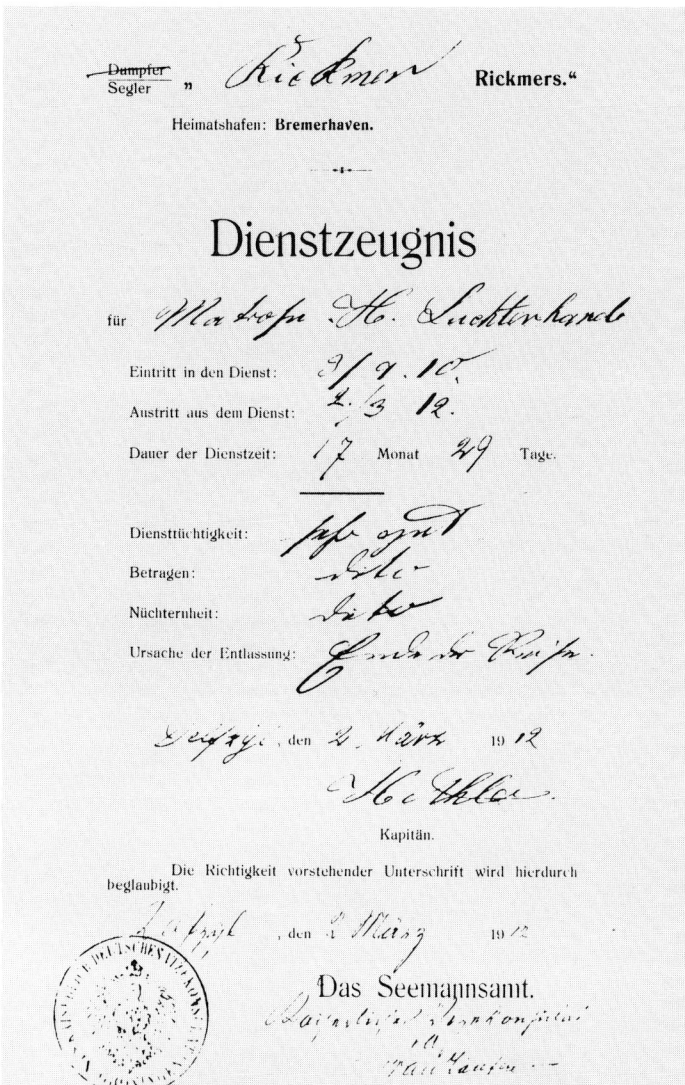

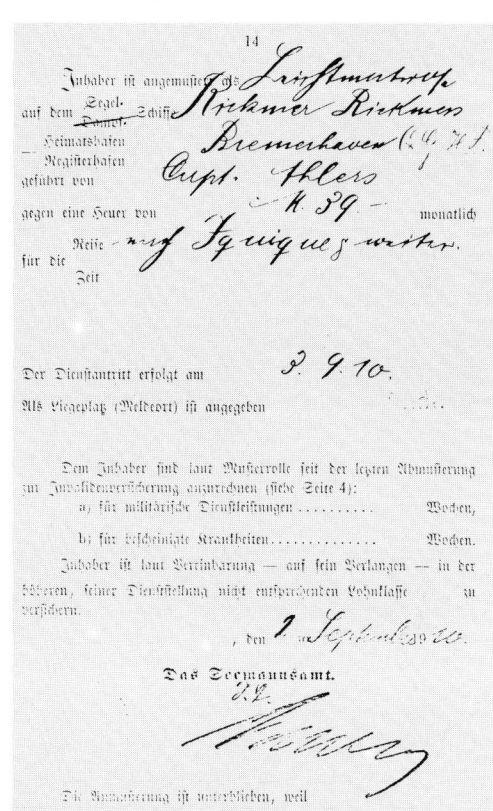

links:
Dienstzeugnis des Matrosen Luchterhand.

unten:
Anmusterung des Leichtmatrosen Röseler.

zende Schiff 40 sm in vier Stunden. Aber das Schiff mußte wegen schwerer Stürme auch mehrmals beigedreht werden.

Am 15. Juli erreichte RICKMER die Reede von Valparaiso, die voller Segler und Dampfer lag, und wurde von einem kleinen Schlepper auf den Ankerplatz bugsiert. Drei Tage später kam auch der große Fünfmaster R. C. RICKMERS in Valparaiso an und ankerte nicht weit von der RICKMER RICKMERS.

Wie an der chilenischen Küste üblich, war es Sache der Mannschaft, die Kohlenladung zu löschen. Es war anstrengende und schmutzige Arbeit; die Seeleute haßten es, täglich zehn Stunden in der Kohle zu wühlen, und hielten es eines Seemannes für unwürdig. Fünf Wochen brauchte man auf dem RICKMER, um die für Valparaiso bestimmten Kohlen zu löschen; eine Restladung blieb für Pisagua an Bord.

Mit einem mittleren Tiefgang von 13′ 8″ versegelte RICKMER vom 20. bis 25. August von Valparaiso nach Pisagua, endlich mal eine flotte Reise unseres Schiffes. Pisagua ist ein kleiner Salpeterplatz, der noch nördlich von Iquique liegt, die Distanz von Valparaiso nach Pisagua beträgt 700 sm. Ein frischer südlicher Wind hatte die Fahrt der Bark begünstigt, als maximale Distanz erreichte sie 47 sm während einer Wache und 268 sm während eines Etmals, das von Mittag bis Mittag zählt. – Beim Vermuren vor Pisagua rauschte dem eifrigen Steuermann Wienecke eine Ankerkette aus; es gab Ärger, Arbeit und Taucherkosten, um sie am Grund wiederzufinden.

Acht Wochen lag RICKMER vor Pisagua, einer häßlichen Ortschaft vor einer öden Felsküste, die ohne jede Vegetation ist. An der Salpeterküste regnet es so gut wie nie, aber der ewige Sonnenschein ist auch nicht nach jedermanns Geschmack. Das einzig Angenehme an jener Küste sind die Temperaturen, die infolge der kalten Humboldt-Strömung keine tropischen Werte erreichen, obgleich das Gebiet geographisch zur Tropenzone rechnet.

Mit 31 426 Sack Salpeter beladen und auf ebenen Kiel getrimmt, verließ RICKMER RICKMERS die Reede am 21. Oktober 1911 um 8 Uhr morgens. Ein kleiner Schlepper brachte die Bark so weit seewärts, bis der erste leichte Hauch des SO-Passats die glatte Dünung des Stillen Ozeans zu rippeln begann. Aber der SO-Passat, der das Schiff nach Süden bringen sollte, blieb enttäuschend schwach; erst südlich vom 40. Breitengrad kam das Schiff besser voran. Am 5. Dezember mittags peilte man das berühmte Kap Horn in NNW; der Wind wehte zu der Zeit aus NW mit Stärke 4, so daß die Gegend harmloser aussah, als man sie von manchen Bildern und Photos kennt.

Im weiteren Verlauf der Reise sah man viele Mitsegler, die alle von Chile kamen. Der Zweite Steuermann Ahrenholz führte das Wetter-Journal sehr sorgfältig und trug alle Begegnungen mit anderen Schiffen ein. Dadurch ergeben sich gute Vergleichsmöglichkeiten mit anderen Schiffen in Bezug auf deren Reisedauer und Segelfähigkeit.

Man liest da zum Beispiel:

12. Dez.
auf 47° S, 51° W; Wind SO 7/8, böig. Zwei Mitsegler, wir führen Vor-Royal, mitsegelndes Vollschiff hat Bramsegel und Großsegel fest, laufen letzteres fast nichts auf.
12–16 Uhr: Wind etwas flauer, Vollschiff nicht einzuholen.

13. Dez.
morgens: Wind SSO 5, klares Wetter, alle Segel, Schiff arbeitet heftig. Mitsegelndes Vollschiff bald aus Sicht.

24. Dez.
35° S, 30° W; mittags Wind OSO'lich 6/7, trübe, zeitweilig Staubregen. Führen Vorroyal; ein mitsegelndes Vollschiff an BB voraus.

26. Dez.
Wind NO-lich 2/3, langsam zunehmend.
4–8 Uhr: Mitsegler an Backbord voraus.

6. Jan., 77 Tage in See
15° S, 26° W; Wind ONO 4. Signalisierten mit Hamburger Bark DORADE, 67 d von Caleta Buena (dicht bei Pisagua)

7. Jan.
13° S, 26° W; Signalisierten mit englischer Viermastbark (MNEV?), 80 d von Antofagasta. Vielleicht MNFV = »Howth«?

14. Jan., 85 Tage in See
4° Südbreite, Wind südlich 2, mitsegelnde Viermastbark querab.

15. Jan., 86 Tage in See
Wind östlich 1/3.
3 Mitsegler in Sicht, signalisierten mit der deutschen Viermastbark MAGDALENE VINNEN, 80 d von Iquique.

16. Jan.
2° S, 28° W; Wind Ost 3,
2 Mitsegler, 2 südwärts steuernde Segler.

17. Jan.
3 Mitsegler von gestern, dabei DORADE (s. 6. Januar).

18. Jan.
Linie gekreuzt in 28° W, Wind NO 4.

Damit enden die Eintragungen über Mitsegler. RICKMER wird nördlich der Linie von einem frischen NO-Passat vorangebracht, der aber schon am 29. Januar auf 23° N, 39° W endet. In den Roßbreiten verliert das Schiff nicht viel Zeit, doch der winterliche Nordatlantik hält nördlich von 30° N noch viel schlechtes Wetter bereit, wie der folgende Auszug aus dem Wetter-Journal zeigt:

4. Feb.
Wind WNW 10, Schiff schlingert furchtbar und wird von Seen überflutet. Alle Segel fest bis auf Untermarssegel.

Von ihrer letzten Reise mit Salpeter von Chile heimkehrend, wird RICKMER RICKMERS *nach Delfzijl eingeschleppt.*
(Sammlung H. J. Gersdorf)

5. Feb.
0–4 Uhr: setzen gereffte Fock,
12–16 Uhr setzen Obermarssegel.

6. Feb.
34° N, 35° W; Weststurm Stärke 10/12, beigedreht mit Backbord-Halsen, mittags Halsen zu Steuerbord-Halsen. Groß-Untermarssegel fest, schwichteten Vor-Untermarssegel. Schiff arbeitet furchtbar in der unregelmäßigen See.

7. Feb.
Steuerbord-Großstengepardun gebrochen, Wind NW-lich von 10 auf 9 abflauend.

11. Feb.
Insel Flores gesichtet, 39° N, 31° W.

15. Feb.
Wind abends SSO 9/11.

16. Feb.
0–4 Uhr: Wind West 12, voller Orkan, liegen vor Topp und Takel.
12 Uhr: 46° N, 20° W, Wind WSW 6.

23. Feb., 125 Tage in See
morgens Staubregen bei SW 6/7;
2 Uhr loten 84 m, Kies und kleine Steine,
3 1/2 Uhr peilt Lizard-Feuer N 85° W,
4 Uhr halsten,
8 Uhr erhielten Lotsen für Falmouth, segelten ohne Schlepperhilfe in Falmouth Harbour.
Tiefgang bei Ankunft 21' 7" vorn, 21' 8" achtern.

Und noch einmal: Von ihrer letzten Reise mit Salpeter von Chile heimkehrend, wird Rickmer Rickmers *nach Delfzijl eingeschleppt.*

(Sammlung Heinz Burmester)

125 Tage hatte Rickmer bis Falmouth gebraucht, auch diese Zeit lag deutlich über dem Mittelwert. Der Auszug aus dem Wetter-Journal läßt auch erkennen, daß die meisten Mitsegler, die Rickmer unterwegs traf, ihn eingeholt hatten. Zu den Mitseglern, die etwa zur gleichen Zeit die Heimreise von Chile machten, gehörte auch die bekannte Viermastbark Pamir.

Zur Ehrenrettung oder zum Trost der Rickmer Rickmers muß allerdings gesagt werden, daß die Pamir das reinere Unterwasserschiff hatte. Ihr Bodenanstrich war bei Antritt der Heimreise erst 5 Monate alt, Rickmer aber war nach dem letzten Bodenanstrich schon 14 Monate unterwegs.

In Falmouth erfuhr Kapitän Ahlers, daß die Salpeterladung des Rickmer nach Holland verkauft war und in Delfzijl gelöscht werden sollte, und erfuhr außerdem, daß sein Reeder Paul Rickmers sich entschlossen hatte, die Segelschiffe so bald wie möglich zu verkaufen. Rickmer Rickmers

traf am 1. März in Delfzijl ein, und schon am nächsten Tag wurde der größte Teil der Mannschaft abgemustert. Während die Ladung gelöscht wurde, blieben noch gemustert der Erste Steuermann Wienecke, der Koch, ein Matrose und zwei Jungen. Ihr Dienstverhältnis endete am 21. März, dem Tag, an dem die Rickmers-Reederei das Schiff an einen Hamburger Reeder verkaufte, worüber später noch mehr gesagt wird. Die Übernahme des Schiffes erfolgte in Emden, wo die Bark am 25. März 1912 eintraf.

Die letzte Rundreise der Bark Rickmer Rickmers hatte einschließlich des Löschens der Ladung in Delfzijl rund 1¹/₂ Jahre gedauert, genau waren es 557 Tage. Davon waren

Tage im Hafen	176	= 32%
Tage auf See	381	= 68%
Seetage mit Ladung	294	= 53%
Seetage in Ballast	87	= 15%

Heimreise von Chile:
RICKMER RICKMERS und PAMIR im Vergleich:

RICKMER RICKMERS			PAMIR			Mittelwerte
ab Pisagua	21 Okt		ab Iquique	25 Okt		
		45 Tage			25 Tage	26 Tage
Kap Horn	5 Dez		Kap Horn	19 Nov		
		44 Tage			31 Tage	34 Tage
Äquator	18 Jan		Äquator	20 Dez		
		36 Tage			40 Tage	35 Tage
Lizard	23 Feb		Lizard	29 Jan		
Insgesamt		125 Tage			96 Tage	95 Tage

Messen der Schiffsgeschwindigkeit mit der Handlogge.   *(Sammlung H. J. Gersdorf)*

Verkauf an einen Hamburger Reeder

Neuer Name »MAX«

In den Jahren 1911/13, als Paul Rickmers mit dem Aufbau seiner Dampferlinie nach Sibirien beschäftigt war, verkaufte er seine Segelschiffe mit Ausnahme des fünfmastigen Dampfseglers R. C. RICKMERS, s. S. 73. Die Verkaufsverhandlungen betreffend den RICKMER hatten schon begonnen, als das Schiff noch seine Salpeterladung im Bauch hatte. Zum Kauf bereit war der junge Hamburger Reeder Carl Christian Dietrich Krabbenhöft, der sein erstes eigenes Schiff 1908 erworben hatte; 1910 war noch ein zweites Segelschiff hinzugekommen. C. Krabbenhöft war seit etlichen Jahren Prokurist bei dem Segelschiffsreeder H. H. Schmidt, der 1898 sich ein erstes eigenes Segelschiff kaufte, als er noch Prokurist bei Robert M. Sloman jr. war. Auch C. Krabbenhöft vergrößerte seine Segelschiffsflotte weiter. 1913 gab er seine Prokuristenstellung bei H. H. Schmidt auf; etwa zur gleichen Zeit wurde der Kapitän Heinrich Bock Mitinhaber der Firma C. Krabbenhöft, deren Name in C. Krabbenhöft & Bock geändert wurde. 1914, als der Krieg ausbrach, besaß die junge Reederei 9 Segler mit insgesamt 18 600 BRT.

Der Kaufvertrag betreffend RICKMER RICKMERS wurde am 21. März 1912 unterschrieben und notariell beglaubigt; als Kaufsumme waren 115 000 Mark vereinbart worden, vorbehaltlich einer Bodenbesichtigung im Dock, die in Emden stattfand.

Nachdem der Kaufvertrag unterzeichnet war, hatte es Herr Krabbenhöft eilig mit der Erledigung der amtlichen Formalitäten, denn er hatte für sein jüngstes Schiff bereits einen Frachtvertrag abgeschlossen - oder vom Verkäufer übernommen -, der ihn verpflichtete, das Schiff dem Ablader in London Anfang April ladebereit anzudienen. Die amtlichen Formalitäten, die bei einem Eigentumswechsel zu erledigen sind, betreffen die Schiffsregister, die von bestimmten Amtsgerichten geführt werden. Im Falle RICKMER RICKMERS spielte sich der Vorgang - frist- und formgerecht - folgendermaßen ab: Am 29. März erschien ein Vorstandsmitglied der Rickmers Reismühlen, Rhederei und Schiffbau A. G. im Amtsgericht Bremen und überreichte die Mitteilung, daß die Bark RICKMER RICKMERS verkauft worden sei. Gleichzeitig gab er

das Schiffszertifikat und den Meßbrief zurück und brachte eine notariell beglaubigte Erklärung von Herrn Krabbenhöft, die besagte, daß dieser das Schiff für 115 000 Mark gekauft habe. Dazu gehörte auch noch eine Bescheinigung, daß Herr Krabbenhöft die preußische Staatsangehörigkeit besaß; die Staatsangehörigkeit war die Voraussetzung für das Recht, die deutsche Flagge zu führen. - Herr Krabbenhöft hatte schon am 22. März an das Bremer Registeramt eine Bitte geschrieben, den Fall beschleunigt zu bearbeiten, weil er das Schiff so schnell wie möglich nach London bringen müsse. Die Bremer taten ihr Bestes, schon am 30. März wurde RICKMER RICKMERS im Bremer Schiffsregister gelöscht und gleichzeitig die Registerakte an das Hamburger Schiffsregisteramt gesandt.

Am 2. April, als die Registerakte in Hamburg eingetroffen war, beantragte C. Krabbenhöft, sein neuerworbenes Schiff unter dem Namen MAX ins Hamburger Register einzutragen. Er begründete die Namensänderung damit, daß auch seine beiden anderen Schiffe männliche Vornamen trügen, nämlich CLAUS und HANS. Die Eintragung erfolgte prompt. Übrigens war das Schwesterschiff MABEL RICKMERS zwei Wochen vorher nach Hamburg verkauft worden für 150 000 Mark an die Firma Schlüter & Maack. Es wurde am 1. April 1912 mit dem Namen WINTERHUDE ins Register eingetragen.

Der preußische Staatsangehörige C. Krabbenhöft wohnte schon seit 1894 in Hamburg und erhielt später auch das hamburgische Bürgerrecht. Er kaufte bis 1914 noch sechs weitere Segler aus zweiter Hand; was ihm an Kapital fehlte, ersetzte er durch unternehmerischen Elan und beträchtliche Darlehen. Für den Kauf der RICKMER RICKMERS hatte er sich 45 000 Mark von der Hamburger Vereinsbank leihen müssen. Sie wurden am 15. April als Pfandrecht von 50 000 Mark in das Hamburger Schiffsregister eingetragen, mit der Auflage, daß der Reeder das Schiffskasko versichern müsse; und zwar mit einem Betrag, der das Doppelte des Darlehens ausmachte. Schon am 1. Mai wurde die Bark MAX im Schiffsregister mit weiteren 25 000 Mark belastet, dieses Mal zugunsten der Reederei Rob. M. Sloman jr. Das Darlehen war

Rickmers Reismühlen, Rhederei & Schiffbau A.-G.

TELEGR.-ADRESSE: „RICKMERS".

Amtsgericht Bremen
Eingegangen: 29. MRZ. 1912
mit ✓ Anl. ✓

Gerichtsschreiber.

Bremerhaven, den   29. März 1912.

An das

Hansestadt Bremische Amtsgericht,

B R E M E N.

Wir, die unterzeichneten alleinigen Eigentümer des laut dem anbei in Original zurückerfolgenden Schiffszertifikats unter No. 1093 am 11. August 1896 in das dortige Schiffsregister eingetragenen

Segelschiffes "RICKMER RICKMERS"
erklären hiermit, dass wir dieses Schiff an Herrn

Carl Christian Dietrich Krabbenhöft in Hamburg
verkauft und zum freien Eigentum übertragen haben.

Der Messbrief des vorgenannten Schiffes, datiert Stade, den 29. Oktober 1898, erfolgt ebenfalls anbei in Original zurück.

Wir bitten demgemäss um Tilgung dieses Schiffes im dortigen Schiffsregister und ersuchen ergebenst um Ueberschreibung desselben bei der Hamburger Deputation für Handel und Schiffahrt in Hamburg auf den Namen des Herrn Carl Christian Dietrich Krabbenhöft in Hamburg, welcher den Namenswechsel dieses Schiffes bei der letztgenannten Behörde beantragen wird.-

Hochachtungsvoll
RICKMERS
REISMÜHLEN, RHEDEREI & SCHIFFBAU A.-G.

mit 5% zu verzinsen. Bei der Kauflust des Reeders war zu erwarten, daß er noch weitere Darlehen aufnehmen würde. Am 29. August 1913 mußte die MAX weitere 20000 Mark auf sich nehmen, wieder von Rob. M. Sloman jr. für 5% p. a. geliehen.

Hatten die Segelschiffsreeder bis zum Kriegsausbruch 1914 noch recht gut verdient, so änderte sich die Situation schlagartig nach Ausbruch des Krieges, als die Reeder nur noch Kosten, aber keine Einnahmen mehr hatten. Trotzdem wurde am 4. Januar 1916 zu Lasten der Bark MAX noch ein weiteres Pfandrecht von 40000 Mark zu 5% eingetragen, ebenfalls zugunsten von Rob. M. Sloman jr.

Die Reisen der Bark Max

Ende März 1912, als RICKMER RICKMERS ihre Salpeterladung in Delfzijl gelöscht hatte, ließ der neue Eigentümer sie nach Emden schleppen, wo sie zur Bodenbesichtigung und für einen neuen Bodenanstrich ins Dock sollte, wo etwaige Reparaturen ausgeführt werden sollten und wo sie für eine mindestens einjährige Reise ausgerüstet werden mußte.

Der Reeder Krabbenhöft hatte einen erfahrenen und sehr tüchtigen Kapitän für das neue Schiff gefunden. Er hieß Peter Nicolai Jensen und war am 15. April 1863 in Dänemark geboren, nicht in Nordschleswig, sondern weiter nördlich im Regierungsbezirk Vejle in einem kleinen Ort namens Löverodde. Kapitän Jensen, der 49 Jahre alt war, als er die Führung der Bark MAX übernahm, hatte seine beiden Patente in Hamburg gemacht, 1887 und 1892, und hatte die meiste Zeit auf deutschen Schiffen gefahren. Als Steuermann erwarb er sich das Vertrauen des Hamburger Salpeterimporteurs Holtzapfel, mit dessen eisernen Barken DORADE und ANAKONDA er als Kapitän viele erfolgreiche Reisen nach der Westküste Südamerikas machte. Als Ed. Holtzapfel 1911 seine beiden Schiffe nach Norwegen verkaufte, ergab es sich, daß Kapitän Jensen in C. Krabbenhöfts Dienste trat und die Führung der großen Bark MAX übernahm. Im Ersten Weltkrieg ersparte die dänische Staatsangehörigkeit Kapitän Jensen die portugiesische Internierung.

Nach dem Kriege, als C. Krabbenhöft & Bock nochmal von vorn anfingen mit zwei alten Rahseglern und zwei neuen Rahschonern mit Hilfsmotor, war auch Kapitän Jensen nochmal für kurze Zeit dabei, obgleich er inzwischen über 60 Jahre alt geworden war. Auch seine beiden Reeder waren älter geworden und sahen ein, daß die Zeit der Segelschiffe vorbei war. 1926 gaben sie den Reedereibetrieb auf und waren nur noch als Schiffsmakler tätig. Von Kapitän Jensen wird erzählt, daß er seinen Ruhestand in einem Altersheim in Dänemark verbracht hat. Leider ist über diesen tüchtigen Seemann nicht viel mehr in Erfahrung zu bringen; hier scheint ihn keiner mehr zu kennen und in seiner dänischen Heimat auch nicht.

Für die erste Reise seiner Bark MAX hatte C.

Krabbenhöft eine Ladung Zement nach Buenos Aires abgeschlossen. Das Schiff wurde von Emden nach London geschleppt, wo es am 13. April eintraf und in Northfleet festmachte. Nach zwei Wochen schon, am 28. April, brachte ein Schlepper die beladene Bark seewärts. Logbücher des Schiffes sind leider nicht mehr vorhanden oder auffindbar, deshalb wissen wir nur, daß MAX vier Wochen später auf 14° Nordbreite gesichtet worden ist, auf der Höhe der Kapverdischen Inseln. Am 26. Juni, 59 Tage nach Abgang von London, kam MAX in Buenos Aires an, wo die Bark in vier Wochen ihre Zementladung löschte. Die Reisedauer London–Buenos Aires entsprach dem Mittelwert. Vom La Plata ging die Reise in Ballast weiter nach Australien. Meistens trieben die braven Westwinde die Bark voran, über den Südatlantik und über den südlichen Indischen Ozean; da es Winter war auf der Südhalbkugel, erreichten die »braven« Westwinde wahrscheinlich mehr als einmal Sturmesstärke und machten der Mannschaft viel Arbeit. Das erfreuliche Resultat war eine Reisedauer von nur 53 Tagen von Buenos Aires nach Newcastle NSW.

Der Hafen von Newcastle lag voller Segelschiffe, die auf ihre Beladung warteten; denn die Dampfer wurden mit Vorrang abgefertigt, und noch schneller bedient wurden die Dampfer, die keine Kohlen laden, sondern nur ihre Bunker füllen wollten. Newcastle NSW mit seinen benachbarten Kohlenzechen war der günstigste Bunkerplatz auf der Südhalbkugel.

Um einen Segler mit 3 000 t Kohle vollzuschütten, brauchte man in Newcastle mit den leistungsfähigen Verladeanlagen nicht mehr als 3 bis 4 Tage; aber durch die Wartezeit verlängerte sich MAXens Aufenthalt auf vier Wochen. Morgens am 12. Oktober ging die Bark in See, nachdem der Inspektor des Hafenamtes festgestellt hatte: »Load Line awash«. Das Schiff hatte 3 010 t Ladung genommen und dazu noch 8 t Kohle für Schiffsgebrauch erhalten.

MAX' Ladung war nach Talcahuano bestimmt, das im landschaftlich schönen Südchile liegt. Der Weg führt südlich an Neuseeland entlang, und je südlicher ein Schiff nach Osten steuert, um so kürzer ist der Weg. Das hängt mit der Kugelgestalt der Erde zusammen, auf der die kürzesten Wege zwi-

Löbl. Deputation für Handel, Schifffahrt und Gewerbe

Schiffsregisterbehörde

H a m b u r g.

Mit Bezug auf die von mir angekaufte Bark
" Rickmer Rickmers " erlaube ich mir den Antrag zu stellen, den
Namen des Schiffes in

" M A X "

umändern zu dürfen. Zur Begründung meiner Bitte bemerke ich,
dass der Name " Rickmer Rickmers " von der verkaufenden Rhederei
für ein Ersatzschiff ins Auge gefasst ist, während andererseits
der Name " Max " sich den Namen meiner übrigen Schiffe " Claus "
" Hans ", anschliesst.

Hamburg, den 2. April 1912

schen zwei Orten immer auf dem »größten Kreis« verlaufen; die größten Kreise auf einer Kugel sind die Kreise, deren Mittelpunkt mit dem Kugelmittelpunkt zusammenfällt. Wir wissen nicht, bis zu welcher höchsten Breite Kapitän Jensen südwärts steuerte; er brauchte 46 Tage für die Reise, was etwa dem Mittelwert entsprach. Während der Überfahrt wurde der 50jährige Donkeymann Carl Eßler schwer verletzt; in einer Veröffentlichung der See-Berufsgenossenschaft heißt es, er sei deswegen 1915 verstorben.

Im Süden Chiles gibt es keinen Salpeter; aber es gab dort damals schon eine leistungsfähige Landwirtschaft, die bei guten Ernten in der Lage war, einen Teil ihrer Getreideproduktion zu exportieren. Im Februar und März 1913 verließen mehrere Segelschiffe Talcahuano mit Getreideladungen für Europa.

MAX verließ Talcahuano am 27. Februar und erreichte Kap Horn in 19 Tagen. Südlich des gefürchteten Kaps nach Osten steuernd, verlor MAX zwei Mann, die von einer schweren See über Bord gespült wurden; es waren der Erste Steuermann Max Linke und der schwedische Matrose Svend Janson. Das Seeamt in Hamburg verhandelte am 24. Juli 1913 über den tragischen Unfall und hat sich folgendermaßen geäußert:

Seeamt Hamburg.

In
seeamtlichen Untersuchungssachen
betreffend
den Tod des 1. Offiziers Linke und des Matrosen
Janson
von der Bark
»Max«

auf der Höhe von Kap Horn

hat das Seeamt in seiner am 24. Juli 1913 abgehaltenen öffentlichen Sitzung, an welcher teilgenommen haben

1. als Vorsitzender: Oberregierungsrat Dr. A. Schön;
2. als Beisitzer:

   a. Kapitän Dehnhardt,
   b. Kapitän Mehring,
   c. Kapitän Hermann Meyer,
   d. Kapitän Nissen;

3. als Protokollführer: Protokollführer Korn;
4. als Reichskommissar: Kapitän zur See z. D. Broeker,

nach mündlicher Verhandlung der Sache folgenden Spruch abgegeben:

Der 1. Offizier Max Linke und der Matrose Svend Adolf Janson sind am 18. März 1913 auf der Bark Max beim Festlaschen einer durch Sturzseen gelockerten Ersatzspiere durch eine überkommende schwere See über Bord gerissen und ertrunken.
Der Unfall wäre vielleicht vermieden worden, wenn der Kapitän Strecktaue an Deck hätte ziehen lassen.
Rettungsversuche waren bei dem herrschenden schweren Sturm unmöglich.

Aus dem Abschnitt »Tatbestände und Gründe« des Seeamtsberichts geht hervor:

Am Nachmittag um 2 Uhr wurde durch die überkommenden Seen ein unter den an Backbord festgelaschten Ersatzmasten befestigtes Kopfholz losgerissen, wodurch das Vorderende dieser Ersatzspiere lose kam. Der Kapitän ordnete nicht an, daß das Kopfholz wieder unter die Spieren gebracht werden sollte, befahl vielmehr, daß die gelockerte Spiere mittels einer Stahltrosse und eines eisernen Blocks nach oben steif geholt werden sollte. Er wollte die Spiere in dieser Weise wieder festlegen, um damit zu vermeiden, daß die Leute im Wasser arbeiteten. Der Steuermann Linke wollte die Arbeit aber anscheinend nicht in der Weise, wie der Kapitän es befohlen hatte, ausführen lassen, befahl vielmehr der Wache, die Spiere wieder festzulaschen. Da die Leute der Wache wegen der hiermit verbundenen Gefahr sich weigerten, diese Arbeit auszuführen, ist Linke selbst an diese Arbeit gegangen und hat den Matrosen Janson zur Hilfe genommen. Als die beiden Leute auf dem Wege nach mittschiffs nach den Spieren waren, kam eine besonders starke See von Lee über. Der 1. Offizier Linke sprang auf die Reeling und hielt sich an einer der Pardunen fest, während es dem Janson, welcher gerade auf der Großluke war, anscheinend nicht mehr gelungen ist, einen Halt zu bekommen.«

Das Verhältnis zwischen dem Kapitän und seinem Ersten Steuermann war nicht so, wie es sein sollte. Der Kapitän hatte den Steuermann angewiesen, wie die Spiere provisorisch befestigt werden sollte, wobei es dem Kapitän darum ging, das Risiko für die Leute so gering wie möglich zu halten. Der Erste Steuermann wollte die Arbeit besser machen, was aber für die Leute gefährlicher war. Die Leute verweigerten dem Steuermann den Gehorsam, mit Ausnahme des schwedischen Matrosen Janson, so daß der Steuermann die gefährliche Arbeit selber übernahm. In diesem Fall mußte der Steuermann seine Besserwisserei und seinen Einsatz mit dem Leben bezahlen. Man fragt sich, warum Kapitän Jensen seinen Willen gegenüber dem Steuermann nicht durchgesetzt hat, und man fragt sich auch, warum das Seeamt nur von Strecktauen gesprochen und nicht gefragt hat, warum das Schiff nicht beigedreht wurde, wenn solche gefährlichen Arbeiten an Deck zu verrichten waren.

Die Sitzung war von dem langjährigen Vorsitzenden des Hamburger Seeamtes geleitet worden, der wegen der Milde bekannt war, mit der er die Untersuchungen über Personenunfälle führte. Die Seeleute, die trotz ihres entbehrungsreichen Lebens nicht ohne Humor waren, glossierten damals die Seeamtssprüche gern mit dem Schnack: »Die Suppe war reichlich und heiß; die Schiffsleitung trifft kein Verschulden.«

Über den weiteren Verlauf der Reise nach den tödlichen Unfällen sind Einzelheiten nicht bekannt geworden; es gab nur bei Lloyd's of London eine Meldung, daß die deutsche Bark MAX am 27. April nördlich der Linie auf 2° N, 25° W gesichtet worden sei. Durch den Verlust des Ersten Steuermanns war Kapitän Jensen natürlich stärker belastet, weil er einige Aufgaben des »Ersten« selber übernehmen mußte. Es erwies sich als Vorteil, daß der Reeder Krabbenhöft die Besatzungsstärke von 22 Mann, die insgesamt auf der Bark RICKMER RICKMERS waren, auf 23 Mann erhöht hatte.

Die Viermastbark HERZOGIN SOPHIE CHARLOTTE, die noch Schulschiff des Norddeutschen Lloyd war, hatte Talcahuano 20 Tage nach MAX verlassen. Sie erwies sich auch dieses Mal wieder als Schnellsegler, kreuzte den Äquator nur 10 Tage später als MAX und lag bereits in ihrem Löschhafen Cardiff, bevor MAX am 5. Juni in seinem Orderhafen Queenstown eintraf. Die HERZOGIN hatte sich bereits am 2. Juni ihre Order in Falmouth geholt. Dazu ist jedoch zu bemerken, daß ein gut geführtes Schulschiff mit seiner übermäßig großen Besatzung einem gewöhnlichen Frachtsegler gegenüber immer im Vorteil war.

MAX löschte seine Getreideladung in Dublin, wo am 26. Juni der Erste Steuermann Adolf Buck angemustert wurde, für eine Heuer von 170 Mark monatlich. Adolf Buck war am 2. April 1884 in Hamburg geboren und hatte seit seinem 15. Lebensjahr auf Segelschiffen in der großen Fahrt gedient. Er war an der Westküste Südamerikas gewesen, in Australien und im Golf von Kalifornien; seine letzte Reise als Matrose machte er auf einem Elsflether Segler nach Westafrika. Als Zweiter Steuermann begann er 1906 auf der Bark ANAKONDA und wechselte im nächsten Jahr auf die BARMBEK der Reederei Knöhr & Burchard; beide Schiffe waren in der Fahrt nach der Westküste Amerikas beschäftigt. 1909 musterte er als Erster Steuermann auf der UNDINE der Reederei Wachsmuth & Krogmann, es folgten nach dem Verlust der UNDINE zwei Jahre Fahrzeit auf der Bark TELLUS derselben Reederei. Er war also ein erfahrener und strebsamer Segelschiffsmann; vermutlich hat er die Schifferschule besucht, bevor er auf der Bark MAX anmusterte.

Von Dublin kommend, traf MAX am 6. Juli in Port Talbot ein, um wieder Kohle zu laden; was anderes wurde von Port Talbot auch nicht verschifft. Bevor jedoch die Beladung begann, ging MAX ins Trockendock für einen Bodenanstrich, und bei der Gelegenheit nahm der Aufsichtsbeamte des Bureau Veritas die routinemäßige Bodenbesichtigung vor, die für den Erhalt der Klasse vorgeschrieben war. MAX führte 1914 nach wie vor die Klasse + I 3/3 L im Register des Bureau Veritas.

Voll beladen mit Kohle für Chile, ging MAX am 2. August 1913 in See, und wohl kaum einer an Bord dachte zu der Zeit daran, daß ein großer Krieg die Heimkehr des Schiffes verhindern würde. MAX machte sich gut auf der Fahrt nach Süden; Kapitän Jensen hatte sich auf der ersten Reise mit der großen Bark vertraut gemacht und wußte jetzt, wie sie behandelt werden wollte.

Ein besonderer Ansporn war für Kapitän und Mannschaft die Hamburger Viermastbark OLYMPIA, die Port Talbot 8 Tage früher verlassen hatte, gleichfalls nach dem Salpeterhafen Mexillones bestimmt. Die OLYMPIA einzuholen, mußte den Männern der MAX ein besonderes Vergnügen bereiten, weil die Reederei der OLYMPIA hatte verlauten lassen, daß sie ihre Viermastbark 1912 einem »wesentlichen Umbau der Takelage unterzogen« habe, so daß sie jetzt besser segele. Tatsächlich hatte OLYMPIA drei neue Masten bekommen, acht Meter länger als die alten, die 1904 die holländische Bauwerft aufgestellt hatte.

MAX wurde auf der Ausreise zweimal von anderen Schiffen gemeldet, daher weiß man, daß sie am 20. August auf der Höhe der Kapverdischen Inseln stand und am 5. September im SO-Passat die Position 15° S und 33° W erreicht hatte. Auch in der Kap-Horn-Region kann sich MAX nicht allzu lange aufgehalten haben, denn die Bark erreichte ihren Bestimmungshafen Mexillones bereits am 21. Oktober. 80 Tage Reise für ein nicht sehr schnelles Schiff war ein gutes Resultat, und auf MAX freute man sich besonders, als man bei der Ankunft entdeckte, daß die OLYMPIA noch nicht da war. Sie erreichte die Bucht erst am 24. Oktober, drei Tage später als MAX, so daß Kapitän Jensen mit seiner Mannschaft die OLYMPIA um insgesamt 11 Tage geschlagen hatte.

MAX verließ Mexillones am 8. Dezember in Ballast für eine Zwischenreise nach Australien. Es wurde in jenen Jahren viel Kohle mit Segelschiffen von Neusüdwales nach Chile verschifft, anschließend nahmen die Schiffe gern eine Salpeterladung für die Heimreise. Wenn möglich, schlossen die Reeder für solche Fälle kombinierte Charterverträge ab, in denen nicht nur die Frachtraten für die Kohle und den Salpeter festgelegt waren, sondern auch die Ladetermine und die Liegetage aufeinander abgestimmt werden konnten, und vor allem das leidige Ballastproblem so günstig wie möglich geregelt wurde. Am günstigsten war, wenn der Löschhafen für die Kohle zugleich als Ladehafen für den Salpeter vereinbart wurde, aber solche Gunst mußte der Reeder in der Regel durch einen kleinen Nachlaß bei der Frachtrate bezahlen.

Wenn es sich so günstig nicht machen ließ, gab es noch die Möglichkeit, daß das Schiff im er-

sten Hafen nicht die gesamte Ladung löschte, sondern einen Rest als Ballast an Bord behielt und erst im Ladehafen ablieferte. Auch dadurch konnten Zeit und Geld für das Laden und Löschen von Sand- oder Steinballast gespart werden. Allerdings hatten die Ballastprobleme für die Bark MAX nur geringe Bedeutung; mit ihrem Ballastwasser in dem großen Tank war das alles viel einfacher.

Für die Überfahrt von Mexillones nach Newcastle NSW brauchte MAX 44 Tage. Mit 1000 t Wasserballast betrug ihr Tiefgang nur 13′ oder 4,0 m, aber das reichte allemal für die Fahrt mit dem achterlichen SO-Passat. MAX lag vom 21. Januar 1914 bis zum 16. Februar in Newcastle, bis sie ihre Ladung an Bord hatte. Ohne Wartezeiten ging es eigentlich in Newcastle nie, auch wenn das Schiff nicht erst auf den Ballastlöschplatz geschleppt werden mußte. Übrigens konnten die meisten Segelschiffe ihren Ballast erst löschen, nachdem sie einen kleinen Teil der Ladung als »stiffening« an Bord genommen hatten. Und das bedeutete dann ein zweimaliges Verholen mit Schlepperhilfe.

Bei der Ausklarierung der Bark MAX stellten die Hafenbehörden von Newcastle fest, daß das Schiff 3080 t Kohle als Ladung und 15 t »für Schiffsgebrauch« bekommen hatte. Obgleich das Ladungsgewicht 50 bis 60 t größer war als bei vorhergehenden Reisen, bescheinigte der Hafeninspektor wieder »Load Line awash« und gab den mittleren Tiefgang mit 21′ 9″ an. Aber so etwas war nicht ungewöhnlich, Belastung und Tiefgang stimmten meistens nicht auf den Zentimeter oder Zoll überein.

Schon am 23. März 1914 ließ MAX den Anker vor Talcahuano fallen, nach einer ungewöhnlich schnellen Überfahrt von nur 35 Tagen. Es schien so, als ob Kapitän Jensen mehr aus dem Schiff herausholte, als einige frühere Kapitäne; vielleicht aber hatte er nur mehr Glück mit den Winden. Das Löschen der Ladung in Talcahuano dauerte 49 Tage, wahrscheinlich reichten die Leichter nicht aus, um täglich 100 t abzunehmen. Von Talcahuano versegelte MAX in 12 Tagen nach Caleta Coloso, das nur 700 sm nördlich von Talcahuano lag; da hatte Kapitän Jensen wohl kein Glück mit Wind und Wetter gehabt; denn normalerweise gin-

Die Bark MAX *am 27. April 1913 in Äquatornähe im Atlantik. Das Schiff befand sich auf der Heimreise von Chile und wurde vom italienischen Dampfer* MAFALDA *aus photographiert.* *(Sammlung Dr. Jürgen Meyer)*

gen die Fahrten an der chilenischen Küste in nördlicher Richtung recht flott vonstatten; mit der Humboldtströmung konnte man immer rechnen, und auch die Windrichtungen waren meistens günstig.

Zur Beurteilung der gesegelten Zeiten ist ein Vergleich der beiden Rundreisen geeignet, die unsere Bark 1910/12 als RICKMER RICKMERS und 1913/14 als MAX machte; denn beide Rundreisen deckten sich weitgehend in bezug auf die Routen und Ladungen. Auffallend ist, daß die Reisedauer auf allen großen Reiseabschnitten für MAX wesentlich günstiger ausfiel; die nebenstehende Aufstellung zeigt es.

Der Unterschied der gesegelten Zeiten zugunsten von MAX ist so offenkundig, daß es schwerfällt, dafür allein die Launen des Windgottes verantwortlich zu machen; man muß wohl auch Kapitän Jensen und seiner Mannschaft dafür ein Lob zollen. Einschließlich der Hafentage war MAXENS Rundreise etwa 20% kürzer als die gleiche Reise

der RICKMER RICKMERS. Dementsprechend war auch die Reisebilanz günstiger, die der Reeder an Hand der Einnahmen und Ausgaben des Schiffes aufmachte.

Reiseroute	RICKMER	MAX
Bristolkanal–Salpeterküste	110 Tage	80 Tage
Salpeterk.–Newcastle NSW	74 Tage	44 Tage
Newcastle NSW–Südchile	57 Tage	35 Tage
Südchile–Salpeterküste	5 Tage	12 Tage
Salpeterküste–Azoren	113 Tage	86 Tage
Segeltage insgesamt:	359 Tage	257 Tage

Der Kriegsausbruch 1914

Die Beladung mit Salpeter dauerte in Caleta Coloso einen Monat. Man schrieb den 23. Juni 1914, als MAX seine Segel für die Heimreise nach Hamburg setzte, und die Welt schien noch in Ordnung. Zwar war die politische Lage in Europa schon seit einigen Jahren gespannt, und von Zeit zu Zeit gab es Krisen. Die Zeitungen schrieben von Kriegsgefahren, da die Interessengegensätze der europäischen Mächte groß waren, und die bestehenden Militärbündnisse keine Gewähr für die Erhaltung des Friedens boten; aber die meisten Menschen hofften auf die Vernunft der Machthaber. Die Situation verschärfte sich schlagartig am 28. Juni 1914, als in Sarajewo serbische Terroristen das österreichische Thronfolgerpaar erschossen.

Auf der Bark MAX und den vielen anderen Segelschiffen, die sich auf monatelangen Reisen befanden, erfuhr man nichts von dem mörderischen Attentat; denn auf den Segelschiffen gab es damals noch keine Funktelegraphie, von einigen wenigen Schulschiffen abgesehen. Auch vom Kriegsausbruch am 1. August erfuhren die Segelschiffe nur, wenn sie zufällig einem anderen Schiff begegneten, auf dem man besser informiert war.

MAX hatte am 5. Juli, noch im Stillen Ozean, Signalverbindung mit einem anderen Schiff, das die Begegnung mit Positionsangabe 38° S, 88° W in seinem nächsten Hafen meldete. Es gibt keine einwandfreien Angaben, wann, wo und wie Kapitän Jensen zuerst Kenntnis vom Ausbruch des Krieges erhielt; es gibt nur unbestätigte Gerüchte. Als gesichert kann man annehmen, daß MAX im Nordatlantik, vielleicht westlich oder SW-lich der Azoren, gewarnt worden ist, denn sonst hätte Kapitän Jensen nicht die Azoreninsel Fayal angelaufen, deren Hafen Horta er am 17. September 1914 erreichte. Er befand sich dort in neutralen Gewässern und glaubte sein Schiff vor einem feindlichen Zugriff sicher.

Im Seegebiet vor dem Englischen Kanal und weiter westlich bis zu den Azoren patrouillierten britische und französische Kriegsschiffe, um die deutschen Schiffe abzufangen, die noch nichts vom Krieg wußten. In den Monaten Mai, Juni, Juli waren elf deutsche Segler mit Salpeterladungen von Chile abgegangen. Acht von ihnen wurden von der Royal Navy aufgebracht und mit einer Prisenbesatzung in englische Häfen geschickt, nur drei Schiffe hatten rechtzeitig erfahren, daß Krieg war und hatten einen neutralen Hafen anlaufen können.

Zu den acht Salpeterseglern, die den britischen Kriegsschiffen in die Arme liefen, gehörte die Laeiszsche Viermastbark PONAPE, die in derselben Woche wie MAX von Chile auf die Heimreise gegangen war. Nach Antwerpen bestimmt, hatte sie Iquique am 26. Juni verlassen, mit etwa 3500 t Salpeter an Bord. Wie es ihr ergangen ist, soll hier kurz geschildert werden; denn ihr Schicksal war typisch für die deutschen Segelschiffe, die in den Monaten nach dem Kriegsbeginn ahnungslos den Englischen Kanal ansteuerten.

Als PONAPE die Reede von Iquique verließ, hatte MAX einen Vorsprung von 3 Tagen plus 120 sm, um die ihr Abfahrtshafen südlicher lag als Iquique. Aber die PONAPE war das schnellere Schiff, höchstwahrscheinlich hatte sie MAX schon eingeholt, bevor sie den Äquator im Atlantik kreuzte. Den ersten und anscheinend einzigen Kontakt mit einem anderen Schiff hatte PONAPE am 23. August SW-lich der Kapverdischen Inseln auf 13° N, 26° W, als sie von dem britischen Dampfer DESNA überholt wurde. Es war ein Passagier- und Frachtschiff der Royal Mail Line, das etwa 11 500 BRT groß war und 12–13 sm/h lief. Die DESNA hatte Buenos Aires um den 8. August verlassen und besaß eine Funkstation, so daß ihre Schiffsleitung über den Krieg gut informiert war. Aber man tauschte mit der PONAPE nur die üblichen Flaggensignale über woher und wohin, PONAPE signalisierte noch »An Bord alles wohl«, und wahrscheinlich wünschte man sich gegenseitig auch »Gute Reise«; alles wie im Frieden. Kapitän Eckhardt setzte die Reise wohlgemut fort und steuerte auf der üblichen Segelschiffsroute den Englischen Kanal an.

Kapitän Eckardt stand mit der PONAPE am 19. September südlich der Scilly-Inseln und wurde zu seiner Überraschung von einem großen britischen Panzerschiff zum Beidrehen gezwungen; er mußte zur Kenntnis nehmen, daß ein großer Krieg ausgebrochen war und sein Schiff nach den Regeln des Kriegsrechts aufgebracht wurde. Das Panzerschiff MAJESTIC schickte ein Prisenkommando an Bord, und Kapitän Eckardt erhielt die Anweisung, sein Schiff mit dem westlichen Wind nach Falmouth Bay zu segeln. Aber die Wetterlage änderte sich; ein Hochkeil drang von Süden nach England vor und ließ den Wind allmählich einschlafen. So nahm denn das gewaltige Panzerschiff die vergleichsweise zierliche PONAPE in Schlepp. Am 20. September morgens um 9.25 Uhr passierte der Schleppzug Black Head an der Einfahrt zur Falmouth Bay, und um 11 Uhr wurde von Falmouth an Lloyd's of London gemeldet: »German ship previously reported is PONAPE from Iquique, nitrate, for Hamburg. Vessel now anchored in bay.«

Damit war die PONAPE mitsamt ihrer Ladung in britischem Besitz und die deutsche Besatzung für die Dauer des Krieges interniert. Den internationalen Rechtsnormen entsprechend brachte die britische Admiralität alle Fälle dieser Art vor das Prisengericht in London, das am 30. November zum 18. Mal tagte und sich neben anderen Fällen auch mit der PONAPE befaßte. Nach Lloyd's List verlief die Verhandlung in Sachen PONAPE wie folgt:

»Mr. Topham applied for the condemnation of the sailing vessel PONAPE, *2318 tons, seized by* HMS MAJESTIC *on September 19th.*

The President asked whether there was any claimant of the cargo.

Mr. Dunlop said that he held no brief, but knew there was a claim on behalf of Baron Schröder, bankers.

The President: Is he a German banker?

Mr. Dunlop: No, naturalised British subject. The claim is not yet ripe as to the cargo.

The President: The claim ought to be put in in proper time. I condemn the ship, and order it to be sold, and adjourn all questions relating to the cargo.«

PONAPE lag noch bis zum Januar in Falmouth und wurde vom 20. bis 25. Januar bei stürmischem Wetter nach Liverpool geschleppt, um dort die Salpeterladung zu löschen.

In Großbritannien wurde das Prisenrecht in Übereinstimmung mit der Haager Konvention in korrekter Weise gehandhabt; der reibungslose Ablauf der Verfahren ergab sich aus der Vielzahl der Prisen, Übung macht den Meister.

Von den drei Salpeterseglern, die rechtzeitig Kunde vom Kriegsausbruch bekamen, erreichte die Bark MAX als erstes Schiff ihre Zuflucht bei den Azoren und ankerte am 17. September bei Horta. 14 Tage später, am 1. Oktober, ließ die PAMIR ihre Anker vor der Kanarischen Insel Palma fallen und hatte damit das beste Asyl gefunden; denn Spanien blieb während des ganzen Krieges neutral. Am längsten war das Vollschiff INDRA auf See, dessen Kapitän westwärts segelte, als er im Nordatlantik erfuhr, daß in Europa Krieg herrschte. Erst am 8. November traf das Schiff in New York ein, wo es die Amerikaner nach ihrer Kriegserklärung im April 1917 beschlagnahmten.

Wie schon gesagt, gibt es keinen zuverlässigen Bericht, von wem Kapitän Jensen die Kunde vom großen Krieg erhielt. Ein Matrose der MAX namens John Engelbrecht, der nach seinen Angaben sich 1916 von den Azoren in die USA absetzte und dort verblieben ist, gab 1969 dem schiffahrtshistorisch interessierten Captain Harold Huycke in den USA ein ausführliches Interview, das auf Tonband festgehalten wurde. John Engelbrecht, nach seinen Angaben auf Sylt geboren und als 14jähriger um 1910 zur See gegangen, sagt in dem Interview, daß man sich an Bord der MAX auf jener Reise gewundert habe, daß im Atlantik keine anderen Schiffe zu sehen waren. Man sei schon in der Nähe der Azoren gewesen, als man endlich einen alten Walfänger sichtete, der als Bark getakelt war. Kapitän Jensen habe das Schiff angesteuert. Es sei ein amerikanisches Schiff gewesen, dessen Kapitän in einem Walboot bei MAX längsseit kam, um Kapitän Jensen vom Krieg zu erzählen. Kapitän Jensen habe sich zurückgehalten, meinte Engelbrecht, er schien mißtrauisch und sagte nicht viel. Erst als der Walfänger aus Sicht war, habe Kapitän Jensen den Kurs in Richtung Fayal geändert, zwei oder drei Tage später sei man vor Horta zu Anker gegangen.

Die Geschichte klingt gut; aber sie ist zweifelhaft, weil derselbe John Engelbrecht 1964 einem Zeitungsreporter seinen Lebenslauf erzählt hatte. Dabei erwähnte er auch seine Reise auf der MAX, aber einige seiner Angaben sind nicht in Deckung zu bringen mit dem, was er später Captain Huycke erzählte. Als Engelbrecht die hier genannten Interviews gab, war er zwischen 70 und 80 Jahre alt; inzwischen ist er in Florida gestorben.

Nach einer anderen Quelle, die aber auch nicht sicher ist, hatte MAX die Kunde vom Krieg von einem schwedischen Dampfer erhalten. Möglicherweise sind beide Versionen richtig; denn man kann ja dieselbe Nachricht mehr als einmal erhalten. John Engelbrecht hatte 1969 auch erzählt, daß Kapitän Jensen ein großer starker Mann gewesen sei, ein guter Seemann und auch ein »gentleman«. Für den Ersten Steuermann fand der ehemalige Matrose nicht so gute Worte; er sagte, er habe die Leute nicht führen können und deshalb an Bord nicht die Position gehabt, die einem »chief mate« zukomme. Dagegen sei der Zweite Steuermann besser gewesen. Nach Engelbrechts Erzählungen zurück zu den Tatsachen. Fayal ist eine der größeren Azoreninseln und besaß schon damals Kabelverbindung mit dem Festland. Außer der Bark MAX hatten vor Horta auch die Hapagdampfer SARDINIA (3601 BRT) und SCHAUMBURG (3472 BRT) Zuflucht gesucht und schwoiten dort bis 1916 vor ihren Ankern. Drei andere deutsche Schiffe lagen vor São Miguel, der größten Azoreninsel mit der Hauptstadt Ponta Delgada. Es handelte sich um

Viermastbark MARGRETHA,
auf der Reise Sydney–Queenstown f. O.,

Viermastbark SCHIFFBEK,
auf der Reise Vancouver–Schottland,

Hapagdampfer SCHWARZBURG (3381 BRT).

Die MARGRETHA war am 1. September vor Ponta Delgada zu Anker gegangen, die SCHIFFBEK traf erst am 22. Oktober ein. Von der SCHIFFBEK weiß man, daß mindestens einer ihrer Matrosen – mit Namen Max Krems – schon bald nach der Ankunft ausgestiegen ist, um sich über Spanien und Italien nach Deutschland durchzuschlängeln. Dort meldete er sich bei der Kaiserlichen Marine, die ihn auf ein U-Boot kommandierte, das im Mittelmeer und im Schwarzen Meer operierte.

Unter den jungen Seeleuten auf diesen sechs Schiffen waren manche, die gern in Deutschland gewesen wären, um für ihr Vaterland zu kämpfen; denn kaum jemand ahnte damals, welch mörderischer Krieg sich aus diesem »Feldzug« entwickeln

würde. Andererseits waren die Seeleute auf der MAX und den anderen Schiffen froh, daß sie nicht einem Kriegsschiff in die Arme gelaufen waren und deshalb nicht in einem feindlichen Internierungslager sitzen mußten. Auf den Azoren konnten sie sich – zunächst jedenfalls – frei bewegen. Klima und Landschaft der Inseln waren angenehm, und für die Verpflegung mußte der Reeder sorgen, solange er es konnte. Sollte es Schwierigkeiten geben, so durfte man mit Hilfe vom Deutschen Konsul rechnen.

Allerdings war die Neutralität Portugals nicht so stabil wie die Spaniens. Die Viermastbark PAMIR, die von einem deutschen Marine-Troßschiff gewarnt worden war, hatte statt der am Wege liegenden Azoren die Kanarischen Inseln als Zuflucht aufgesucht, nicht nur wegen der unsicheren Neutralität Portugals, sondern auch wegen der Gefahr, bei den Azoren einem britischen Kreuzer zu begegnen.

Das portugiesisch-englische Bündnis reichte bis zum Jahre 1373 zurück, als die Portugiesen Beistand gegen spanische Aggressionen suchten, und hat sich über die Jahrhunderte gehalten. Bei Ausbruch des Ersten Weltkrieges proklamierte Portugal am 7. August 1914 seine Bindung (»adhesion«) an die Britische Allianz und verpflichtete sich am 23. November 1914 unter bestimmten Bedingungen zu militärischen Operationen gegen Deutschland. Schon am 11. September 1914 hatte Portugal ein Expeditionskorps zur Verstärkung seiner Kolonialtruppen nach Afrika entsandt, und es kam zu Gefechten mit den deutschen Kolonialtruppen im nördlichen Mozambique an der Grenze zu Deutsch-Ostafrika sowie im südlichen Angola an der Grenze zu Deutsch-Südwestafrika. Das alles geschah in den ersten Kriegsjahren, als der am 30. November 1908 zwischen Deutschland und Portugal abgeschlossene Handels- und Schiffahrtsvertrag noch gültig war.

Die nicht ganz »ausgewogene« Neutralität Portugals machte sich auch in Horta bemerkbar, als Kapitän Jensen Anfang 1915 gezwungen war, die Ladung der MAX auszuliefern. Im Telegrammstil des »Lloyd's Weekly Index« vom 1. März 1915 heißt das: »*Court delivered cargo from German barque Max to receivers' representatives here.*« Da die Ladung der Bark MAX für Hamburg bestimmt war, bleibt es rätselhaft, wer die vom Gericht anerkannten Empfänger waren und ob sie sich durch das Konnossement als solche ausweisen konnten. Aus der Notiz in Lloyd's Weekly Index geht lediglich hervor, daß Kapitän Jensen Berufung einlegte und eine Bestätigung verlangte, daß das Schiff Anspruch hätte auf die volle Fracht von Caleta Coloso nach Hamburg und auf Erstattung aller Kosten, die dem Schiff in Horta entstanden waren.

Wie der Rechtsstreit in Horta ausgegangen ist, vermag ich nicht zu sagen. In Ponta Delgada gab es ähnliche Probleme; dort lag die Hamburger Viermastbark MARGRETHA, deren Getreideladung einer britischen Firma gehörte. Nachdem diese Firma für die Fracht und die Kosten Sicherheit in Gold bei den Schiffsmaklern Bensaúde & Co. in Ponta Delgada hinterlegt hatte, wurde die Ladung ausgeliefert.

Als der Hamburger Reeder nach dem Kriegsende die Auszahlung forderte, wollte die britische Firma ihre Schuld mit der stark entwerteten »Papiermark« zahlen. Der Reeder H. H. Schmidt verweigerte die Annahme und klagte in Hamburg auf Zahlung in Goldmark. Über den Ausgang des Prozesses konnte die Maklerfirma in Ponta Delgada 1961 nichts mehr sagen; man wußte nur, daß man das bei ihr deponierte Gold zurückgegeben hatte.

1961 nach den deutschen Schiffen vor Fayal und Sao Miguel befragt, erinnerten sich Leute von Bensaúde & Co. auch noch an folgende Beobachtungen in Ponta Delgada, die wahrscheinlich auch für die Situation in Horta gültig waren:

»Sehr oft trafen sich die Offiziere der beiden deutschen Barken mit britischen Kapitänen im Bensaude-Kontor. Die Unterhaltung war immer freundlich und der Krieg schien in ihrem Denken sehr weit entfernt zu sein. Häufig sah man diese Offiziere gemeinsam das Kontor verlassen, um in einem der Cafés der Stadt noch einen Drink zu nehmen. So war es, bis das Britische Konsulat seine Staatsangehörigen darauf aufmerksam machte, daß ein Gespräch mit einem Feind das Leben eines Freundes bedeuten könne; danach gingen die Beziehungen zwischen den deutschen und den britischen Offizieren zu Ende.«

In der portugiesischen Zeitung »Diario Dos Açores« erschien am 9. November 1916 (?) die folgende Notiz:

»Ein dänisches Besatzungsmitglied der deutschen Bark SCHIFFBEK starb am letzten Sonnabend im hiesigen Krankenhaus. Die Beisetzung fand vorgestern gegen Mittag auf dem Britischen Friedhof statt. Den Trauerzug bildeten die Mannschaften der beiden deutschen Segelschiffe, die in unserem Hafen Schutz suchten, und zwei Kutschen mit den Offizieren beider Schiffe und dem Deutschen Konsul. Der Dänische Konsul, Mr. George W. Hayes, nahm auch an der Beisetzung teil.«

Über die Mannschaft der Bark MAX und ihr Befinden in Horta liegen leider keine Informationen vor, abgesehen von dem bereits erwähnten Matrosen John Engelbrecht. Als alter Mann hat er in den USA erzählt, daß er sich mit Einverständnis von Kapitän Jensen aus dem Staube gemacht habe, als nach der Beschlagnahme der deutschen Schiffe den Seeleuten die Internierung bevorstand. In seinem Tonband-Interview sagte Engelbrecht, daß Kapitän Jensen ihm einen Teil der verdienten Heuer ausbezahlt habe, so daß er sich zunächst auf der Insel Fayal verborgen halten konnte, bis er Gelegenheit fand, mit einem amerikanischen Schoner nach Westindien und dann weiter in die USA zu kommen. Nach dem Krieg wurde er in den Vereinigten Staaten eingebürgert.

Unter portugiesischer Flagge

Die Beschlagnahme

Am 23. Februar 1916 veröffentlichte die portugiesische Regierung im Staatsanzeiger ein Dekret, daß die deutschen Schiffe in den portugiesischen Häfen und Hoheitsgewässern sofort beschlagnahmt würden. Die in Lissabon und auf dem Rio Tejo liegenden Schiffe – und das waren nicht wenige – wurden noch am selben Tag von Marinesoldaten besetzt, die als erstes die deutschen Besatzungen von Bord schickten und dann die portugiesische Flagge heißten. Auf den Azoren wurden die sechs deutschen Schiffe, die in Horta und Ponta Delgada lagen, am 26. Februar in gleicher Art besetzt, so daß auch unsere Bark MAX seit dem 26. Februar 1916 die portugiesische Flagge führte. Die Zahl der Schiffe, die sich die Portugiesen durch die Beschlagnahme aneigneten, war beträchtlich; denn bei Ausbruch des Krieges hatten sich 72 deutsche Handelsschiffe in die Häfen Portugals und seiner Kolonien geflüchtet.

Im Portugiesischen Parlament hatte Premierminister Affonso da Costa am 25. Februar aufgrund einer Anfrage folgende Erklärung abgegeben:

»Die Aktion der Regierung wurde durch den Zwang unserer ökonomischen Situation diktiert. Die Aneignung wurde schlagartig durchgeführt, um Sabotageakte zu vermeiden, die wir erwarteten. Schwerwiegende Akte dieser Art haben sich tatsächlich auf sieben Schiffen ereignet.

Auf dem Dampfer BÜLOW *wurde eine Vorrichtung in den Dampfkesseln entdeckt, die das Schiff in die Luft sprengen sollte, sobald es seinen Liegeplatz verlassen würde. Die Explosion wurde vermieden; aber die Maschinenanlage des Schiffes ist ruiniert. Solche Handlungen sind kriminell und können durch die portugiesischen Gerichte bestraft werden.«*

Der Premierminister erklärte weiter, nach seiner Meinung solle
»für die Sache der Harmonie unserer Interessen und mit Rücksicht auf die Moral und das materielle Eigentum«
(for the sake of the harmony of our interests and of moral and material property) der Vertrag

zwischen Portugal und Deutschland gekündigt werden, so daß er am 5. Juni 1917 enden würde.

Zum Schluß erklärte Dr. Costa:

»Wir sind bereit für alle Eventualitäten, die sich aus der Ausübung unserer Rechte ergeben könnten.« Soweit der Premierminister.

Die portugiesische Regierung hatte die Beschlagnahme aller deutschen Schiffe auf britischen Wunsch durchgeführt, nachdem der britische Gesandte in Lissabon am 17. Februar 1916 folgende Note überreicht hatte:

»Da die gegenwärtige Lage des Handels wegen des zur Zeit bestehenden Mangels an Schiffsraum sehr schwierig ist, und sich dieser Nachteil nicht nur in Großbritannien, sondern auch in den Ländern, die mit ihm freundschaftliche Beziehungen unterhalten, fühlbar macht, und Portugal seit Beginn der Feindseligkeiten seinen Verbündeten unveränderliche Treue bewahrt hat, so appelliert der Gesandte Seiner britischen Majestät an diese Gefühle, damit die Regierung der Republik die in den portugiesischen Häfen verankerten feindlichen Schiffe requiriert, in Beschlag nimmt und für die portugiesische Handelsschiffahrt nutzbar macht unter Bedingungen, die zwischen den beiden Regierungen noch vereinbart werden.«

Schon sechs Tage später hatte die portugiesische Regierung diesem britischen »Appell« Folge geleistet; sie konnte wohl nicht anders. In Berlin hatte der portugiesische Gesandte am selben Tag, also am 23. Februar, die deutsche Reichsregierung von der Aktion in Kenntnis gesetzt und hinzugefügt, daß Portugal bereit sei, die Schiffseigentümer zu gegebener Zeit zu entschädigen.

Der vom portugiesischen Premierminister erwähnte Vertrag zwischen Portugal und Deutschland war der am 30. November 1908 abgeschlossene Handels- und Schiffahrtsvertrag. Er enthielt in Artikel 2 die Bestimmung, daß eine Beschlagnahme der Schiffe des Vertragspartners nicht stattfinden solle ohne vorherige Bewilligung einer unter den beteiligten Parteien festgesetzten Entschädigung.

Die kaiserliche Regierung in Berlin reagierte am 27. Februar 1916 mit einer Protestnote, die von Lissabon am 4. März ablehnend beantwortet wurde. Am 9. März sandte die deutsche Regierung eine weitere Note nach Lissabon, in der sie ihre Auffassung von der Rechtslage ausführlich darstellte und abschließend erklärte:

»Die kaiserliche Regierung sieht sich gezwungen, aus dem Verhalten der portugiesischen Regierung die notwendigen Folgerungen zu ziehen. Sie betrachtet sich von jetzt ab als mit der portugiesischen Regierung im Kriegszustand befindlich.«

Diese heftige Reaktion der deutschen Regierung wurde in der Note nicht nur mit dem Rechtsbruch an sich, sondern auch mit der Form der Beschlagnahme begründet, insbesondere mit den Salutschüssen des Admiralschiffes, als auf den deutschen Schiffen die portugiesische Flagge mit dem Kriegswimpel gesetzt wurde. Zwei britische Kreuzer hatten sich an dem Salutschießen beteiligt.

Prisengerichte, die normalerweise die Rechtmäßigkeit einer vorhergegangenen Beschlagnahme feststellen sollen, wurden von Portugal nicht eingesetzt. Beschlagnahmen zu einem Zeitpunkt, als zwischen beiden Ländern kein Kriegszustand herrschte, wären mit der Haager Seekriegskonvention von 1907 nur schwer vereinbar gewesen. Erst am 19. April 1919, als die Alliierten über die Verteilung der erbeuteten Schiffe zwecks Wiedergutmachung ihrer Verluste verhandelten, erließ die portugiesische Regierung ein Dekret, in welchem die durch die Beschlagnahme in ihren Besitz übergegangenen Schiffe »ipso facto ohne irgendwelche weiteren Formalitäten« als rechtsgültige Prisen erklärt wurden. Die internationalen Seekriegskonventionen gerieten oft ins Wanken, wenn Krieg herrschte. So war es auch im Ersten Weltkrieg, und gesündigt wurde auf beiden Seiten.

Über die Beschlagnahme der deutschen Schiffe und auch über ihre spätere Verwendung ist noch allerhand Material in den Archiven vorhanden, insbesondere bei Lloyd's of London; aber wie es den deutschen Seeleuten in der portugiesischen Internierung erging, das ist heute nur noch mühsam zu erforschen. Da außer den deutschen Seeleuten nach der Kriegserklärung alle im Lande lebenden Deutschen interniert wurden, hat es anfangs wohl allerhand Mißstände bei der Unterbringung gegeben. Jedenfalls fühlte sich die Reichsregierung in Berlin veranlaßt, Spanien als unsere Schutzmacht zu bitten, sich um die Unterbringung der Zivilinternierten in Portugal zu kümmern.

Viele deutsche Internierte - anscheinend auch vom Festland - wurden auf die Azoreninsel Terceira gebracht, bei deren Hafenplatz Angra do Heroismo sich ein größeres Lager befand, in dem angeblich die hygienischen Verhältnisse unbefriedigend waren. Die Seeleute von unserer Bark MAX hatte man auch nach Terceira transportiert, mit Ausnahme ihres Kapitäns Jensen, der als dänischer Staatsangehöriger nicht interniert wurde und über Lissabon nach Dänemark reisen konnte.

Es heißt, daß die deutschen Seeleute auf Terceira viel Bewegungsfreiheit gehabt hätten; trotzdem war es wohl kein Vergnügen, mehr als drei Jahre auf dieser »Insel der Verbannten« leben zu müssen. Erst am 17. Oktober 1919 wurde der kleine Woermann-Dampfer LOTHAR BOHLEN von Hamburg nach den Azoren geschickt, um die Internierten von Terceira in die Heimat zu holen. In den letzten Oktobertagen fand die Einschiffung in Angra do Heroismo statt, dann lief der Dampfer nach Lissabon, um weitere Heimkehrer aufzunehmen, und ging am 3. November weiter nach Hamburg, wo er am 11. November nach einem schweren Schneesturm eintraf. Es befanden sich 558 Passagiere an Bord, darunter 28 Frauen und 24 Kinder.

Sie wurden an den Landungsbrücken von Vertretern der Heimkehrerstelle routinemäßig empfangen, die Seeleute von der ehemaligen Bark MAX eingeschlossen. LOTHAR BOHLEN verholte dann in den Baakenhafen und machte beim Schuppen 28 fest. Die nicht in Hamburg ansässigen Heimkehrer wurden von dort nach dem Hauptbahnhof gebracht, um in ihre Heimatorte fahren zu können. Die Freude über die Heimkehr wurde getrübt durch die trostlosen Verhältnisse im geschlagenen Vaterland.

Die Reisen der Bark Flores

Von der Bark MAX wissen wir mehr als von ihrer letzten Besatzung. Durch einen Erlaß des portugiesischen Marineministeriums vom 15. März 1916 wurde das Schiff umbenannt und hieß hinfort FLORES, nach einer der Azoreninseln; Registerhafen der FLORES wurde Lissabon. Als die Bark segelfertig war, wurde sie von der portugiesischen Regierung an die britische Regierung verchartert, die mehr Schiffsraum brauchte. Die FLORES sollte da helfen, obgleich man von ihr keine großen Transportleistungen erwarten konnte. Der Tonnagehunger der Kriegswirtschaft führte zur staatlichen Lenkung der Schiffahrt, die jedoch wenig wirksam war, weil verschiedene Instanzen mitreden sollten oder wollten. Zwecks Koordinierung wurde deshalb in London Ende 1916 die Institution des »Shipping Controller« eingerichtet, die bis 1920 existierte. Die Schiffahrtszeitschrift »Fairplay« schrieb damals bissig:

»Der tatsächliche Verlust an Tonnage während der letzten beiden Jahre war ernst genug, aber er ist vergleichsweise klein neben dem Verlust, den unsere Behörden durch ihre skandalöse Fehlplanung in der Schiffahrt verursachten.«

Daß der Herausgeber mit seiner spitzen Feder nicht ganz unrecht hatte, lassen schon die folgenden Reisedaten der FLORES erkennen. Es wurde Mitte Juni 1916, bis die FLORES unter einem Kapitän namens Lantos Horta verließ und nach Lissabon segelte, wo sie nach neuntägiger Fahrt am 26. Juni eintraf. Falls die Angaben in Lloyd's Weekly Index damals noch vollständig waren, hat die FLORES die zweite Hälfte des Jahres untätig in Lissabon gelegen. Vom April 1917 ab wurden bei Lloyd's alle Schiffsbewegungen strenger als vorher geheimgehalten, so daß die folgenden Reisedaten auf Nachkriegsrekonstruktionen beruhen, für die man nicht die Hand ins Feuer legen kann.

Nach den von Lloyd's nach dem Krieg veröffentlichten Reisedaten trat FLORES ihre erste Reise von Lissabon am 17. März 1917 an; sie führte nach Westindien, wo das Schiff Melasse und Rum für Frankreich übernahm. Von Pointe à Pitre auf Guadeloupe kommend, traf die Bark am 7. November 1917 in Bordeaux ein.

Auf ihre nächste Reise ging die FLORES erst ein halbes Jahr später - vielleicht wegen der verstopften Häfen - und brachte unter Führung von Capitão Manuel Mendes eine Kohlenladung von England nach Durban in Südafrika, wo die Bark am 12. September 1918 ankam.

In Durban lag die FLORES nur 16 Tage und setzte dann die Reise nach Diego Suarez fort, das am Nordende der Insel Madagaskar liegt. 25 Tage dauerte die Fahrt dorthin. Den Tag des Waffenstillstandes erlebte die Besatzung der FLORES demnach auf Madagaskar. In Fortsetzung ihrer Reise segelte die Bark, möglicherweise via Durban, nach Lourenço Marques, das jetzt Maputo heißt. Von dort trat sie am 18. März 1919 die Heimreise an und war zunächst nach Dakar bestimmt. Irgendwann muß sie dort auch angekommen sein, doch ist das Datum nicht mehr festzustellen. So läßt sich nur sagen, daß die Reisedauer nach Dakar plus Hafenliegezeit 165 Tage ausmachte, eine lange Zeit, die den Eindruck erweckt, als ob der »Shipping Controller« in London manchmal eines seiner Segelschiffe vergaß. Am 30. August verließ FLORES Dakar mit der Bestimmung nach Dünkirchen und brauchte 53 Tage für die Fahrt dahin. Inzwischen war der Boden des Schiffes so stark bewachsen, daß auch die Segelfähigkeit des Schiffes miserabel war und nicht nur das »management«. In Dünkirchen kam die FLORES am 22. Oktober 1919 in den Hafen, in dem sie sich ein halbes Jahr ausruhte, immer noch in Charter der britischen Regierung. Es ist schwer verständlich, daß das Schiff nicht besser genutzt wurde in einer Zeit, in der Schiffsraum immer noch dringend gesucht wurde und die Frachtraten dementsprechend immer noch die Rekordhöhe der Kriegsjahre hielten.

Am 13. April 1920 endete die britische Charter, und FLORES wurde in die staatliche Transportflotte Portugals eingereiht, die den offiziellen Namen »Transportes Maritimos do Estado« führte. Kapitän des Schiffes wurde Frederico Vieira de Sousa, der die Führung während der nächsten drei Jahre behielt.

Es kam nun auch Bewegung ins Schiff; am 23./24. April 1920 wurde es von Dünkirchen nach Antwerpen geschleppt. Einen Monat lag das

Schiff im Hafen von Antwerpen, wahrscheinlich um eine Ladung zu löschen, die schon lange im Schiff war. Von Antwerpen ging die FLORES im Schlepp, vielleicht auch teilweise unter Segel, nach Cardiff zum Kohleladen; die Fahrt dauerte vom 26. Mai bis 31. Mai 1920. Es schien, als wolle die FLORES mit der Bummelei, die sie sich in den Kriegsjahren angewöhnt hatte, nun Schluß machen; aber das war ein Irrtum. In Cardiff lag die Bark wieder mehr als fünf Monate, bevor sie mit ihrer Kohlenladung am 20. November auslaufen konnte. Ihren Bestimmungsort Lissabon erreichte sie nach 24 Tagen am 14. Dezember 1920.

Die nächste Reise des Schiffes führte nach Belem in Nordbrasilien. Das Schiff machte die Ausreise in Ballast und hatte eine Anzahl Kadetten für die Handelsmarine an Bord. Von Lissabon bis Belem segelte man in 31 Tagen, was gar nicht so schlecht war. Zurück nach Lissabon kam sie mit einer Ladung Holz in 52 Tagen. Man schrieb das Jahr 1921, auf dem Frachtenmarkt war es vorbei mit der Hochkonjunktur der ersten Nachkriegsjahre, jetzt waren nicht mehr die Schiffe knapp, sondern die Ladungen; und Schiffe, die Ladungen suchten, mußten in einwandfreiem Zustand sein. Das Klassifikationszertifikat der FLORES war abgelaufen, vielleicht hatte sie bisher als Staats-Handelsschiff gar keines gebraucht. Ende 1921 sollte sie eine Ladung Holz von den USA holen, und das ging anscheinend nicht ohne Klassenzeugnis oder Seetüchtigkeitsattest. Lloyd's Register wurde bemüht und stellte im Oktober 1921 nach einer Besichtigung ein provisorisches Zertifikat nur für sechs Monate aus. Am 13. Oktober ging die Bark von Lissabon auf die Reise nach Gulfport und traf dort am 16. Dezember ein. Es dauerte wieder sehr lange in Gulfport, erst am 5. Juni 1922 lief die FLORES mit einer Holzladung aus, die für zwei nordspanische Häfen bestimmt war. Als der Schlepper die Bark seewärts taute, kam sie bei Niedrigwasser auf einer Schlickbank an Grund. Am nächsten Tag wurde sie freigeschleppt und konnte die Seereise antreten, weil kein Schaden entstanden war. Die Überfahrt von Gulfport nach La Coruña dauerte 53 Tage. Dort lag das Schiff einen Monat bis zum 28. August und versegelte dann nach Vigo, wo es am 3. September eintraf, um die Restladung zu löschen. Als die FLORES am

25. Oktober 1922 endlich ihren Heimathafen erreichte, war sie mehr als ein Jahr unterwegs gewesen, nur für eine Reise über den Nordatlantik und zurück. Es war die letzte Reise der Bark als Frachtschiff; sie hatte sicher nichts verdient auf dieser langgezogenen Reise, auch das Lloyd's Zertifikat für sechs Monate war längst abgelaufen; also entschloß sich die Staatsreederei, die FLORES in Lissabon aufzulegen.

Sie blieb in Lissabon liegen, bis 1924 die portugiesische Staatsreederei aufgelöst und ihre letzten Schiffe verkauft oder abgegeben wurden. Die Bark FLORES, die man 1924 nur noch für den Schrottpreis an eine Abwrackwerft oder einen finnischen Reeder hätte verkaufen können, übergab man am 14. Mai an das portugiesische Marineministerium, das die Absicht hatte, die Bark nach entsprechendem Umbau als Schulschiff zu nutzen. Das kostete zwar Zeit und Geld, aber der erste Schritt war gemacht, als am 30. Mai 1924 durch einen ministeriellen Erlaß die FLORES den Namen SAGRES erhielt und den Marineausbildungsschiffen zugeordnet wurde.

Rückblickend kann man feststellen, daß der 1896 gebaute Rickmers-Segler seiner ursprünglichen Aufgabe, Güter über See zu transportieren, insgesamt 26 Jahre gedient hat, 20 Jahre unter deutscher Flagge und 6 Jahre unter portugiesischer Flagge. Die portugiesischen Jahre des Frachtseglers FLORES, von 1916 bis 1922, fielen in eine außergewöhnliche Zeit. Bis 1920 herrschte ein dringender Bedarf an Schiffsraum aller Art, die Frachten hatten Rekordhöhen erreicht, und auch Segelschiffe wurden an den Frachtbörsen gesucht. 1921 änderte sich die Situation gründlich, viele Schiffe mußten aufgelegt werden, und für die alten Frachtsegler begann das letzte Jahrzehnt ihrer Geschichte; einer nach dem anderen wurde aus dem Verkehr gezogen, ihre Zeit ging zu Ende. Die FLORES hat in den sechs Jahren, in denen sie in Fahrt war, nicht allzuviel getan. Aber in den ersten vier Jahren, als das Schiff von der englischen Regierung gechartert war, sind die Portugiesen sicher auf ihre Kosten gekommen; für Dampfertonnage zahlte Großbritannien 1916 schon 14¼ Shilling pro Tonne und Monat. Nachdem FLORES' britische Zeitcharter 1920 ausgelaufen war, begannen

151

die Frachtraten bald zu fallen, so daß die portugiesische Staatsreederei mit der FLORES wohl kaum etwas verdienen konnte.

Daß die FLORES von 1916 bis 1922 so wenige Reisen machte und noch weniger Ladungen beförderte, war eine Folge der besonderen Umstände in jenen Jahren. In der Kriegszeit sprach man von verstopften Häfen, die die Schuld hätten; aber letzten Endes hing ja auch die Überfüllung der Häfen mit der »skandalösen Mißwirtschaft der Bürokratie« zusammen, wie es der Herausgeber der Schiffahrtszeitschrift »Fairplay« drastisch ausgedrückt hatte. Die Umstellung von der Kriegs- auf die Friedenswirtschaft ergab ebenfalls organisatorische Schwierigkeiten, die durch die nach Kriegsende fälligen sozialen Reformen nicht erleichtert wurden.

Das portugiesische Schulschiff SAGRES

Die portugiesische Kriegsmarine gab der ehemaligen RICKMER RICKMERS den Namen SAGRES, weil ihre Schulschiffe an die ruhmreiche Vergangenheit der portugiesischen Seefahrt erinnern sollen. Der Ort Sagres, dicht östlich vom Kap St. Vincent an der Algarveküste gelegen, war im 15. Jahrhundert zu einem Treffpunkt bedeutender Gelehrter verschiedenster Herkunft geworden. Sie forschten auf den Gebieten der Erd- und Meereskunde, der Astronomie und der Kartographie; in Sagres tauschten sie im Kontakt mit interessierten Seefahrern ihre Erfahrungen aus. So entstand die Grundlage für die großen Entdeckungsreisen, die das Königreich Portugal im 15. und 16. Jahrhundert zu einer der bedeutendsten See- und Kolonialmächte machten.

Angeregt und gefördert wurde die wissenschaftliche Zusammenarbeit in Sagres durch den Prinzen Henrique, den dritten Sohn des portugiesischen Königs Dom Joao I. Als Gouverneur der Provinz Algarve verbrachte der Prinz die letzten 22 Jahre seines Lebens in Sagres. 65 Jahre alt, starb er 1460. Unter dem Namen »Heinrich der

Seefahrer« oder »Henry the Navigator« wurde er nach seinem Tod ein weltberühmter Mann.

Die großen portugiesischen Seefahrer Bartolomeo Diaz, Vasco da Gama und auch Fernão de Magalhães, den die Spanier Magallanes nannten, sowie viele andere Kapitäne haben von dem Wissen profitiert, das in Sagres vermittelt wurde. Diese kleine Abschweifung soll erklären, welche Bedeutung der Name SAGRES für die geschichtsbewußten Portugiesen hat und warum ihr Schulschiff eine neue Galionsfigur erhielt, die Heinrich den Seefahrer darstellte.

Für die kleine portugiesische Kriegsmarine war die 1924 erworbene SAGRES ein großes Schiff, dessen Umbau und Betrieb viel Geld kostete. Darum mußten auf dem Schiff möglichst viele Seefahrtschüler untergebracht und ausgebildet werden, und zwar ununterbrochen, ob das Schulschiff in Fahrt oder monatelang als stationäre Seemannsschule auf dem Tejo lag. Für die Unterbringung der vielen Leute stand das ganze Zwischendeck zur Verfügung, das entsprechend eingerichtet wurde.

Die Räume für die Offiziere wurden in der Poop und im hinteren Teil der Zwischendecks eingerichtet. Für den Kommandanten baute man ein zusätzliches Deckshaus, das einige Meter vor der Poop stand. Nach Beendigung aller Umbauten, die sich über eine längere Zeit hinzogen, konnten auf der SAGRES bis zu 400 Mann untergebracht werden, und schon diese Zahl läßt erkennen, daß sich der Charakter des Schiffes im Vergleich zu dem Frachtsegler RICKMER RICKMERS mit seiner 22köpfigen Besatzung völlig verändert hatte. Der Schriftsteller und Seemann Alan Villiers, der als Passagier eine Reise mit der SAGRES machen durfte, hat berichtet, daß auf See zu jeder Zeit, bei Tag und Nacht, mindestens 60 Mann an Deck waren, während des Tages wuchs die Zahl der an Deck befindlichen Männer zuweilen auf 300 an, ohne daß der Eindruck von Konfusion entstand.

Den unteren Laderaum des ehemaligen Frachtseglers brauchte man für Vorräte aller Art. Der große vierteilige Tieftank im Unterraum, in den der Frachtsegler 1000 t Wasserballast aufnehmen konnte, wurde mit Ballast in fester Form gefüllt, bestehend aus Sand, Steinen und Schrott. Es waren mindestens 1 600 t, die man 1983 in Hamburg aus dem Tieftank entleerte, einschließlich 11 alter

Kanonenrohre. Nach portugiesischen Angaben hatte das Schulschiff mit voller Ausrüstung ein Deplacement von 3 227 t und damit einen mittleren Tiefgang von 5,70 m = 18′8″, also rund 1 Meter weniger als der Tiefgang des vollbeladenen Frachtschiffes betragen hatte.

Ihre erste Reise machte die SAGRES im Spätsommer 1927, wie die folgende Tabelle zeigt. 1930 wurden im Achterschiff zwei Krupp-Dieselmotoren als Hilfsantrieb eingebaut. Die beiden Propeller hatten verstellbare Flügel, die in Längsschiffsrichtung gestellt werden konnten, wenn die Motoren nicht liefen. Durch die Hilfsmotoren wurde der Aktionsradius des Schulschiffes vergrößert; es konnten feste Termine für den Besuch fremder Häfen eingehalten werden, und es wurden Schlep-

perkosten beim Ein- und Auslaufen gespart. Aber auch der Charakter des Schiffes hatte sich durch den Einbau der Motoren geändert; die Abhängigkeit von der Naturkraft des Windes war geringer geworden, was in manchen Situationen die Führung und Handhabung des Schiffes erleichterte.

Die Probefahrt für den Maschinenantrieb fand am 18. Januar 1931 auf dem Tejo statt, wobei die Bark eine Maximalgeschwindigkeit von 8,8 sm/h erreichte. Spätere Reiseberichte lassen erkennen, daß man bei ruhigem Wetter auf See damit rechnen konnte, daß die Motoren das Schiff mit 7 bis 8 sm/h durchs Wasser trieben. Nach dem Einbau der Motoren machte die SAGRES mehr Ausbildungsreisen und besuchte auch weiter gesteckte Ziele.

Segelmanöver auf der SAGRES.   *(Sammlung H. J. Gersdorf)*

Die Reisen der SAGRES 1927–1948

Jahr	Reisedaten ab Lissabon an	Reiseziele (Häfen unvollständig)	Distanzen Segel	Motor
1927	27 Aug–15 Sep	Lagos (Portugal)	755 sm	–
1928	12 Mai– 3 Sep	Kapverdische Inseln, Azoren	4807 sm	–
1929	11 Mai– 1 Sep	Kanarische & Kapverdische Inseln, Azoren	4590 sm	–
1931	16 Apr–11 Jul	Madeira, Kanar. & Kapverd. Inseln, Azoren	3699 sm	76 sm
	19 Jul– 2 Sep	Toulon, Spezia, Livorno, Gibraltar, Lagos, Sagres	842 sm	1965 sm
	26 Sep– 9 Okt	Casablanca, Cascais	–	643 sm
1932	6 Apr–19 Jun	Kanarische & Kapverdische Inseln, Azoren	2779 sm	1789 sm
	9 Jul–27 Aug	Mittelmeer (Sizilien, Malta, Nordafrika)	1094 sm	2117 sm
	15 Sep–28 Sep	Portugiesische Häfen	151 sm	426 sm
1933	11 Mai–20 Jun	Madeira, Azoren	1708 sm	691 sm
	12 Jul–31 Aug	Südengland, Holland, Frankreich	724 sm	2607 sm
	15 Sep– 5 Okt	Casablanca, Madeira	1041 sm	468 sm
1934	7 Mai–21 Mai	Madeira, Lagos, Peniche	885 sm	563 sm
	31 Mai–27 Jun	Azoren, Cascais	1522 sm	315 sm
	13 Jul–27 Aug	Toulon, Spezia, Gibraltar, Leixões	548 sm	2448 sm
	15 Sep–30 Sep	Madeira	222 sm	968 sm
1935	27 Jul–12 Sep	Lagos, Madeira, Azoren	1350 sm	1039 sm
	18 Sep– 4 Nov	Portug. Häfen (Lagos, Sesimbra, Setubal etc.)	212 sm	300 sm
1936	26 Apr– 1 Jul	Madeira, S. Vicente (C. V.) Azoren, Cascais	2259 sm	478 sm
	12 Jul	nach Cascais zu Ehren des Präsidenten, der auf Aviso PEDRO NUNES den Marinehafen besuchte	–	26 sm
	21 Jul–31 Aug	Madeira, Azoren, Cascais	1324 sm	1030 sm
	9 Sep–23 Sep	Portugiesische Häfen	159 sm	209 sm
	3 Nov–27 Feb/37	Madeira, Kapverd. Inseln, Pernambuco, Rio d. Jan.	4302 sm	5506 sm

Jahr	Reisedaten ab Lissabon an	Reiseziele (Häfen unvollständig)	Distanzen Segel	Motor
1937	6 Jun– 3 Aug	Madeira, Kapverdische Inseln, Azoren	2953 sm	1239 sm
	1 Okt–25 Feb/38	S. Vincente (C. V.), Santos, Lobito, Luanda, S. Tomé, Dakar, Las Palmas	6441 sm	7763 sm
1938	19 Aug– 6 Sep	Funchal (Madeira)	413 sm	753 sm
	1 Okt–28 Feb/39	Kapverdische Inseln, Rio de Janeiro, S. Vincente	6613 sm	3411 sm
1939	6 Okt–29 Feb/40	Kapverdische Inseln, Pernambuco, Setúbal	3643 sm	3528 sm
1940	30 Sep–27 Feb/41	Kapverd. Inseln, Bahia, Porto Seguro	3860 sm	2821 sm
1941	1 Aug–29 Aug	Madeira, Azoren	1390 sm	710 sm
	1 Okt–28 Feb/42	Kapverd. Inseln, Rio de Janeiro	4466 sm	4970 sm
1942	30 Jul– 8 Aug	Tanger	312 sm	312 sm
	11 Aug– 2 Sep	Casablanca, Madeira	464 sm	1011 sm
	9 Okt– 1 Mar/43	Kapverd. Inseln, Bahia, Buenos Aires, Montevideo, Bahia de Guanabara	4615 sm	7834 sm
1943	23 Aug– 5 Sep	Madeira	430 sm	745 sm
	8 Okt–25 Okt	Sesimbra und Tróia	16 sm	62 sm
	7 Nov–18 Nov	Porto Santo und Madeira	539 sm	650 sm
	26 Nov–29 Nov	Cascais	–	30 sm
1944	17 Jul–31 Jul	Sesimbra, Leixões, Marin	220 sm	394 sm
	9 Aug– 5 Sep	Porto Santo, Madeira, Lagos, Sesimbra, Setúbal	172 sm	1109 sm
	5 Okt– 7 Mar/45	Madeira, Kapverd. Inseln, S. Tomé, Luanda, Lobito, Cabinda	1696 sm	8315 sm
1945	11 Dez– 9 Apr/46	Kapverd. Inseln, Rio de Janeiro	3280 sm	6563 sm
1948	21 Mai–31 Aug	Madeira, Kapverd. Inseln, Boston, Provincetown, New Bedford und New York	3577 sm	3501 sm
	1 Okt–18 Okt	Chipiona, Sevilla, Bonanza und Huelva	–	560 sm

Die Aufstellung zeigt, daß die SAGRES in ihren ersten Jahren nur Reisen im östlichen Nordatlantik durchführte, mit gelegentlichen Abstechern in das westliche Mittelmeer und die südliche Nordsee. Erst 1936 wurde ihr erweiterter Aktionsradius genutzt; in den folgenden Jahren machte sie alljährlich im Winter eine Reise nach Südamerika und besuchte auch mal portugiesische Häfen in Westafrika. Mit den Reisen in den Südatlantik wuchsen auch die Distanzen, die das Schiff alljährlich zurücklegte, und die Gesamtdauer der alljährlichen Ausbildungsreisen. Die Bordausbildung der Kadetten war auf fünf Monate verlängert worden, die zusammenhängend auf einer Reise absolviert wurden; dadurch wurde bei den Kadetten auch die Entwicklung von »Seebeinen« gefördert.

Die Ausbildungsreisen wurden während der Zeit des Zweiten Weltkrieges fortgesetzt, da Portugal nicht am Kriege teilnahm. Das Land hatte jedoch den Alliierten auf den Azoren militärische Stützpunkte eingeräumt oder einräumen müssen, so daß man das Schulschiff nicht mehr nach den Azoren segeln ließ.

Nach dem Kriegsausbruch 1939 kam es zu einer Begegnung zwischen der SAGRES und einigen deutschen Seeleuten. Im September jenes Jahres hatte ein halbes Dutzend deutscher Schiffe in Lobito im portugiesischen Angola Zuflucht gefunden, darunter der moderne Passagierdampfer WINDHUK der Woermann-Linie AG. Günther Albrecht, der Dritte Offizier des Schiffes, wollte auf eigene Faust in die Heimat zurück. Zusammen mit vier anderen Seeleuten trat er am 5. November mit dem Motorrettungsboot MR 12 bei Nacht und Nebel die Fahrt nach den Kanarischen Inseln an, nachdem das Boot heimlich für eine Fahrt von rund 4000 sm ausgerüstet worden war. Das Boot blieb unentdeckt von feindlichen Kriegsschiffen, kam jedoch nur langsam voran, so daß die Vorräte allmählich knapp wurden.

So war es für die fünf Mann in dem Boot ein Glückstag, als sie am 15. Dezember nicht nur die südliche Kapverdische Insel Fogo in Sicht bekamen, sondern nachmittags auch ein südwärts steuerndes Segelschiff zwei Strich an Backbord entdeckten. Sie hielten darauf zu und warfen schließlich ihren Motor an, um das Segelschiff, das man

inzwischen als die SAGRES erkannt hatte, noch vor der Dunkelheit zu erreichen. MR 12 ging bei dem Schulschiff längsseit, dessen Besatzung großes Interesse an dem fremden Boot zeigte.

Günther Albrecht stieg an Deck und meldete sich in portugiesischer Sprache bei dem Offizier, der ihn an der Lotsentreppe empfing. Da der Portugiese den Gast höflich empfangen wollte - wahrscheinlich aber nur wenige deutsche Wörter kannte -, begrüßte er ihn mit »Heil Hitler«. So steht es jedenfalls in dem 1940 erschienenen Buch »Mit MR 12 über den Ozean«, das von Fred Schmidt geschrieben wurde. Die Portugiesen waren sehr freundlich, und die Schiffsleitung überließ den Leuten im Boot eine Menge Proviant:

100 kg Kartoffeln	30 Dosen Ölsardinen
10 kg Reis	40 Liter Rotwein
10 kg Makkaroni	200 Stück Zigaretten,
5 kg Zucker	

wofür sich die deutschen Seeleute vielmals bedankten. Zum Schluß kam noch der Koch angelaufen und warf ein ofenfrisches Weißbrot in das Boot, begleitet von den Worten »Bom viagem, Alemãos«! Die portugiesischen Gaben der SAGRES ermöglichten den fünf Deutschen, einen spanischen Hafen auf den Kanarischen Inseln zu erreichen.

1947 und 1949 fanden keine Ausbildungsreisen statt, doch wurden sie von 1950 bis 1961 wieder regelmäßig durchgeführt, allerdings in reduziertem Umfang und beschränkt auf den östlichen Teil des Nordatlantiks. Die Azoren und die Kapverdischen Inseln wurden nur noch selten besucht. Vor dem Krieg war das Schiff mehr in Bewegung gewesen; für die Zeit von 1936/40 ergab sich ein jährlicher Durchschnitt von 170 Reisetagen und 12 206 sm Distanz, von denen 52% unter Segel zurückgelegt wurden. Dagegen errechnet sich für den Zeitraum von 1950/59 nur noch ein jährliches Mittel von 66 Reisetagen und 3 693 sm Distanz, von denen 58% nur gesegelt wurden, ohne Benutzung des Motors.

In den 35 Jahren von 1927 bis 1961, in denen die SAGRES als Schulschiff segelte, machte sie 78 Reisen von unterschiedlicher Dauer und legte insgesamt 203 683 sm zurück, ohne daß sich große Havarien oder schwere Unfälle ereignet haben. Ein Bruch der Großbramstenge, der sich am 21. Februar 1942 auf 31° N, 15° W in einem schweren Sturm ereignete, ist nicht als schwere Havarie zu werten. Als es passierte, wehte der Wind aus WNW mit einer Geschwindigkeit von 26 m/s. Solches Wetter erlebte die SAGRES nur selten, da ihre Reisen meistens durch Schönwettergebiete führten. Die Marineleitung wußte, daß sie das Schiff mit den vielen jungen Menschen an Bord nicht den gröbsten Gefahren der See aussetzen durfte, zumal die SAGRES mittlerweile ein altes Schiff geworden war; schon 1946 hatte sie ihren 50. Geburtstag begangen.

In Portugal mit seiner traditionsreichen maritimen Vergangenheit war das Segelschulschiff populär, und im Laufe der Jahre fand die SAGRES auch in der internationalen Schiffahrtswelt Anerkennung. Das weiß gestrichene Schiff mit seiner eleganten Deckslinie und der harmonisch gegliederten Takelung bot stets einen erfreulichen Anblick. Daß es früher als Frachtsegler Kap Horn und das Kap der Guten Hoffnung gerundet hatte, tat seinem Ansehen keinen Abbruch, im Gegenteil. Ein besonderes Kennzeichen der SAGRES waren die großen roten Kreuze, mit denen ihre Rahsegel und der Besan geziert waren. Ihre auffallende Form entsprach dem Wappen des Ordens Christi, das die portugiesischen Schiffe schon zu Zeiten Vasco da Gamas in den Segeln geführt hatten. Da das Schiff zur Kriegsmarine gehörte und beim Besuch fremder Kriegshäfen das Zeremoniell durch Salutschüsse eingeleitet wurde, besaß die SAGRES vier Hotchkiss-Kanonen vom Kaliber 5,7 cm. Vier Geschütze mußten es schon sein, weil die Regeln bei bestimmten Gelegenheiten viele aufeinanderfolgende Schüsse verlangen. Diese Regeln erklärt der britische »Oxford Companion To Ships And The Sea« mit der »Vorliebe der Marineoffiziere aller Nationen für laute und langdauernde Geräusche«.

Auf der Kapverdischen Insel S. Vicente, die von der SAGRES oft besucht wurde, erhielt der Kommandant des Schiffes 1936 eine Hymne überreicht, die ein musischer Inselbewohner geschrieben und vertont hatte. »Stern des Meeres« wird die SAGRES genannt, und das berühmte portugiesische Wort »saudade« kommt auch darin vor; es enthält so viel Sehnsucht und wehmütige Erinnerung, daß man es gar nicht übersetzen kann.

Wahrscheinlich ist das Lied ein Paradestück der Bordkapelle geworden, bei dem die gesamte Besatzung den Refrain mitsingen konnte:

Ó ninfa do Tejo!
Tu es galante e formosa
Ó! Estrela do mar
És meiga e garbosa

Als Passagier hat 1952 der Seemann und Seeschriftsteller Alan Villiers eine Ausbildungsreise der SAGRES mitmachen dürfen und hat über seine Eindrücke ausführlich in seinem Buch »The Way Of A Ship« berichtet. Villiers war am 3. Juni 1952 an Bord gegangen, als die Bark vor Cascais an der Nordseite der Tejo-Mündung ankerte; das Schiff hatte einen Tag zuvor Lissabon für eine etwa dreimonatige Ausbildungsreise verlassen. Villiers war erstaunt, wie zweckmäßig und modern das Schiff eingerichtet und ausgerüstet war, mit Echolot, Kreiselkompaß und natürlich einer leistungsfähigen Funkstation. Wie selbstverständlich sprachen die Vorgesetzten ihre Befehle ins Mikrophon, damit sie je nach der Zielgruppe an Deck, in den Riggen oder in den Räumen durch Lautsprecher verbreitet wurden. Bei insgesamt 383 Menschen an Bord war diese Einrichtung fast unentbehrlich. Alle Räume des Schiffes hatten elektrische Beleuchtung; außerdem lieferten die Generatoren Strom für die Kühlräume, in denen der Frischproviant lagerte, und für die elektrischen Öfen der Bäckerei. Für Kranke und Verletzte waren ein Hospital und eine Krankenstation an Bord.

Die SAGRES ging noch am 3. Juni ankerauf und segelte mit einem frischen Nordwind in Richtung Madeira, während Alan Villiers mit leichtem Erstaunen den Betrieb an Bord beobachtete; denn er war noch nie auf einem so stark besetzten Segelschiff gewesen. Die vielen unbefahrenen Kadetten und Schiffsjungen überließ man die ersten ein oder zwei Tage sich selber, damit sie sich an das Schiff und seine Bewegungen gewöhnen konnten. Vor Madeira ging die SAGRES zu Anker. Dort begann das stramme Ausbildungsprogramm mit praktischem und theoretischem Unterricht. Es gab zwei Schulräume an Bord, so daß zur gleichen Zeit zwei Gruppen in verschiedenen Fächern unterrichtet werden konnten. Je nach dem Dienstgrad und der Laufbahn der Auszubildenden erhielten sie Unterricht in Geographie, Arithmetik oder Trigonometrie und Physik, aber auch Sprachunterricht in Portugiesisch oder Englisch. Der praktische Unterricht fand an Deck und in der Takelage statt; im Hafen und auf der Reede auch in den Booten. Die Dienstzeit lag zwischen 7 und 18 Uhr.

Nachdem die SAGRES eine Woche vor Madeira zu Anker gelegen hatte, wurde die Reise mit südlichem Kurs fortgesetzt. Die Bark segelte zwischen den Kanarischen Inseln hindurch und ließ sich vom NO-Passat nach den Kapverdischen Inseln treiben, wo das Schiff - wie gewohnt - in der weiten und meist windigen Bucht von São Vicente ankerte. Auf der Fahrt von Madeira nach den Kapverdischen Inseln erlebte Alan Villiers zum ersten Mal, daß Segelmanöver mit militärischem Drill ausgeführt wurden. Er hatte bisher nur auf Frachtseglern gefahren, mit einer möglichst geringen Mannschaft, auf denen solcher Drill nicht angebracht war. Aber solche Frachtsegler gab es nicht mehr; die beiden letzten ihrer Art, die Viermastbarken PAMIR und PASSAT, hatten 1949 zum letzten Mal Kap Horn gerundet und danach die Kauffahrtei aufgegeben. Alan Villiers, der den Frachtseglern nachtrauerte, sah ein, daß auf einem Schulschiff mit so vielen Menschen an Bord der Drill die einzige Möglichkeit ist, um einen geordneten Betrieb aufrecht zu halten und gleichzeitig jedem Mann oder Jungen etwas beizubringen. Die ganze Besatzung der SAGRES war eifrig bei der Sache, schreibt Villiers, und die Jungen gediehen gut; denn der Umgangston an Bord war menschlich, und die Verpflegung ließ nichts zu wünschen übrig, solange man keine unangemessenen Wünsche hatte.

Der Kommandant des Schiffes, Kapitän Luciano Sena Dentinho, hatte die Anfangsgründe der Seemannschaft auf portugiesischen Küstenseglern erlernt und diente seit dem Ersten Weltkrieg in der portugiesischen Kriegsmarine. Er äußerte Alan Villiers gegenüber, daß er die Ausbildung auf einem Segelschiff für die beste Methode halte, junge Leute auf den Seemannsberuf vorzubereiten. Er vertrat damit dieselbe Meinung wie die maßgebenden Männer in der portugiesischen Marineleitung und in der Regierung, die letzten Endes die nicht unerheblichen Kosten für den Betrieb des Schulschiffes bewilligen mußten. Die Portugiesen sind aufgrund ihrer Geschichte mit der See und der Seefahrt vertraut; seit Jahrhunderten haben ihre Vorfahren als Entdecker, als Kauffahrer und als Hochseefischer die zuweilen grausame See befahren und kennen sich mit ihr aus. Ihre Meinungen über seemännische Ausbildung verdienen deshalb Beachtung.

Die SAGRES mit Alan Villiers an Bord segelte von den Kapverdischen Inseln nach den Azoren, wobei zunächst der NO-Passat wieder gute Dienste leistete, bis die Bark in die Flauten der Roßbreiten geriet, die mit Hilfe der beiden Krupp-Diesel überwunden wurden.

Den Aufenthalt bei den Azoreninseln nutzten die Kadetten der SAGRES wieder ausgiebig für den Bootsdienst und waren mit besonderem Eifer bei der Sache, wenn es um das Segeln mit den schonergetakelten Kuttern ging, die 12 m lang waren. Beim Kuttersegeln lernten die jungen Leute eigene Entscheidungen zu treffen; ihre Entschlußkraft und der Wille zum Durchhalten wurden gestärkt.

Von den Azoren segelte die SAGRES nach der NW-Küste Spaniens, wo sie dem Kriegshafen Ferrol einen Besuch abstattete; dann kehrte das Schulschiff, nach einem kurzen Aufenthalt in Leixoes, nach Lissabon zurück. Dort lag die Bark am Kai vor der Stadt oder auf dem Strom zu Anker oder an der Boje. Wo immer sie auch lag, die schmucke SAGRES bildete einen erfreulichen Anblick im Hafen von Lissabon.

Ein besonderes Ereignis für die Kadetten der SAGRES war eine Reise über den Nordatlantik im Sommer 1948, auf der auch New York besucht wurde. Die Bark lag dort an einer Pier im unteren Manhattan und wurde von den Reportern nicht übersehen. Allerdings mußte sie das Aufsehen, das ein Rahsegler im Hafen schon damals erregte, mit dem norwegischen Segelschulschiff CHRISTIAN RADICH teilen, das zur gleichen Zeit in New York lag. Ein Schiffsliebhaber, der die SAGRES 1948 in New York besichtigt hatte, berichtete in dem englischen Schiffahrtsmagazin »Sea Breezes«, die Bark sei in sehr gutem Zustand gewesen und durch eine besonders große Nationalflagge aufgefallen. Es waren zu der Zeit 280 Kadetten an Bord. In dem großen Deckshaus hinter dem Fockmast befand sich eine Kombüse alter Art mit einem zünfti-

Das Schulschiff SAGRES *in New York 1948.*
(Sammlung Richard M. Cookson, Lincolnshire)

gen Kombüsenschornstein. Den hinteren Teil des Deckshauses nahm ein Unterrichtsraum ein, in dem an der Wand eine große Weltkarte mit den Entdeckungsreisen der großen portugiesischen Seefahrer angebracht war. Auf die ehemaligen Ladeluken des Schiffes hatte man Skylights gesetzt, um mehr Licht und Luft in das Zwischendeck zu bringen. Auf der Poop sah der Berichterstatter zwei Skylights und eine Kreiselkompaßtochter. Schließlich hatte er noch notiert, daß das Schulschiff mit seinen vielen Menschen an Bord außer acht Booten verschiedener Art auch Rettungsflöße besaß, die an der Außenseite der Wanten befestigt waren.

1955 wurde in London die »Sail Training Association« gegründet, um das Interesse an der Segelschiffsausbildung im internationalen Rahmen zu fördern. Zu diesem Zweck sollten unter anderem die noch vorhandenen Segelschulschiffe zu einer größeren Seeregatta eingeladen werden. Man hoffte, daß solche Regatten in der Öffentlichkeit

Interesse und Begeisterung wecken, aber auch den Geist der internationalen Verständigung und der Bruderschaft auf See stärken würden. Man einigte sich darauf, eine erste Regatta 1956 zu veranstalten, und zwar sollte der Kurs von der englischen Südküste nach Lissabon führen. Die Portugiesen zeigten von Anfang an großes Interesse für die Ziele der »Association« und sagten die Teilnahme der SAGRES zu. Teilnahmeberechtigt an solchen Schulschiffregatten waren alle Segelschiffe, deren Länge in der Wasserlinie mindestens 30 Fuß betrug und deren Besatzung mindestens zur Hälfte von »Auszubildenden« einer seemännischen Laufbahn gestellt wurden. Der Start zu dieser Regatta erfolgte am 7. Juli 1956 vor der Tor Bay, an der der bekannte Badeort Torquay mit einem großen Yachthafen liegt.

Es starteten Schiffe aus 11 Nationen; das Startsignal gab der Erste Lord der Admiralität. Die Bark SAGRES war das größte Schiff unter den Regattateilnehmern, die man in zwei Gruppen geteilt hatte, nämlich Schiffe über 100 Tons und unter 100 Tons. Auch innerhalb dieser Gruppen wurden die Schiffe aufgrund ihrer Abmessungen unterschiedlich eingestuft, für jedes Schiff wurde eine Zeitvergütung (allowance) berechnet, die es mit dem voraussichtlich schnellsten Schiff der Gruppe ungefähr gleichstellen soll. Daß diese Methode keine idealen Resultate zeitigt, weiß jeder Sportsegler.

Unsere SAGRES tat sich schwer in dieser Gesellschaft von kleineren Schiffen; die zum größten Teil wie Yachten gebaut und getakelt waren. Für die 780 sm lange Strecke brauchte SAGRES 7 Tage 13 Stunden und 14 Minuten, was einer Durchschnittsfahrt von 4,2 sm/h entsprach. Da SAGRES eine Vergütung von rund 27 Stunden erhielt, reduzierte sich ihre »berechnete Zeit« auf $6^d\ 13^h\ 14^m$; aber auch diese Zeit langte nur für den 11. Platz in der Gruppe I, in der 12 Schiffe zusammengefaßt waren. Aber bei einer Regatta von so ungleichen Schiffen gilt noch mehr als bei anderen Sportarten der Satz: *»Die Hauptsache ist, dabeigewesen zu sein«.* In Lissabon sollen die Besatzungen der Schulschiffe ein paar recht vergnügte Tage verlebt haben.

Die Veranstalter betrachteten die Regatta 1956 als vollen Erfolg, zumal sich auch in anderen Ländern Komitees bildeten, um bei der Vorbereitung zukünftiger Regatten mitzuwirken. Es wurde deshalb beschlossen, alle zwei Jahre solch eine Regatta zu veranstalten.

Auf einer Konferenz, die im Mai 1957 in London stattfand, sagte der portugiesische Gesandte sehr enthusiastisch:

»We look on sailing as a vivid and creative philosophy of education in these troubled times of ours.« Und er fügte noch hinzu: *»The sea under sail is indeed a grand school.«*

Er durfte so begeistert reden, denn er hatte 1956 mit der Yacht BELLATRIX an dem Rennen nach Lissabon teilgenommen, und er sagte die Teilnahme der SAGRES auch für das kommende Rennen im Jahre 1958 zu.

Die Regatta des Jahres 1958 führte vom französischen Kriegshafen Brest nach Las Palmas über eine Distanz von 1350 sm. Der Start wurde außerhalb von Brest von der französischen Kriegsmarine organisiert. 17 Schiffe nahmen an der großen Regatta teil; am selben Tag starteten außerdem 14 kleinere Schiffe, deren Regattaziel beim spanischen Hafen La Coruña lag. In der Klasse I des großen Rennens segelten das kleine norwegische Vollschiff CHRISTIAN RADICH, die Bark SAGRES und die belgische Barkantine MERCATOR. Alle drei Rahsegler erhielten beträchtliche Zeitvergütungen, als Nullschiff galt der schwedische Toppsegelschoner FLYING CLIPPER.

SAGRES war wieder das größte und das älteste Schiff der Regatta, auch war sie der einzige ehemalige »Kap Horner«. Die Besatzung der SAGRES setzte sich zusammen aus 11 Offizieren, darunter ein Priester, aus 30 Offiziersanwärtern und rund 270 anderen Dienstgraden. Von den drei Rahseglern erreichte die belgische MERCATOR als erster die Ziellinie vor Las Palmas, nach einer gesegelten Zeit von 11 Tagen 10 Stunden. SAGRES ging als zweiter Rahsegler 5 Stunden später über die Linie, aber ihre Vergütung (allowance) verhalf ihr dieses Mal zum ersten Platz nach errechneter Zeit, also zum Sieger der Klasse I. Aus ihrer gesegelten Zeit ergab sich eine Durchschnittsgeschwindigkeit von 4,8 sm/h. Die »errechneten Zeiten« der drei Rahsegler ergaben folgende Zahlen:

SAGRES	10^d	08^h	39^m	46^s
CHRISTIAN RADICH	10^d	13^h	15^m	15^s
MERCATOR	10^d	19^h	08^m	18^s

Auf der SAGRES war die Freude groß über diesen Erfolg. Es war der vorletzte Höhepunkt in dem größtenteils glückhaften Leben des nunmehr 62 Jahre alten Seglers. Seit seinem Stapellauf in Geestemünde hatte sich in der Welt und in der Schiffahrt allerhand geändert. Kapitän Ahlers, der erste Führer des Vollschiffs RICKMER RICKMERS, hätte sich wohl kaum vorstellen können, daß sein Schiff im Alter noch Regatten segeln mußte, bei denen die benötigte Zeit mit Hilfe einer Stoppuhr auf Sekunden genau festgestellt wurde. Und das nicht etwa wegen der Ladung, sondern als Beitrag zur Erziehung Jungendlicher.

Als das Jahr 1958 zu Ende ging, gab es Gerüchte, daß die SAGRES altersschwach sei und deshalb zu hohe Instandhaltungskosten verursache. Im selben Jahr nämlich hatten einige portugiesische Marineoffiziere in Hamburg die außer Dienst gestellte Viermastbark PASSAT inspiziert und hatten als Gäste von Blohm & Voss am Stapellauf der Bark GORCH FOCK teilgenommen, die die Werft als Segelschulschiff für die deutsche Bundesmarine baute. Die Bark, die mit ihrer Wasserverdrängung von 1760 t nur halb so groß war wie die alte SAGRES, gefiel den Portugiesen gut; aber ein Neubau war ihnen zu teuer. So setzten sie denn die Suche nach einem geeigneten Schiff fort, während die SAGRES 1960 noch einmal eine große Rolle spielte, als in Portugal der 500jährige Todestag Heinrich des Seefahrers gefeiert wurde. Höhepunkt der Feierlichkeiten war am 7. August eine große Flottenparade vor der Küste von Kap St. Vincent bis Ponta de Sagres, an der 32 Kriegsschiffe und 8 Segelschulschiffe verschiedener Nationen teilnahmen, darunter auch das deutsche Schulschiff GORCH FOCK. Angeführt wurde die Parade von der SAGRES. Die Schulschiffe hatten ihre Segel gesetzt, mußten aber ihre Motoren zu Hilfe nehmen, um ihre Positionen in der Linie halten zu können.

Hohe Gäste verfolgten die Parade vom Land und von einem Begleitschiff aus, und Flugzeuge in Formationen donnerten über das Flottengeschwader hinweg. Die felsige Küste bei Kap St. Vincent und Ponta de Sagres fällt so steil ab, daß die

Das Schulschiff Sagres, *ex* Rickmer Rickmers, *»bei dem Winde« segelnd.* (Sammlung H. J. Gersdorf)

1962 in Rio de Janeiro in Dienst, und zwar unter dem Namen Sagres.

Die alte Sagres, ex Rickmer Rickmers, hatte man im September 1961 außer Dienst gestellt, nachdem sie der portugiesischen Marine 35 Jahre als Schulschiff gedient und während dieser Zeit 60 längere Reisen gemacht hatte. Zum Abwracken schien den Portugiesen das altehrwürdige Schiff zu schade. Sie nannten es Santo André, nach einem berühmten portugiesischen Kriegsschiff des 16. Jahrhunderts, und legten es als Depotschiff in den Marinehafen von Alfeite, nicht weit entfernt von Lissabon. Allerdings wurde das Schiff bis auf die Untermasten abgetakelt. Trotz des wohlklingenden Namens war es nur noch eine Hulk, deren Verfallsprozeß nicht aufgehalten wurde, so daß selbst die Schiffsliebhaber das ehemals stolze Windschiff vergaßen.

Schiffe dicht unter Land paradieren konnten. Beim Passieren von Ponta de Sagres feuerte die Sagres Salut aus ihren vier Geschützen, und das spanische Schiff Juan Sebastian De Elcano feuerte mit, in Erinnerung an die alten Zeiten, als Portugal und Spanien sich in den Besitz der überseeischen Gebiete unserer Erde teilten.

Unterdessen waren die Portugiesen wegen des Ersatzes ihrer alten Sagres mit den Brasilianern ins Gespräch gekommen, mit denen sie sich wegen der gemeinsamen Sprache meistens gut verstehen. Die brasilianische Marine besaß die Bark Guanabara, die 1937 von Blohm & Voss als Segelschulschiff gebaut worden war und damals den Namen Albert Leo Schlageter erhalten hatte. Die Verhandlungen mit den Brasilianern zogen sich in die Länge; aber im Oktober 1961 kamen sie zum Abschluß, und Portugal hatte ein neues Segelschulschiff ähnlich unserer Gorch Fock. Die portugiesische Marine stellte das Schiff am 12. Februar

Rückkehr nach Hamburg

Für viele Hamburger war es eine große Überraschung, als der Verein »Windjammer für Hamburg« 1983 mitteilte, daß es ihm gelungen sei, die SANTO ANDRÉ, ex SAGRES. ex FLORES, ex MAX, ex RICKMER RICKMERS zu erwerben, um sie in Hamburg als Museumsschiff zu restaurieren. Am 28. April 1983 wurde das Schiff in Lissabon an Wilhelm »Fiete« Schmidt, den Ersten Vorsitzenden des Hamburger Vereins, übergeben. Eine Werft in Lissabon hatte den Rumpf für die Schleppfahrt von Lissabon nach Hamburg seetüchtig gemacht, der Name wurde in RICKMER RICKMERS geändert und der Schlepper BALTIC der Schuchmannschen Bugsier- und Bergungsreederei besorgte kostenfrei die Überführung des Rumpfes vom Tejo nach der Elbe. Mittags am 7. Mai 1983, als der Hafen seinen 794. Geburtstag feierte, traf der Schleppzug in Hamburg ein, zur Freude der schiffahrtsinteressierten Bevölkerung.

Mit der Ankunft der RICKMER RICKMERS im Hamburger Hafen und dem Beginn der Restaurierung beginnt ein neues Kapitel in dem wechselvollen Leben dieses Großseglers – ein Kapitel allerdings, das wir miterleben können ...

unten: RICKMER RICKMERS *im Mai 1983 nach Hamburg einlaufend.*   *(Foto H. J. Gersdorf)*

oben: Wilhelm »Fiete« Schmidt war der Motor des Windjammervereins.

RICKMER RICKMERS *im Schlepp von Portugal nach Hamburg.*   *(Foto Flite, Ashford, Kent, England)*

RICKMER *am Europakai bei HDW.*
(Foto Uwe Jarchow)

RICKMER *im Dock der HDW, Dezember 1983.*
(Foto H. J. Gersdorf)

Konrad Röseler war am 26. November 1892 in Bremerhaven geboren und hatte seine Seemannslaufbahn 1908 auf der Viermastbark WILLY RICKMERS begonnen, unter Kapitän H. F. Ahlers, der ihn dann als Leichtmatrose mit auf den RICKMER nahm und ihn während der Reise zum Matrosen beförderte. Nach dem Ersten Weltkrieg erwarb er das Kapitänspatent für Große Fahrt. Nach dem Zweiten Weltkrieg führte er das Motorschiff LUCIANA der Weichsel-Reederei, bis er 1958 pensioniert wurde.

Als die altersschwache RICKMER RICKMERS im Mai 1983 nach Hamburg kam, war Konrad Röseler 90 Jahre alt, aber noch recht rüstig. Er war Mitglied der deutschen Sektion des internationalen Cap-Horniers-Bundes, und deshalb konnte es nicht geheim bleiben, daß da noch einer lebte, der auf der RICKMER RICKMERS unter ihrem ursprünglichen Namen gefahren hatte. Als die Zeitungen Wind davon bekamen, konnte er sich kaum bergen vor den Reportern, Pressephotographen und vielen Schiffsliebhabern, so daß sein Leben nochmal einen lebhaften Aufschwung nahm. Vielleicht war es etwas zuviel an Aufregung; denn am 19. September 1983, vier Monate nach der Rückkehr der RICKMER RICKMERS, starb Konrad Röseler plötzlich und unerwartet.

Kapt. a. D. Röseler begrüßt im Mai 1983 »sein« altes Schiff, auf dem er vor mehr als 70 Jahren gefahren hatte.
(Foto M. Jüschke)

Mit Flaggensignal verabschiedet der Schlepper einen Großsegler.   *(Foto B. G. Moodie, Vancouver, B. C.)*

Nachwort

Den langen Lebenslauf des Segelschiffes, das ursprünglich RICKMER RICKMERS hieß, habe ich in Form eines nüchternen Berichtes aufgezeichnet, ohne romanhafte Zutaten oder pathetische Übertreibungen. Von erfolgreichen Reisen des windgetriebenen Schiffes ist die Rede; aber auch von den Krankheiten an Bord, von tödlichen Unfällen und den Havarien, die auch diesem Segler nicht erspart geblieben sind. Die Ereignisse sind erwähnt oder sachlich beschrieben, aber nicht dramatisiert; denn selbst die tödlichen Unfälle waren in der Segelschiffahrt nichts Ungewöhnliches und wurden als schicksalhaft hingenommen. Tragisch wurden nur die Totalverluste empfunden, bei denen die Schiffe mit Mann und Maus verschollen blieben und man über das Schicksal der Menschen nie etwas erfuhr. In meinem Bericht habe ich nicht allein vom Segler RICKMER RICKMERS geschrieben, sondern auch seine Schwesterschiffe erwähnt und das Umfeld geschildert, in dem die Rickmers-Schiffe ihre wirtschaftlichen Aufgaben erfüllten. Es soll dem Leser helfen, sich ein Bild zu machen von der Kauffahrtei unter Segel, die zur Zeit der RICKMER RICKMERS ihrem Ende entgegenging und in jener Form nicht wiederkehren wird.

Um eine möglichst zuverlässige Biographie eines alten Segelschiffes zu schreiben, benötigt man detaillierte Angaben über den Bau und die Reisen des Schiffes, außerdem auch Informationen über die Seeleute, die das Schiff bemannt und vorangetrieben haben. Der Verlauf einer Segelschiffsreise hing nicht nur vom Charakter und Können des Kapitäns ab, sondern auch von dem Leistungswillen seiner Mannschaft. Die Nachforschungen über den Bau der RICKMER RICKMERS und ihre 16jährige Dienstzeit unter ihrem ursprünglichen Namen wurden erschwert durch den Umstand, daß die Rickmersschen Firmenarchive allesamt während des Zweiten Weltkriegs durch Bomben zerstört worden sind, sowohl das Werftarchiv in Bremerhaven wie auch das Reedereiarchiv in Hamburg. Vorhanden sind lediglich die Rickmers-Bücher, die anläßlich der Firmenjubiläen in den Jahren 1934, 1959 und 1984 erschienen sind. Herr Claus Rickmers, der heutige Chef des Hauses, hat uns freundlicherweise gestattet, diese Bücher in vollem Umfang auszuwerten. Weiteres Material mußte anderwärts gesucht werden und fand sich auch, vielerorts verteilt, in hinreichendem Umfang, um einen ziemlich lückenlosen Lebenslauf des Schiffes aufzeichnen zu können.

Allen Institutionen und Personen, die mir bei der Materialsuche behilflich waren, möchte ich hier meinen herzlichen Dank abstatten und bedaure, daß ich wegen der Vielzahl der Helfer nicht alle namentlich nennen kann. Erfolgreiche Recherchen haben mir insbesondere die Staatsarchive in Bremen und Hamburg sowie das Deutsche Schiffahrtsmuseum in Bremerhaven und das Seewetteramt in Hamburg ermöglicht. In Bremen leistete mir Herr Walter Putze wertvolle Hilfe beim Aufspüren amtlichen Materials.

Mit direkten Informationen von früheren Besatzungsmitgliedern war es schlecht bestellt. Der einzige Überlebende, der sich 1983 gemeldet hatte, war Kapitän Konrad Röseler aus Kiel, der jedoch leider im August 1983 verstarb, kurz nachdem ich Kontakt mit ihm aufgenommen hatte. Danken möchte ich an dieser Stelle Frau Röseler, die mir nach dem plötzlichen Tod ihres Mannes von seinem Seemannsleben erzählte und mir Ablichtungen aus seinen Seefahrtsbüchern zusandte. Es gab auch sonst noch einige Verwandte und Nachkommen von Seeleuten der RICKMER RICKMERS, die mir mit Bildern, Briefen oder Erzählungen bei meinen Nachforschungen geholfen haben. Als Beispiel kann ich insbesondere Frau Fee-Elisabeth Reinemuth in Bremen-Lesum nennen, deren Großvater H. H. Ahlers die RICKMER RICKMERS auf ihren ersten Reisen geführt hatte. Frau Reinemuth besitzt viel Material zur Familiengeschichte, das sie mir großzügig zur Verfügung stellte. RICKMER wurde von 1910 bis 1912 noch mal von einem Kapitän Ahlers geführt, mit den Vornamen Hinrich Friedrich, und eine Tochter von ihm, Frau Herma Biet, lebt ebenfalls in Bremen-Lesum; auch sie half mir bereitwillig mit Wort und Bild.

Nach den drei Damen kommt Kapitän Georg Baake an die Reihe, der ehemalige Seefahrtschuldirektor von Elsfleth, dessen Onkel Albert Baake den RICKMER von 1899 bis 1903 geführt hatte. Ich verdanke ihm wertvolles Material über Kapitän

Albert Baake sowie über Kapitän Nikolaus Möller, der auch sein Onkel war und ebenfalls die RICKMER RICKMERS geführt hat.

Als ich meine Arbeit am Manuskript nahezu abgeschlossen hatte, lernte ich in Hamburg Herrn Volker Luchterhand kennen, dessen Vater von 1909 bis 1912 auf dem RICKMER vom Schiffsjungen bis zum Vollmatrosen aufgestiegen war. Der Sohn hat mir in großzügiger Weise Material aus dem Familienbesitz zur Verfügung gestellt, darunter Briefe, Bilder und die interessanten Memoiren, die sein Vater 1918/19 in britischer Kriegsgefangenschaft geschrieben hat.

Bei dem zeitraubenden Recherchieren in alten Zeitungen leistete mir Herr Henry Krey aus Altona-Neumühlen sehr verständige Hilfe, die ich dankbar anerkenne. Herrn Dr. Jürgen Meyer und Herrn H.-J. Gersdorf bin ich zu Dank verpflichtet für die Überlassung von Photos aus ihren großen Sammlungen. Ebenso wichtig waren die Informationen und Hinweise, die mir Dr. Meyer aus seinem umfangreichen Wissen bereitwillig zur Verfügung stellte.

Im Ausland fand sich das meiste Material über unser Schiff in London, entweder beim Lloyd's Register of Shipping oder in den großen Bibliotheken, in denen viele Jahrgänge alter Zeitungen aus dem großen Gebiet des ehemaligen Empires archiviert sind. Zu großem Dank verpflichtet bin ich meinem Freund Frederick Hogben, der für mich mit großer Sachkenntnis und liebevollem Interesse allen Spuren des Schiffes in den Londoner Archiven nachgegangen ist.

Um Informationen über die Bark während ihrer portugiesischen Schulschiffjahre zu erhalten, wandte sich Dr. Walter Kresse an den Direktor des Marinemuseums in Lissabon, Admiral Manuel Vilarinho, der gemeinsam mit dem Fregattenkapitän Antonio Cardoso unsere Wünsche bereitwilligst erfüllte. Wir erhielten nicht nur portugiesische Literatur über das Schulschiff, sondern Admiral Vilarinho benutzte seine deutschsprachigen Kenntnisse zu einer kritischen Durchsicht unseres Kapitels über die SAGRES und gab uns nützliche Hinweise für die endgültige Fassung. Wir danken den Senhores verbindlichst!

In den Vereinigten Staaten bemühten sich mehrere Freunde, mir Informationen und Photos über den Petroleumtransport von New York und Philadelphia nach dem Fernen Osten zu liefern, an dem unser RICKMER von 1901 bis 1909 beteiligt war. Mein Dank gebührt insbesondere Mr. Karl Kortum, dem Chief Curator des Schiffahrtsmuseums in San Francisco, und dem kürzlich verstorbenen Captain Fred Klebingat, der 1907 als Leichtmatrose auf der Bremer Viermastbark ANNA eine Ladung Kistenpetroleum nach Japan gebracht und darüber dem Museum in San Francisco interessante Einzelheiten berichtet hatte. Einen sehr anregenden Briefwechsel hatte ich auch mit Mr. Andrew Nesdall in Massachusetts, der über den Petroleumtransport mit Segelschiffen – und viele andere Aspekte der ehemaligen Segelschiffahrt – sehr gut informiert ist. Einer der seebefahrenen Schiffahrtshistoriker der USA ist Captain Harold D. Huycke in Edmonds, Washington, der sich insbesondere mit dem Schicksal der deutschen Segelschiffe im Ersten Weltkrieg beschäftigt hat. Er stellte mir in alter Freundschaft das Material zur Verfügung, das er über die drei Segelschiffe sammeln konnte, die 1914 nach dem Kriegsausbruch im Gebiet der Azoren Zuflucht gesucht hatten. Ich bin ihm dafür besonders dankbar, weil er dieses Original-Material zu gegebener Zeit für eine eigene Publikation verwenden will. Stets zu Gefälligkeiten bereit ist auch »mein Mann in Neusüdwales«, ein alter Cap-Hornier-Kamerad namens Gordon Chapman, der in Newcastle und Sydney Zugang hat zu den Zeitungsarchiven und den Journalen der Hafenämter. Ich verdanke ihm die Angaben über den Aufenthalt von RICKMER RICKMERS, und später MAX, im Hafen von Newcastle NSW. Mein neuseeländischer Freund Jack Churchouse, Kurator des Wellington Harbour Board Maritime Museum, besorgte mir erstklassige Photos der Barken WINTERHUDE und PENANG, den Schwesterschiffen des RICKMER, die als MABEL RICKMERS und ALBERT RICKMERS vom Stapel gelaufen waren.

Heinz Burmester

Die Bark Winterhude, *ex* Mabel Rickmers, *unter finnischer Flagge.*

(Wellington Harbour Board Maritime Museum)

Segelsetzen auf der WINTERHUDE.

(Clifford W. Hawkins, Auckland)

RENÉE RICKMERS *im Schwimmdock im Hamburg.*   *(Sammlung Claus Rickmers)*

Die Bark PENANG, *ex* ALBERT RICKMERS.   *(Wellington Harbour Board Maritime Museum)*

Blick auf das Deck der Penang.

(Wellington Harbour Board Maritime Museum)

Deck der PENANG *mit Braßwinde hinter dem Großmast.*   *(Clifford W. Hawkins, Auckland)*

Arbeiten auf Segelschiffen: Anschlagen und Festmachen eines Rahsegels.
(Altonaer Museum, Hamburg und Sammlung Frau L. Piper)

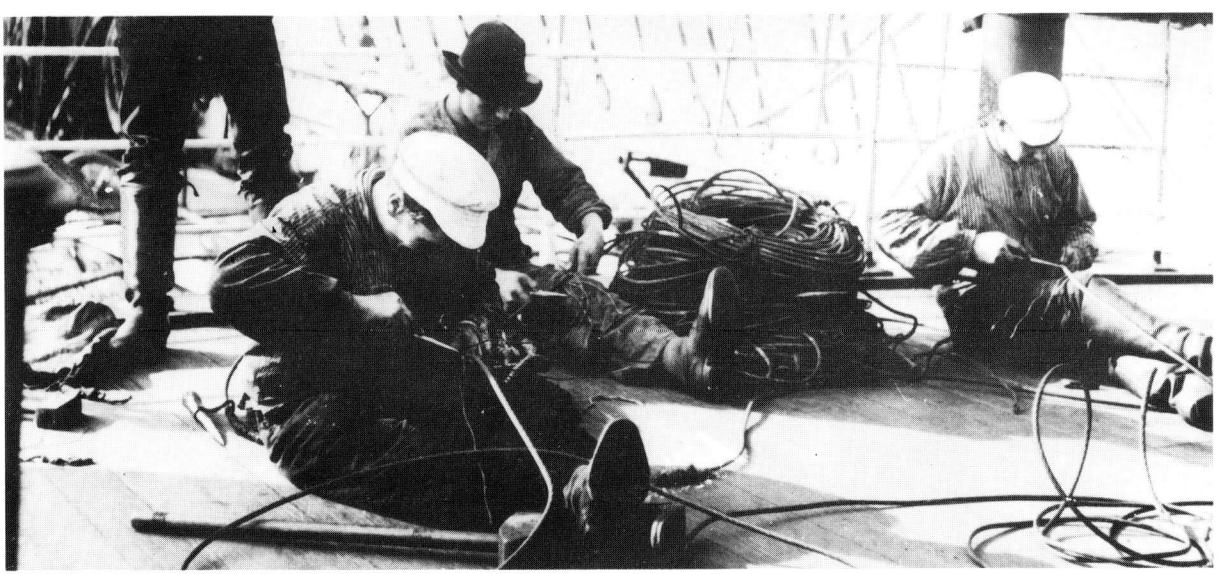

Hieven am Gangspill und Drahtspleißen.   *(Altonaer Museum, Hamburg)*

Literatur- und Quellenverzeichnis

Admiral Avelino Teixera da Moca und Kapitän Joé Fernandes e Silva: SAGRES – The School and the Ships, Lissabon 1985 (engl. Ausgabe)

Annalen der Hydrographie und Maritimen Meteorologie, Berlin 1896–1914

Boelcke, Willi A.: So kam das Meer zu uns, Frankfurt/M 1981

Entscheidungen des Oberseeamtes und der Seeämter, 1880–1914

Esparteiro, António Marques: Navio-Escola »Sagres«, Lissabon 1943

Gerdau, Kurt; Rickmer Rickmers, Herford 1983

Jahrbücher des Norddeutschen Lloyd, Bremen 1916–1921

Höver, Otto: Von der Galiot zum Fünfmaster, Bremen 1934

Hogben, Rick: A sharp Lookout, London 1983 (100 Jahre »Fairplay«)

Huycke, Harold D.: To Santa Rosalia Further and Back, Newport News 1970

Kemp, Peter: The Oxford Companion to Ships & The Sea, Oxford 1976

Kludas, Arnold: 150 Jahre Rickmers, Bremerhaven 1984

Laas, Walter: Die großen Segelschiffe, Berlin 1908

Lubbock, Basil: The Last of the Windjammers, Bd. I, II, Glasgow 1927, 1929

Lyman, John: Log Chips, Washington, Jahrgänge 1948–1953

Meteorologische Journale einzelner Segelschiffsreisen, 1897–1912

Meyer, Jürgen: Hamburgs Segelschiffe 1795–1945, Norderstedt 1971

Middendorf, F. L.: Bemastung und Takelung der Schiffe, Berlin 1903

Musterrollen der RICKMER RICKMERS aus den Jahren 1896–1910

100 Jahre Rickmers, Hamburg 1934

100 Jahre Rickmers, Das Jubiläumsfest, Hamburg 1934

125 Jahre Rickmers, Bremerhaven 1959

Rosenberger, Eugenie: Auf Großer Fahrt, 4. Auflage, Minden 1929

Schiffsregister: Bureau Veritas, Germanischer Lloyd, Lloyd's of London

Segelhandbuch für den Atlantischen Ozean, 3. Auflage, Hamburg 1910

Segelhandbuch für den Indischen Ozean, Hamburg 1892

Segelhandbuch für den Stillen Ozean, Hamburg 1897

Schmidt, Fred: Mit MR 12 über den Ozean, Berlin 1940

Schott, Gerh.: Geographie des Atlantischen Ozeans, 3. Aufl., Hamburg 1942

Schott, Gerh.: Geographie des Indischen und Stillen Ozeans, Hamburg 1935

Schiffahrtszeitschrift »Hansa«, Hamburg, Jahrgänge 1890–1920

Smith, C. Fox: Ocean Racers, Großbritannien 1931

Szymanski, Hans: Deutsche Segelschiffe, Berlin 1934

Tabellarische Reiseberichte (Deutsche Seewarte), Berlin 1904–1911

Tageszeitungen mit Schiffahrtsnachrichten aus verschiedenen Hafenstädten des In- und Auslandes 1896–1919

The Compass, Zeitschrift der Socony Mobil Oil Co, New York 1963, 1971

Thober, Frank W.: Standard Oil Sailing Ships, Nautical Research Journal 1956

Underhill, Harold: Deep Water Sail, Glasgow 1949

Villiers, Alan: Auf blauen Tiefen, Hamburg 1955

Oregon Historical Society, Portland (Briefwechsel)

Namen-Register

Vorbemerkungen

Im folgenden Register sind die Schiffsnamen getrennt von den Personen- und Firmennamen aufgeführt. Wegen des häufigen Vorkommens im Text wurden das Titelschiff RICKMER RICKMERS und seine späteren Namen MAX, FLORES und SAGRES nicht in das Register aufgenommen; sie sind im Inhaltsverzeichnis auf S. 179 zu finden.

Zur Kennzeichnung der verschiedenen Schiffstypen sind den Namen folgende Abkürzungen angehängt: Dampfer sind mit einen (D) markiert, Segler mit einem (S) und der Anzahl ihrer Masten; Schlepper sind durch (Schl) und Kriegsschiffe durch (Kr) kenntlich gemacht.

Das „Nachwort" sowie das „Literatur- und Quellenverzeichnis" sind für das Register nicht ausgewertet worden.

A. Schiffsnamen

B. Personen- und Firmennamen

Inhalt

Kabelhaft ...

... z. B.

die Sachbücher

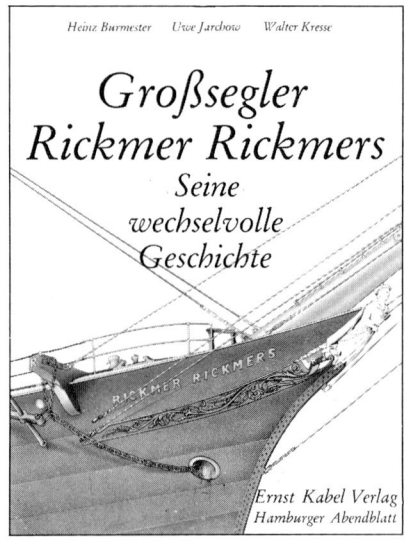

... z. B.

die maritime Literatur

... z. B.

die regionale Literatur